Obras del Pastor Robert Wieland no Publicadas

2

El Evangelio en Apocalipsis

Un Enfoque Cristo-Céntrico

Edición original

Robert J. Wieland

Copyright ©2023

LS Company

ISBN: 978-1-0882-1830-3

Contenido

Prefacio 5

Capítulo 1—El Misterio de las Siete Estrellas 9

Capítulo 2—Juan escribe a los Seguidores de Cristo 16

Capítulo 3—Jesús Habla a Su Iglesia del Presente 26

Capítulo 4—Una Puerta Abierta en el Cielo 44

Capítulo 5—Un Libro que Nadie Podía Abrir 49

Capítulo 6—Se Abre el Libro Misterioso 55

Capítulo 7—La Marca de Quienes son de Dios 65

Capítulo 8—Siete Ángeles y Siete Alarmas de Trompeta .. 76

Capítulo 9—El Surgimiento del Islam según la Biblia 86

Capítulo 10—Juan come el Librito 98

Capítulo 11—La Biblia: Del Descrédito a la Victoria 105

Capítulo 12—La Mujer Vestida del Sol 118

Capítulo 13—El Mundo, Maravillado tras la Bestia 132

Capítulo 14—Seria Advertencia del Cielo 152

Capítulo 15—Demasiado Tarde para Ser Salvos 166

Capítulo 16—Las Siete Plagas 171

Capítulo 17—El Misterio de La Madre de Las Rameras .. 186

Capítulo 18—La Caída de Babilonia 197

Capítulo 19—Las Bodas del Cordero 209

Capítulo 20—Satanás Encadenado Mil Años 221

Capítulo 21—Tu Hogar en la Nueva Jerusalén 231

Capítulo 22—Estás invitado: ¡Ven! 242

Apéndice 254

Prefacio

Permite que te presente uno de los mayores tesoros que Dios nos ha dado en la Biblia: el libro de Apocalipsis.

Es lógico esperar que el último libro de la Biblia sea el más fácil de entender. Hasta el propio título (Apocalipsis significa Revelación) nos asegura que Dios quiere que lo comprendamos. Comienza así: "La revelación de Jesucristo". Si la intención de Dios hubiera sido que fuera difícil entender ese libro, ¿acaso no habría elegido otro título, tal como 'El mensaje oculto de Jesucristo'? Es errónea la suposición de que es difícil de entender o bien que carece de significado. ¡Dios jamás nos llevará a la confusión!

Siendo niño, un domingo de tarde, justo cuando empezaba a leer el libro de Apocalipsis, recibimos la llamada de nuestro pastor, quien quería visitarnos. Cuando llegó, le dije: "No logro comprender este libro, ¿me lo podría explicar?"

Sonrió descansando su mano en mi cabeza y me respondió: "No intentes leer ese libro. Está sellado y nadie puede comprenderlo. Lee alguna otra cosa".

Su respuesta no me satisfizo, pues antes que él llegara había tenido tiempo de leer hasta el versículo tres, que dice: "Bienaventurado el que lee, y los que oyen las palabras de esta profecía, y guardan las cosas en ella escritas: porque el tiempo está cerca". Había descubierto por mí mismo que el libro no estaba sellado, y tomé la determinación de apropiarme de esa promesa de bienaventuranza.

Descubrí que Dios había ciertamente revelado al Salvador en ese libro. Él nunca ha dejado de honrar su promesa de bienaventuranza para todo el que estudie este último libro de la Biblia con oración y de forma diligente.

Como viajero cansado que anhela sumergirse en las aguas claras y frescas del río, se te invita ahora a sumergirte en el estudio de este libro interesantísimo que escribió el apóstol Juan. La comprensión que vas a adquirir te renovará y emocionará. "Si alguno de vosotros tiene falta de sabiduría, pídala a Dios, el cual da a todos abundantemente y sin reproche, y le será dada" (Santiago 1:5).

"Aquí hay sabiduría", dice Apocalipsis 13:18. ¡Qué maravilloso don! Millones de personas claman por la pura palabra de Dios. ¿Qué está por sucederle a la tierra? ¿Qué podemos hacer a fin de prepararnos para el futuro? Conocer, comprender, lo es todo. Esa sabiduría es de más valor que el mejor de los dispositivos de seguridad.

Pronto vas a descubrir que la Biblia se explica a sí misma. "No hemos recibido el espíritu del mundo, sino el Espíritu que proviene de Dios, para que sepamos lo que Dios nos ha concedido. De estas cosas hablamos, no con palabras enseñadas por la sabiduría humana, sino con las que enseña el Espíritu, acomodando lo espiritual a lo espiritual" (1 Corintios 2:12-13).

No debes sorprenderte si hay pasajes en Apocalipsis que nadie comprende aún en su plenitud. Hasta los mejores músicos descubren cosas nuevas en una "vieja" sinfonía de Beethoven. Apocalipsis no es meramente el fruto de un genio espiritual: es INSPIRADO DIVINAMENTE; por lo tanto, encerrará siempre un desafío para nuestra mejor comprensión. Pero el Espíritu Santo convertirá la lectura y estudio de Apocalipsis en una de las experiencias más positivas y enriquecedoras de tu vida.

La filosofía de este libro no es la de proveer una lista de detalles informativos sobre Apocalipsis, a los que se pueda recurrir de la forma en que hacemos con los artículos del supermercado. No está enfocado a satisfacer tu ansia de saber, sino más bien a despertarla, a activar en tu alma un encuentro gratificante y permanente con la revelación de Jesucristo que sólo quedará plenamente satisfecho cuando te encuentres con él cara a cara.

El autor

Capítulo 1—El Misterio de las Siete Estrellas

Apocalipsis 1:1-2*: La revelación de Jesucristo, que Dios le dio para manifestar a sus siervos las cosas que deben suceder pronto. La declaró enviándola por medio de su ángel a su siervo Juan, el cual ha dado testimonio de la palabra de Dios, del testimonio de Jesucristo y de todas las cosas que ha visto.*

Las primerísimas palabras del libro ya nos dan ánimo. Dios se ocupó de nosotros hasta el punto de darnos la revelación de sí mismo. Es un enemigo cruel quien procura que sintamos que a Dios le complace que permanezcamos en las tinieblas de la ignorancia. Da gracias a Dios porque Apocalipsis es su don especial para ti.

Puedes ver fácilmente los cinco pasos mediante los cuales nos dio su revelación en este libro:

(1) Se originó en Dios, en el Padre mismo.

(2) La dio a su Hijo Jesucristo.

(3) Jesús "la declaró enviándola por medio de su ángel". (4) El ángel la reveló al profeta Juan en visión profética.

(5) Juan comunicó a los siervos de Dios —a ti y a mí— "cosas que deben suceder pronto". El propósito de todo ello es que nosotros las comprendamos. Sus "misterios" no son verdades que Cristo quiera esconder de nosotros, sino verdades que anhela impartirnos.

Apocalipsis 1:3*: Bienaventurado el que lee y los que oyen las palabras de esta profecía, y guardan las cosas en ella escritas, porque el tiempo está cerca.*

Es el único libro de la Biblia que promete una bendición especial a quien lo lea. ¡La bendición se promete igualmente al analfabeto que lo escucha leído por algún otro! Si hay algún libro en toda la Biblia que jamás se debiera ignorar, es este.

Apocalipsis 1:4-8: *Juan, a las siete iglesias que están en Asia: Gracia y paz a vosotros de parte del que es y que era y que ha de venir, de los siete espíritus que están delante de su trono, y de Jesucristo, el testigo fiel, el primogénito de los muertos y el soberano de los reyes de la tierra. Al que nos ama, nos ha lavado de nuestros pecados con su sangre y nos hizo reyes y sacerdotes para Dios, su Padre, a él sea gloria e imperio por los siglos de los siglos. Amén. He aquí que viene con las nubes. Todo ojo lo verá, y los que lo traspasaron; y todos los linajes de la tierra se lamentarán por causa de él. Sí, amén. "Yo soy el Alfa y la Omega, principio y fin", dice el Señor, el que es, que era y que ha de venir, el Todopoderoso.*

Si estos pocos versículos fueran todo lo que tenemos como Palabra de Dios, bastarían para proporcionarnos felicidad eterna. Se concede gratuitamente "gracia y paz" a todo el que crea esas palabras, por más pecador que pueda ser. Nunca te sientas excluido del favor y la sonrisa del Cielo. Esta salutación viene del Padre "que es, que era y que ha de venir", del Espíritu Santo y de Jesucristo, el Fuerte que resucitó de los muertos. Todo el Cielo te mira con simpatía y cálido amor esperando que lo creas y descanses en esa confianza.

Tan pronto como creas lo anterior, tu corazón se unirá a este alegre canto de alabanza "al que nos ama [y] nos ha lavado de nuestros pecados con su sangre". Cuando alguien se pregunta si está preprado para el cielo, pregúntese cuan dispuesto está a alabar al Señor con alegría. "Alegraos, justos, en Jehová; en los íntegros es hermosa la alabanza" (Salmo

33:1). "Entrad por sus puertas con acción de gracias, por sus atrios con alabanza. ¡Alabadlo, bendecid su nombre!" (Salmo 100:4). "Todo lo que hacéis, sea de palabra o de hecho, hacedlo todo en el nombre del Señor Jesús, dando gracias a Dios Padre por medio de él" (Colosenses 3:17).

El incrédulo desconoce el feliz sentimiento de gratitud a Dios, ya que en su corazón no hay lugar para la alabanza. Come su ración diaria sin reconocer quién es el Dador. Nunca agradece a Dios por el sol, por las flores, los árboles y los pájaros. Pero puede aprender todo lo que aún ignora: "Mis labios rebosarán de alabanza cuando me enseñes tus estatutos" (Salmo 119:171).

Veremos con nuestros propios ojos a Jesús viniendo "con las nubes". No se trata de nubes ordinarias. Acompañando al Señor habrá miles de ángeles (Salmo 68:17). Jesús, el Hijo del hombre, vendrá "en su gloria, y en la del Padre y de los santos ángeles" (Lucas 9:26). Incluso los que no creen a su evangelio habrán de verlo venir. Quienes lo crucificaron no podrán mirar a otra parte. En su juicio ante el sanedrín, Jesús declaró: "Veréis al Hijo del hombre sentado a la diestra del poder de Dios y viniendo en las nubes del cielo" (Mateo 26:64).

"Alfa" y "Omega" son la primera y la última letra del abecedario griego. Cristo existía desde el mismo principio. Él es el eterno "unigénito del Padre". Y él es el último. Cristo lo es todo en todos.

Apocalipsis 1:9-11: Yo, Juan, vuestro hermano y compañero en la tribulación, en el reino y en la perseverancia de Jesucristo, estaba en la isla llamada Patmos por causa de la palabra de Dios y del testimonio de Jesucristo. Estando yo en el Espíritu en el día del Señor oí detrás de mí una gran voz como de trompeta, que decía: "Yo soy el Alfa y la Omega, el primero y el último. Escribe en un libro lo que ves y envíalo a las siete iglesias que están en Asia: a Éfeso, Esmirna, Pérgamo, Tiatira, Sardis, Filadelfia y Laodicea".

Por decreto del emperador (Domiciano, año 96 de nuestra era) Juan fue exiliado a la isla de Patmos, un islote desértico y rocoso en el Mar Egeo: un lugar escogido por el gobierno romano para desterrar a los criminales. Pero para el siervo de Dios aquella sombría morada se convirtió en la puerta del cielo. Aunque apartado del escenario de sus antiguas labores, no cesó de dar testimonio de la verdad. En Patmos hizo amigos y conversos.

Dado que la Biblia se explica a sí misma, no será difícil determinar cuál es "el día del Señor". "El Hijo del hombre es Señor del sábado", afirmó Jesús (Mateo 12:8). ¿Qué dice la Escritura respecto al sábado? "Acuérdate del sábado para santificarlo. Seis días trabajarás y harás toda tu obra, pero el séptimo día es de reposo para Jehová, tu Dios; no hagas en él obra alguna, tú, ni tu hijo, ni tu hija, ni tu siervo, ni tu criada, ni tu bestia, ni el extranjero que está dentro de tus puertas, porque en seis días hizo Jehová los cielos y la tierra, el mar, y todas las cosas que en ellos hay, y reposó en el séptimo día; por tanto, Jehová bendijo el sábado y lo santificó" (Éxodo 20:8-11). El Señor llama al sábado "mi día santo" (Isaías 58:13).

Fue un sábado cuando el Señor de la gloria apareció al apóstol exiliado. Juan guardó el sábado en Patmos de forma tan sagrada como cuando predicaba en las aldeas y ciudades de Judea.

"Éfeso, Esmirna, Pérgamo, Tiatira, Sardis, Filadelfia y Laodicea": los nombres de esas siete iglesias son simbólicos de la iglesia en los sucesivos períodos de la historia en la era cristiana. El número siete es indicativo de un todo completo, y es simbólico de que los mensajes se extienden hasta el final del tiempo. Al mismo tiempo, los símbolos utilizados caracterizan a la iglesia en los diferentes períodos en la historia del mundo.

Apocalipsis 1:12-17*: Me volví para ver la voz que hablaba conmigo. Y vuelto, vi siete candelabros de oro, y en medio de los siete candelabros a uno semejante al Hijo del hombre, vestido de una ropa que llegaba hasta los pies, y tenía el pecho ceñido con un cinto de oro. Su cabeza y sus cabellos eran blancos como blanca lana, como nieve; sus ojos, como llama de fuego. Sus pies eran semejantes al bronce pulido, refulgente como en un horno, y su voz como el estruendo de muchas aguas. En su diestra tenía siete estrellas; de su boca salía una espada aguda de dos filos, y su rostro era como el sol cuando resplandece con toda su fuerza. Cuando lo vi, caí a sus pies como muerto. Y él puso su diestra sobre mí, diciéndome: "No temas. Yo soy el primero y el último".*

Cuando Juan vio los siete candelabros de oro supo que estaba contemplando el templo (santuario) del cielo. Pero allí donde esperaba ver solamente seres celestiales, vio con sorpresa "a uno semejante al Hijo del hombre". ¿Cómo podía haber un hombre en el cielo?

Jesús, nuestro Salvador, hizo un sacrificio por siempre. Aunque está glorificado (tal como lo veremos cuando regrese en su segunda venida), continuará por siempre siendo un hombre, uno con nosotros. "Un niño nos es nacido, hijo nos es dado" (Isaías 9:6).

La descripción que Juan hace de Cristo coincide casi exactamente con la que hace Daniel (10:5-12). Ambos vieron un hombre ceñido con un cinto de oro, con los ojos como antorchas de fuego, pies como de bronce bruñido, y su voz como el estruendo de muchas aguas. Ambos, Daniel y Juan, cayeron ante él como muertos, y a ambos se les dijo: "No temas".

Quienes rechazan a Cristo pueden pretender despreciar su palabra, imaginando que no tendrá ningún efecto sobre ellos. Pero están equivocados: se trata de una espada de dos filos que penetra "hasta partir el alma y el espíritu ... y discierne los pensamientos y las intenciones del corazón" (Hebreos 4:12). Jesús declaró respecto a quienes rechazan su evangelio: "El que me rechaza y no recibe mis palabras, tiene quien le juzgue; la palabra que he hablado, ella le juzgará en el día postrero" (Juan 12:48). Esa misma palabra te salvará hoy si la recibes; en caso contrario te juzgará al final.

Apocalipsis 1:18-20: *[Yo soy] el que vive. Estuve muerto, pero vivo por los siglos de los siglos, amén. Y tengo las llaves de la muerte y del Hades. Escribe, pues, las cosas que has visto, las que son y las que han de ser después de estas. Respecto al misterio de las siete estrellas que has visto en mi diestra, y de los siete candelabros de oro: las siete estrellas son los ángeles de las siete iglesias, y los siete candelabros que has visto son las siete iglesias.*

¿Estuviste frente a la lápida de un ser amado? Si es así sabrás apreciar el valor de esa seguridad que nos da el que tiene "las llaves de la muerte". El sepulcro es para nosotros como una gran puerta cerrada bajo seguridad inviolable. Ni los mejores científicos pueden abrirla o ver al otro lado. Pero Jesús tiene las llaves.

¿Qué significan las siete estrellas? La palabra "ángeles" tiene en griego el significado de mensajeros o ministros. Si los siete candelabros son las siete iglesias, los ángeles de las siete iglesias han de ser su liderazgo. Las siete estrellas simbolizan a los ministros de Dios. Aquel que se presenta como siendo el primero y el último los tiene bajo su especial cuidado y protección. Las dulces influencias que han de abundar en la iglesia están vinculadas con los tales ministros de Dios, quienes han de representar el amor de Cristo. Las estrellas en los cielos están bajo el control de Dios. Él les provee luz, y guía sus movimientos. De no ser así se convertirían en estrellas caídas. Lo mismo es cierto de sus ministros, quienes no son más que instrumentos en sus manos. Todo el bien que realizan lo es mediante el poder de Cristo.

¿Eres tú uno de esos ministros de Cristo? Esas siete estrellas incluyen a todo el que se da a sí mismo como pastor, anciano, diácono, maestro, etc. Y ciertamente incluye a quienes enseñan el evangelio a los niños. Incluye a todo el liderazgo de la iglesia. "No temas", porque estás guardado de forma segura en la mano derecha de Aquel que vive "por los siglos". Ama tu labor; no procures aliviarte dejándola para algún otro. ¡El mejor sitio en el que uno puede estar es precisamente en la mano derecha del Hijo de Dios! Respetemos y honremos todos a los ministros de Cristo. "Os rogamos, hermanos, que reconozcáis a los que trabajan entre vosotros y os presiden en el Señor y os amonestan. Tenedlos en mucha estima y amor por causa de su obra" (1 Tesalonicenses 5:12- 13).

Capítulo 2—Juan escribe a los Seguidores de Cristo

Apocalipsis 2:1*: Escribe al ángel de la iglesia en Éfeso: El que tiene las siete estrellas en su diestra, el que camina en medio de los siete candelabros de oro...*

Recordemos que "siete" es un número que simboliza plenitud o perfección. Así, las siete iglesias representan a la iglesia en su totalidad. Representan a la iglesia a través de la historia, desde los días de los apóstoles hasta justo antes que Jesús regrese por segunda vez. Los siete mensajes se aplican a los siete períodos de la iglesia a lo largo de la historia.

Los "ángeles" de las siete iglesias son sus mensajeros: el liderazgo humano de la iglesia en cada período respectivo. Dios habla a su pueblo mediante sus pastores —ministros—, a quienes él ha llamado y comisionado.

La palabra "Éfeso" significa "deseable". Es un nombre precioso para la iglesia de los apóstoles. Motivados por el amor de Cristo, los primeros creyentes de la iglesia del Nuevo Testamento llevaron las buenas nuevas de salvación a todo el mundo habitado en una sola generación (Colosenses 1:6 y 23). La cronología de la iglesia de Éfeso va aproximadamente desde el tiempo de Cristo hasta el año 100 de nuestra era.

Apocalipsis 2:2-6*: Yo conozco tus obras, tu arduo trabajo y tu perseverancia, y que no puedes soportar a los malos; has probado a los que se dicen ser apóstoles y no lo son, y los has hallado mentirosos. Has sufrido, has sido perseverante, has trabajado arduamente por amor de mi nombre y no has desmayado. Pero tengo contra ti que has dejado tu primer amor.*

Recuerda, por tanto, de dónde has caído; arrepiéntete y haz las primeras obras, pues si no te arrepientes, pronto vendré a ti y quitaré tu candelabro de su lugar. Pero tienes esto: que aborreces las obras de los nicolaítas, las cuales yo también aborrezco.

Como estrella que brilla en el cielo oscuro, la historia de la temprana iglesia cristiana conmueve el corazón en todas las edades. La buenas nuevas triunfaban en todo lugar. Su poder subyugaba corazones que habían sido rudos, orgullosos y amantes del mundo. No era necesario animar a los creyentes a que hicieran labor a favor de sus amigos y vecinos. El amor de Cristo los constreñía a hacerlo, y ellos no se resistían. Cada uno veía en su hermano un reflejo de la belleza de Cristo. Es como si una cadena de oro uniera sus corazones.

Pero se fue dando un cambio gradual. Muchos perdieron aquel primer amor. Comenzaron a olvidar lo que le costó al Señor nuestra salvación. La niebla y las nubes ocultaron la cruz, impidiendo que brillaran sus rayos. La iglesia perdió la propia idea básica de lo que es el amor de Cristo.

El motor del evangelio había sido el amor. De la misma forma en que un motor se detiene cuando se agota el carburante, se detuvo en aquellos creyentes tempranos el ministerio salvador de almas.

La palabra que Juan emplea para "amor" es ágape. Se lo puede comparar a la luz del sol, ya que incluye todo el espectro de colores de la verdad del evangelio. Aquel amor que la iglesia temprana del Nuevo Testamento había "dejado" era un concepto nuevo para el viejo mundo. Su origen no está en esta tierra, sino en el cielo.

Los griegos paganos creían haber descubierto el summum del amor cuando la bella Alcestis estuvo dispuesta a "morir por el [hombre] bueno", que era su noble y apuesto, Admeto (según la tragedia griega que Eurípides escribió el año 438 antes de Cristo). Pero los apóstoles negaron que esa fuera la expresión del amor genuino: "Ciertamente, apenas morirá alguno por un justo; con todo, pudiera ser que alguien tuviera el valor de morir por el bueno [como Alcestis]. Pero Dios muestra su amor para con nosotros, en que siendo aún pecadores, Cristo murió por nosotros" (Romanos 5:7-8). Ese amor capaz de amar a los enemigos revolucionó el viejo mundo de entonces (ver Hechos 17:6).

El abandono de aquel "primer amor [ágape]" preparó el camino para la corrupción de la cristiandad. Fue como encender una vela en lugar de la luz del sol. Marcó el inicio de "la apostasía" que Pablo predijo (2 Tesalonicenses 2:3-7). El libro de Apocalipsis nos llevará a redescubrir ese amor ágape. ¿Podría haber algo más importante que recuperar aquello que perdió la iglesia primitiva del Nuevo Testamento?

Los nicolaítas eran un colectivo dentro de la iglesia. Pretendían ser discípulos de Nicolás, uno de los primeros siete diáconos (Hechos 6:5). No obstante, no hay evidencia de que él enseñara jamás las doctrinas erróneas que aquel colectivo sostenía. Enseñaban que era correcto y saludable sucumbir a la lujuria y a las malas pasiones. Eso negaba ciertamente el evangelio.

Juan fue inspirado a llevar mensajes de advertencia, represión y súplica a quienes, habiendo perdido de vista los principios fundamentales del evangelio, estaban poniendo en peligro su esperanza de salvación. Pero el mensaje de reproche que Dios ve necesario enviar se expresa siempre con dulce amor, y junto a la promesa de paz para todo creyente que se arrepienta.

Apocalipsis 2:7*: El que tiene oído, oiga lo que el Espíritu dice a las iglesias. Al vencedor le daré a comer del árbol de la vida, que está en medio del paraíso de Dios.*

Es posible tener oído y no escuchar ni oír. Una de las primeras lecciones que el niño debe aprender es la de prestar atención. Debido a la tendencia del ser humano a ser demasiado orgulloso como para pararse a oír, el Señor dice: "Inclina tu oído, escucha las palabras de los sabios y aplica tu corazón a mi sabiduría" (Proverbios 22:17). No hay mayor sabio que el propio Jesús, "el testigo fiel y verdadero" (Apocalipsis 3:14). "Mejor es oír la represión del sabio que la canción de los necios" (Eclesiastés 7:5).

Génesis nos dice que el árbol de la vida estaba en el jardín del Edén. Comer su fruto significaba vivir para siempre. Cuando nuestros primeros padres pecaron fueron expulsados del jardín a fin de que no comieran el fruto y vivieran por siempre en la miseria, infelicidad, remordimiento y desesperación que el pecado conlleva. Al final de los mil años de que habla Apocalipsis 20, el árbol de la vida volverá a estar en la "tierra nueva" (Apocalipsis 21:1), "que produce doce frutos ... y las hojas del árbol [son] para la sanidad de las naciones" (Apocalipsis 22:2).

¿Qué significa ser "vencedor"? ¿Se espera que nos impliquemos en una batalla?

Si te encuentras en tu camino con una serpiente venenosa que te amenaza, seguramente no dirás: 'No quiero implicarme en ningún conflicto. No haré nada y permaneceré neutral'. Serás sabio si ahuyentas o destruyes a la serpiente al comprender que, de no emprender alguna acción, la serpiente te matará a ti o a algún otro.

Jesús no nos invita a pelear la batalla de algún otro, sino nuestra propia batalla. El pecado es mucho peor que una serpiente venenosa, ya que mata eternamente. Por lo tanto, todo el que haya apreciado lo que Cristo hizo por él en la cruz, se unirá a la batalla y vencerá al pecado en su propia vida. Sea cual sea tu problema, recuerda que Jesús vivió esa misma lucha que tú has de pelear. No se te pide que hagas algo que Jesús no haya hecho ya, puesto que te invita a vencer "así como yo he vencido" (Apocalipsis 3:21). ¡Aferrándote a él, no puedes fracasar!

Apocalipsis 2:8-11: Escribe al ángel de la iglesia en Esmirna: El primero y el postrero, el que estuvo muerto y vivió, dice esto: Yo conozco tus obras, tu tribulación, tu pobreza (aunque eres rico) y la blasfemia de los que dicen ser judíos y no lo son, sino que son sinagoga de Satanás. No temas lo que has de padecer. El diablo echará a algunos de vosotros en la cárcel para que seáis probados, y tendréis tribulación por diez días. ¡Sé fiel hasta la muerte y yo te daré la corona de la vida! El que tiene oído, oiga lo que el Espíritu dice a las iglesias. El vencedor no sufrirá daño de la segunda muerte.

"Esmirna" significa perfumada, olor fragante. Este segundo período de la iglesia estuvo caracterizado por la persecución y el sufrimiento. Va aproximadamente desde el año 100 hasta el 313 de nuestra era.

Dios no se alegra al ver a su pueblo sufriendo, pero la fidelidad y lealtad de sus hijos sometidos a la prueba honra el nombre del Salvador que murió por ellos. En su mayoría, los primeros cristianos eran pobres. Santiago les escribió: "¿No ha elegido Dios a los pobres de este mundo, para que sean ricos en fe y herederos del reino que ha prometido a los que lo aman?" (Santiago 2:5).

Una de las pruebas más severas era la existencia de falsos hermanos. Los "judíos" fingidos que se citan, eran miembros que profesaban seguir a Cristo, pero en realidad se amaban a sí mismos y al mundo. Esos hermanos faltos de conversión y de sinceridad eran una fuente de problemas para quienes habían escogido en verdad seguir los pasos de Cristo. Procuraban continuamente traer creencias y costumbres paganas para corromper la fe.

Los "diez días" de tribulación son un período profético en el que cada día representa un año (Números 14:34 y Ezequiel 4:6: "Día por año te lo he dado"). La última y más sangrienta persecución pagana tuvo lugar bajo el emperador Diocleciano entre los años 303 y 313 de nuestra era. Esos diez años fueron un cumplimiento remarcable de esos "diez días" de tiempo profético.

Quienes mueren por su fe en Cristo no tienen nada que temer. El Señor les dará "la corona de la vida" cuando Cristo regrese en su segunda venida. Entonces descenderá del cielo con las nubes, y los muertos en Cristo resucitarán (2 Timoteo 4:8 y 1 Tesalonicenses 4:16-17). También en nuestros días algunos de entre el pueblo de Dios pueden sufrir la muerte. Los tales no han de temer, sino confiar en la promesa divina.

Nada hay que temer de la "primera muerte", que no es más que un "sueño". "No temáis a los que matan el cuerpo, pero el alma no pueden matar" (Mateo 10:28). La "segunda muerte" es la que se debe temer, ya que es eterna y sin esperanza. No hay resurrección de ella. La "segunda muerte" es la destrucción final de los impíos al final de los "mil años" (Apocalipsis 20).

Apocalipsis 2:12-17*: Escribe al ángel de la iglesia en Pérgamo: El que tiene la espada aguda de dos filos dice esto: Yo conozco tus obras y dónde habitas: donde está el trono de Satanás. Pero retienes mi nombre y no has negado mi fe ni aun en los días en que Antipas, mi testigo fiel, fue muerto entre vosotros, donde habita Satanás. Pero tengo unas pocas cosas contra ti: que tienes ahí a los que retienen la doctrina de Balaam, que enseñaba a Balac a poner tropiezo ante los hijos de Israel, a comer de cosas sacrificadas a los ídolos y a cometer fornicación. Y también tienes a los que retienen la doctrina de los nicolaítas, la que yo aborrezco. Por tanto, arrepiéntete, pues si no, vendré pronto hasta ti y pelearé contra ellos con la espada de mi boca. El que tiene oído, oiga lo que el Espíritu dice a las iglesias. Al vencedor le daré de comer del maná escondido, y le daré una piedrecita blanca y en la piedrecita un nombre nuevo escrito, el cual nadie conoce sino el que lo recibe.*

"Pérgamo" significa "lugar elevado". La ciudad de Pérgamo estaba edificada sobre una colina rocosa situada unos 300 metros más elevada que el valle. La iglesia, desde el año 313 al 538, era muy exaltada respecto al mundo. Era muy obvio que la religión de Jesús era lo que el mundo necesitaba, y eso favorecía que hubiera muchos conversos. Por aquel tiempo la persecución prácticamente había cesado, y hasta el propio emperador Constantino profesaba ser cristiano. Honrada y alabada por el mundo, la iglesia entró en un tiempo de gran peligro. Satanás no había podido destruir la iglesia mediante la persecución. Ahora comenzaba a corromper su fe desde el interior.

"El trono de Satanás" es el lugar especial desde el que obra. Durante aquel período, "el misterio de iniquidad" (2 Tesalonicenses 2:7) estaba ocupado en descarriar a la iglesia, y Satanás estaba poniendo el fundamento para la gran apostasía de la verdad.

La historia no nos habla de ningún personaje llamado "Antipas", pero se entiende que ese nombre representa a un colectivo dentro de la iglesia, donde hermanos perdieron sus vidas por defender la verdad de Dios en contra de la arrogancia emergente de los papas romanos. "Anti" significa opuesto, contrario, y "pas" significa padre o papa. Así, "Antipas" representa a quienes se opusieron al poder emergente y pretensiones del papado. ¡Cristo elogió a Antipas!

Pero otros negaron conscientemente a Dios a fin de obtener las ventajas de la riqueza y honres mundanos tal como hizo Balaam cuando se proponía maldecir a Israel a cambio de una buena paga (Números 22-25).

De forma casi imperceptible las costumbres paganas fueron encontrando su lugar en la iglesia cristiana. Habiendo cesado la persecución, la cristiandad entró en las cortes y palacios; la iglesia abandonó la humilde sencillez de Cristo y sus apóstoles en favor de la pompa y el orgullo de los sacerdotes y gobernantes paganos, y sustituyó los requerimientos de Dios por las teorías y tradiciones humanas. La conversión nominal de Constantino, a principios del siglo cuarto, se recibió con alegría; y el mundo, disfrazado con una apariencia de justicia, se introdujo en la iglesia. Ese compromiso entre el paganismo y el cristianismo dio por resultado el desarrollo del "hombre de pecado" (2 Tesalonicenses 2:3) que la profecía predijo que se opondría a Dios y se ensalzaría sobre Dios. A fin de asegurarse ganancias y honores, la iglesia procuró el favor y apoyo de los grandes de la tierra, y habiendo rechazado de esa manera a Cristo, debió rendir su lealtad al representante de Satanás: el obispo de Roma.

Apocalipsis 2:18-23*: Escribe al ángel de la iglesia en Tiatira: El Hijo de Dios, el que tiene ojos como llama de fuego y pies semejantes al bronce pulido, dice esto: Yo conozco tus obras, tu amor, tu fe, tu servicio, tu perseverancia y que tus obras postreras son superiores a las primeras. Pero tengo contra ti que toleras que esa mujer Jezabel, que se dice profetisa, enseñe y seduzca a mis siervos para fornicar y para comer cosas sacrificadas a los ídolos. Yo le he dado tiempo para que se arrepienta, pero no quiere arrepentirse de su fornicación. Por tanto, yo la arrojo en cama; y en gran tribulación a los que adulteran con ella si no se arrepienten de las obras de ella. A sus hijos heriré de muerte, y todas las iglesias sabrán que yo soy el que escudriña la mente y el corazón. Os daré a cada uno según vuestras obras.*

Durante los largos siglos de la Edad Media Dios siguió teniendo un pueblo que le permaneció leal, por más presionado que estuviera debido a la persecución y el odio del mundo. Tiatira significa "sacrificio de contrición". Dios jamás la olvidó, aunque al ojo humano pudiera parecerle así.

De igual forma en que Antipas no se refiere a un individuo sino a un grupo de personas, "Jezabel" es el nombre mediante el cual Dios se refirió a un colectivo cuyas creencias y carácter reflejaban el de la reina pagana del mismo nombre en la historia del antiguo Israel.

Jezabel fue una profetisa del dios pagano Baal, quien hizo todo lo que pudo para seducir al pueblo de Dios de los días de Elías. Dios nunca llamó a Jezabel a aquella obra. Acab se casó con ella y la trajo a fin de seducir a Israel. Además de desviar a muchos de ellos, persiguió amargamente a los pocos israelitas que permanecieron fieles a Dios (1 Reyes 18:13; 19:2; 21:7-14).

Resulta difícil acusar al pueblo de Dios de la Edad Media de ser tolerante en permitir que la apostasía romana de "Jezabel" enseñara y sedujera —aun en la mínima medida— a los siervos de Dios. Los registros de la historia no nos informan de tal cosa, pero Jesús reprendió a su iglesia de la Edad Media por tolerarla en alguna medida.

Jamás transijas lo más mínimo en tu compromiso con el Señor, ni cedas a los intentos del enemigo por desanimarte. Dios va a castigar a "Jezabel" y va a honrar a quienes hayan soportado la prueba y el sufrimiento por su causa.

Apocalipsis 2:24-29: *Pero a los demás que están en Tiatira, a cuantos no tienen esa doctrina y no han conocido lo que ellos llaman "las profundidades de Satanás", yo os digo: No os impongo otra carga; pero lo que tenéis, retenedlo hasta que yo venga. Al vencedor que guarde mis obras hasta el fin, yo le daré autoridad sobre las naciones; las regirá con vara de hierro y serán quebradas como un vaso de alfarero; como yo también la he recibido de mi Padre. Y le daré la estrella de la mañana. El que tiene oído, oiga lo que el Espíritu dice a las iglesias.*

No a los exaltados de la tierra, sino a los humildes, se les dará "autoridad sobre las naciones" en ocasión de la segunda venida de Cristo. Mientras que algunos recurren a las armas para obtener poder en este mundo de pecado, los hijos de Dios someten incluso sus propias vidas por causa de Cristo. Tienen la valentía de seguir las pisadas de quien fue "manso y humilde de corazón" (Mateo 11:29).

¡Serán recompensados! Las "naciones" que los han despreciado se postrarán ante ellos, quienes entonces las regirán "con vara de hierro" en el juicio. Veremos más sobre el particular en Apocalipsis 20:4.

Capítulo 3—Jesús Habla a Su Iglesia del Presente

Apocalipsis 3:1-4: *Escribe al ángel de la iglesia en Sardis: El que tiene los siete espíritus de Dios y las siete estrellas dice esto: Yo conozco tus obras, que tienes nombre de que vives y estás muerto. Sé vigilante y confirma las otras cosas que están para morir, porque no he hallado tus obras bien acabadas delante de Dios. Acuérdate, pues, de lo que has recibido y oído; guárdalo y arrepiéntete, pues si no velas vendré sobre ti como ladrón y no sabrás a qué hora vendré sobre ti. Pero tienes unas pocas personas en Sardis que no han manchado sus vestiduras y andarán conmigo en vestiduras blancas, porque son dignas.*

Después de la oscura y larga noche siempre hay un amanecer. Quienes velaron durante las largas horas de la noche anhelan el brillo reconfortante de la estrella de la mañana que anuncia la salida del sol.

Tiatira fue la iglesia de la noche más oscura del mundo. Eran las tinieblas del oscurantismo. ¡Con qué alegría debieron recibir la tenue luz que los primeros reformadores comenzaban a hacer brillar! Muchos se refieren a John Wycliffe —de Inglaterra— como a "la estrella de la mañana" de la Reforma. Dios encontró a un hombre a quien pudo usar. Wycliffe vivió en el siglo XIII.

Un siglo más tarde surgió en Bohemia Jan Huss y su discípulo Jerome de Faulfish, quienes sostuvieron valientemente la antorcha del evangelio. Ambos fueron quemados en la hoguera.

Surgía la iglesia de Sardis, la de la Reforma protestante.

Tras el oscurantismo y persecución del período de Tiatira uno esperaría que floreciera una iglesia de la Reforma llena de vida espiritual, unida, gozosa, fiel y celosa del evangelio de Cristo como lo fue la iglesia apostólica. Pero tal no fue el caso.

Los cristianos protestantes aseveraban tomar la Biblia y sólo la Biblia como su norma de fe. Pero se conformaban sin renunciar a ciertos errores de la Iglesia de Roma, y esos errores eran doctrinas que la Iglesia de Roma tomó a su vez del antiguo paganismo. En lugar de seguir a Cristo en la aceptación de nuevas verdades, los diversos cuerpos protestantes prefirieron edificar paredes que los aislaran de ellas mediante sus "credos". Se conformaron con no avanzar en la verdad más allá que sus líderes precursores tales como Lutero y Wesley. Esa es una de las razones por la que las iglesias protestantes están divididas en multitud de denominaciones y sectas. El ángel de Sardis hacía profesión de estar vivo, pero en realidad estaba "muerto", ya que rechazó la luz acrecentada que el Señor le proporcionó.

Entre las "pocas personas en Sardis que no han manchado sus vestiduras" se pueden mencionar hombres piadosos como Lutero, Zinderdorf, Wesley, Whitefield y otros. Esos hombres fueron usados por Dios para reavivar la vida religiosa de los habitantes de Europa, incluidos los de habla inglesa. Una de sus labores más notorias fue poner al alcance del pueblo las Santas Escrituras.

"En algunos aspectos, el siglo XVIII es el período más denostado de la historia de Inglaterra ... Nadie tiene una palabra positiva que decir de él ... 'El estómago bien despierto y el alma muerta'. En lo que respecta a la fe, Inglaterra estaba muriendo ... El verdadero reavivamiento de la vida religiosa comienza para los angloparlantes con Wesley. Es cierto que él remodeló la conciencia de Inglaterra, pero se trata sólo de una verdad a medias. ¡En realidad la recreó!

Estaba muerta, doblemente muerta, y mediante sus labios Dios le insufló de nuevo el aliento de vida" (W. H. Fitchett, Wesley and His Century, 11-15). ¡Cuánto necesita hoy nuestro mundo personajes como Wesley!

Apocalipsis 3:5-6*: El vencedor será vestido de vestiduras blancas, y no borraré su nombre del libro de la vida, y confesaré su nombre delante de mi Padre y delante de sus ángeles. El que tiene oído, oiga lo que el Espíritu dice a las iglesias.*

¿Puedes imaginar mayor honor que el de Jesús pronunciando tu nombre y reconociéndote como su santo hijo ante el Padre en el cielo y ante los millones de ángeles leales? En el juicio que está ahora en proceso (Apocalipsis 14:6-7), nuestro texto dice que va a llegar el tiempo en que toda la hueste celestial va a examinar nuestro caso personal y va a examinar el registro de nuestra vida individual.

¿Van a ver todos nuestros errores, todas las cosas vergonzosas que desearíamos que nunca salieran a la luz? Jesús sabe que no era nuestro propósito hacer todas esas cosas indignas. Hemo sido cautivos del pecado "de manera que ya no soy yo quien hace aquello, sino el pecado que está en mí" (Romanos 7:17). Pero cuando creemos en Cristo comenzamos a odiar el pecado, y "si confesamos nuestros pecados, él es fiel y justo para perdonar nuestros pecados y limpiarnos de toda maldad" (1 Juan 1:9). Él nos purificará con su sangre.

Recuerda que Cristo está procurando salvarnos. No es su propósito encontrar un motivo para condenarnos. No nos quiere fuera, sino dentro de su reino. El Espíritu Santo está atrayendo a todos a Cristo, y nos está impartiendo su gracia celestial de forma que cada uno pueda ser "vencedor" si deja de resistirse a él y se somete a su gracia. Nos seguirá atrayendo hacia sí a lo largo del camino. Nuestra batalla más real consiste en confiar en Dios, en confiar que nos ama, pecadores, desagradecidos, impuros y viles como sabemos que somos. Ser "vencedor" significa vencer la duda de que Dios nos acepta individual y personalmente. "Esta es la victoria que ha vencido al mundo, nuestra fe" (1 Juan 5:4).

Si crees en él, vencerás. Nadie que aprecie verdaderamente el amor de Jesús puede continuar viviendo en pecado. "El amor de Cristo nos constriñe, pensando esto: que si uno murió por todos, luego todos murieron" (2 Corintios 5:14).

Es bueno pensar a menudo en ese momento que está pronto a venir (nadie sabe cuán pronto), cuando Jesús tome nuestro nombre en sus labios y declare: 'Padre, este es mi hijo auténtico. Él confía en mí, y no puedo abandonarlo. Di mi vida por él y lo he de tener en mi reino'. Cuando Satanás te susurra que eres un pecador demasiado grande, que debes abandonar toda esperanza, recuerda lo que Jesús dijo del mayor pecador imaginable en la tierra: "Al que a mí viene, no lo echo fuera" (Juan 6:37). Aférrate a esa promesa y ve a él.

Apocalipsis 3:7-8*: Escribe al ángel de la iglesia en Filadelfia: Esto dice el Santo, el Verdadero, el que tiene la llave de David, el que abre y ninguno cierra, y cierra y ninguno abre: Yo conozco tus obras. Por eso he puesto delante de ti una puerta abierta, la cual nadie puede cerrar, pues aunque tienes poca fuerza, has guardado mi palabra y no has negado mi nombre.*

"Filadelfia" significa "amor fraternal". Ese era verdaderamente el espíritu que predominaba en la iglesia al comienzo del "tiempo del fin", desde el año 1798 al 1844 de nuestra era. La iglesia experimentó un despertar maravilloso en todo el mundo cristiano.

Se fundaron sociedades bíblicas y se publicó la Biblia en múltiples ediciones.

Se empezaron a estudiar los libros de Daniel y Apocalipsis con seriedad y apertura de miras. Se llegó a la convicción de que se estaba cumpliendo la profecía y de que se acercaba el fin del mundo. Los creyentes estaban libres de egoísmo o de amor a lo terrenal. Convencidos de que Jesús regresaba pronto, muchos vendieron sus casas y plantaciones, y emplearon el dinero en la obra de llevar el evangelio eterno al mundo mediante las publicaciones. Se resolvieron los agravios, se hicieron confesiones y se derramaron muchas lágrimas de arrepentimiento. Desde los días de los apóstoles no había existido un espíritu de amor como ese entre el pueblo de Dios. El mensaje que el "Santo" y "Verdadero" —el Testigo fiel— da a Filadelfia no contiene ningún reproche o censura.

¿Qué significa "el que abre y ninguno cierra"?

Visitemos el santuario que construyó Moisés en la antigüedad. Allí encontramos la "puerta" que abría el sumo sacerdote, la cual nadie podía cerrar: un símbolo de la mucho mayor "puerta" que Jesús, nuestro verdadero Sumo Sacerdote celestial, abre para nosotros.

Dios dijo a Moisés que le hiciera un santuario según el modelo del templo celestial (Hebreos 8:5). Moisés construyó entonces dos estancias: el lugar santo y el lugar santísimo. La primera contenía diversos objetos que representaban la obra de Cristo como Salvador: un candelabro de siete brazos ("Yo soy la luz del mundo" Juan 8:12), una mesa con doce panes ("Yo soy el pan de vida", Juan 6:48) y un altar de incienso en la inmediata proximidad del propiciatorio (situado en el lugar santísimo) en donde moraba la presencia de Dios ("Todo lo que pidáis al Padre en mi nombre, lo haré, para que el Padre sea glorificado en el Hijo" Juan 14:13). Cada día durante todo el año, el sumo sacerdote entraba con libertad a ese primer recinto.

Pero había una cortina o velo a modo de puerta, que impedía la entrada al segundo recinto. En él estaba el arca que contenía la santa ley escrita en dos tablas de piedra, siendo su cubierta superior el propiciatorio en representación del trono del Dios infinito, guardado por dos ángeles de oro. Nadie excepto el sumo sacerdote se atrevía siquiera a mirar del otro lado del velo, so pena de ser destruido en un juicio sumario por Aquel cuya presencia "es fuego consumidor" para el pecado (Hebreos 12:29).

Solamente una vez al año, en el día de la expiación, se atrevía el sumo sacerdote a entrar en el segundo recinto o lugar santísimo, para llevar a cabo una obra de reconciliación para el pueblo de Dios. Eso era para ellos un modelo, una sombra del día del juicio.

Es a esa misma obra de juicio a la que se refirió Cristo en sus palabras a la iglesia de Sardis: "Confesaré su nombre delante de mi Padre y delante de sus ángeles" (Apocalipsis 3:5). Ese "día de la expiación" comenzó en el cielo al final de los 2300 días de Daniel 8:14. En el año 1844 de nuestra era Cristo entró como Sumo Sacerdote en el lugar santísimo para iniciar su obra final de la purificación o limpieza del santuario con el propósito de preparar a su pueblo para su segunda venida. La "puerta" al ministerio del primer recinto (lugar santo) estaba cerrada, mientras que quedaba abierta la "puerta" que da acceso a la segunda fase de su ministerio (en el lugar santísimo). Ese cambio no debe comprenderse en términos de lugar físico. Hay allí implicadas realidades espirituales.

El año 1844, al fin de los 2300 días, significó una crisis importante. Pero si bien era cierto que se había cerrado la puerta de esperanza y de gracia por la cual la humanidad tuvo acceso a Dios durante dieciocho siglos, se le abría otra puerta y se le ofrecía el perdón de los pecados mediante la intercesión de Cristo en el lugar santísimo. Había terminado una parte de su obra tan solo para dar lugar a otra. Había aún una "puerta abierta" por la que entrar en el santuario celestial donde Cristo ministraba en favor del pecador. Entonces se comprendió la aplicación de las palabras que Cristo dirigió en Apocalipsis a la iglesia de aquel preciso tiempo.

Es mediante esa "puerta abierta" como nuestras oraciones ascienden al Padre. Alguien con mucho criterio escribió. Las sencillas oraciones dictadas por el Espíritu Santo ascenderán a través de los portales entreabiertos: la puerta abierta de la que Cristo declaró: 'He puesto delante de ti una puerta abierta, la cual nadie puede cerrar' (Apocalipsis 3:8). Esas oraciones ascenderán al Padre cual perfume junto al incienso de la perfección de Cristo, y obtendrán respuesta.

La "puerta abierta" nos lleva a una nueva comprensión de preciosa verdad. Queda expuesto ante todos el tesoro de las gemas de verdad. Ninguna espada impide el acceso. La "puerta abierta" es también una oportunidad especial para predicar el evangelio de Cristo en todo el mundo (2 Corintios 2:12). Fue en el período de la iglesia de Filadelfia cuando la gran obra de predicar el evangelio de Cristo a las naciones que no lo conocían comenzó realmente. William Carey fue a India en 1793, Adoniram Judson llevó el evangelio desde América a Myanmar (Birmania) en 1813, Robert Moffat fue a predicar a

África en 1817, y David Livingstone en 1840. Church Missionary Society, de la Iglesia anglicana, se fundó en 1799; British and Foreign Bible Society en 1804, y American Bible Society en 1816. Fueron surgiendo nuevas misiones por todo el mundo. Bien se pudo escribir de ella: "Tienes un poco de potencia, y has guardado mi palabra" (Apocalipsis 3:8, RV1909). Habría de sucederle una manifestación aun más maravillosa del mensaje del evangelio (Apocalipsis 14:6-12), pero la iglesia de Filadelfia sufriría persecución:

Apocalipsis 3:9-13: *De la sinagoga de Satanás, de los que dicen ser judíos y no lo son, sino que mienten, te daré algunos. Yo haré que vengan y se postren a tus pies reconociendo que yo te he amado. Por cuanto has guardado la palabra de mi paciencia, yo también te guardaré de la hora de la prueba que ha de venir sobre el mundo entero para probar a los que habitan sobre la tierra. Vengo pronto; retén lo que tienes para que ninguno tome tu corona. Al vencedor yo lo haré columna en el templo de mi Dios y nunca más saldrá de allí. Escribiré sobre él el nombre de mi Dios y el nombre de la ciudad de mi Dios, la nueva Jerusalén, la cual desciende del cielo, con mi Dios y mi nombre nuevo. El que tiene oído, oiga lo que el Espíritu dice a las iglesias.*

Muchos que en el tiempo de la iglesia de Filadelfia —desde 1931 a 1844— denigraban la predicación sobre la segunda venida de Cristo perdieron su amor por la Biblia. Las iglesias que rechazaron la comprensión de las profecías de Daniel y Apocalipsis experimentaron un gran cambio. Su experiencia religiosa vino a ser confusa, de modo que cumplieron lo predicho en la Escritura: "Ha caído, ha caído Babilonia, la gran ciudad" (Apocalipsis 14:8). Quienes rechazan la luz de la verdad cuando esta llega, se trasladan indefectiblemente a la "sinagoga de Satanás".

Está ante nosotros "la hora de la tentación que ha de venir en todo el mundo, para probar a los que moran en la tierra" (Apocalipsis 3:10). Todos aquellos cuya fe no esté firmemente cimentada en la Palabra de Dios resultarán engañados y vencidos. Los que buscan sinceramente conocer la verdad y se esfuerzan en purificar sus almas mediante la obediencia haciendo lo que está en su mano a fin de prepararse para el conflicto, encontrarán un refugio seguro en el Dios de verdad.

El hecho de que Dios diga "vengo pronto" evidencia que la iglesia de Filadelfia estaba viviendo cerca de fin del mundo. A la iglesia de Tiatira se le había dicho: "Lo que tenéis, retenedlo hasta que yo venga" (Apocalipsis 2:25), pero nada se le dijo respecto a Jesús viniendo "pronto".

Al leer estas líneas puedes saber que la venida de Cristo está realmente muy cerca, puesto que el tiempo de Tiatira y de Filadelfia pasó ya. Dios ha dado a todos los que aman el libro de Apocalipsis un precioso conocimiento de su verdad para estos últimos días. Por esa razón, "retén lo que tienes, para que ninguno tome tu corona". Jamás confíes en nadie hasta el punto de permitirle que te induzca a negar al Señor Jesús. Aunque por ahora no puedas verla, ya tienes tu corona. Te "está reservada" (2 Timoteo 4:8).

Apocalipsis 3:14-16*: Escribe al ángel de la iglesia en Laodicea: El Amén, el testigo fiel y verdadero, el Principio de la creación de Dios, dice esto: Yo conozco tus obras, que ni eres frío ni caliente. ¡Ojalá fueras frío o caliente! Pero por cuanto eres tibio y no frío ni caliente, te vomitaré de mi boca.*

De la misma forma en que el "Amén" se pronuncia al final de la oración, ese mensaje es el llamado final de las siete cartas a sus iglesias. Se aplica a la iglesia hoy, en los últimos días de la historia de este mundo. No hay una octava iglesia por venir.

"Laodicea" no es de por sí un mal nombre. Significa "juicio del pueblo" o "vindicación del pueblo". La iglesia que representa vive en el tiempo en que se predica el mensaje de los tres ángeles, que incluye la admonición: "¡Temed a Dios y dadle gloria, porque la hora de su juicio ha llegado!" (Apocalipsis 14:6-12).

El tiempo de Laodicea abarca el mismo período que la obra de "juicio" o "purificación del santuario" que se inició en 1844 con la entrada de Cristo en el lugar santísimo para hacer su obra final (ver Daniel 8:14). Así, abarca el período desde 1844 hasta el fin de la historia humana, cuando Cristo regrese en su segunda venida a la tierra.

Si bien el mensaje contiene una severa reprensión, no puede llevar a confusión, ya que viene del "Testigo fiel y verdadero". Cuando se descubre cáncer en alguien, es mucho mejor que el médico informe de forma veraz al paciente, por más que las noticias sean desalentadoras. Cuanto antes se conozca la verdad, más opciones habrá para un tratamiento eficaz. Conocer la verdad es siempre preferible a ser engañado por la mentira. ¿No debiéramos agradecer al Señor por amarnos hasta el punto de reprendernos y corregirnos?

¿Qué significa ser "caliente"? Evoca un espíritu ferviente, lleno de celo, motivado por el Amor a Dios, a su verdad y a los que nos rodean y viven en tinieblas. Ser "frío" es lo opuesto, es estar tiritando y dándose cuenta de estar en una condición peligrosa, es sentir el gran deseo de acercarse al fuego a fin de calentarse.

Pero Laodicea no es caliente ni fría: no tiene un celo intenso en la obra de Dios, en su verdad o en su justicia, y tampoco comprende ni siente su terrible necesidad. Verdaderamente, de entre las siete iglesias, es la más notablemente enferma y la más necesitada.

La descripción define con precisión la condición espiritual de quienes hoy profesan estar esperando la pronta venida del Señor Jesús, pero que perdieron su celo. El mensaje a Laodicea se aplica a los hijos de Dios que profesan creer la verdad actual. La mayoría de ellos son tibios y sólo profesan la verdad. Tienen el nombre de cristianos, pero nada de celo, fervor o devoción. No se atreven a abandonar del todo la verdad y correr el riesgo de los incrédulos, pero tampoco están dispuestos a morir al yo y aferrarse a los principios de su fe.

Ser vomitado de la boca de Jesús significa que las oraciones y adoración de los laodicenses ya no le resultan aceptables. No obstante, Jesús no dice que la situación de Laodicea sea irreversible. La expresión se escribe así en el griego original: mello se emesai. Emesai significa vomitar (de ahí deriva la palabra emético o anti-emético); se es el pronombre en segunda persona, y la palabra clave es mello.

Esa palabra significa "estar a punto de" hacer algo. Vuelve a aparecer en Apocalipsis 10:4, donde Juan dice que "iba a escribir" (mello) lo que emitieron los "siete truenos", pero finalmente no lo hizo. En Juan 4:47 el hijo de un oficial del rey estaba "a punto de morir" (mello), pero no murió debido a que Jesús lo sanó. La NVI traduce correctamente "estoy por vomitarte de mi boca". En nuestro lenguaje cotidiano actual, diríamos: 'Me produces náuseas'. Su pueblo le hace sentirse mal, le produce náuseas.

Pero hay buenas nuevas en ese mensaje a Laodicea. Es posible el arrepentimiento, y a Cristo se le pueden pasar las náuseas.

Apocalipsis 3:17-19*: Tú dices: Yo soy rico, me he enriquecido y de nada tengo necesidad. Pero no sabes que eres desventurado, miserable, pobre, ciego y estás desnudo. Por tanto, yo te aconsejo que compres de mí oro refinado en el fuego para que seas rico, y vestiduras blancas para vestirte, para que no se descubra la vergüenza de tu desnudez. Y unge tus ojos con colirio para que veas. Yo reprendo y castigo a todos los que amo; sé, pues, celoso y arrepiéntete.*

No estamos capacitados para ser testigos fieles y verdaderos ante otros, puesto que no sabemos cómo juzgar sus corazones. "Engañoso es el corazón más que todas las cosas, y perverso; ¿quién lo conocerá?" (Jeremías 17:9). La represión de Cristo da justo en la diana.

Nuestros corazones pueden albergar algo que nuestros labios nunca se atreverían a expresar. El pueblo de Dios jamás se jactará abiertamente afirmando: "Soy rico, me he enriquecido y de nada tengo necesidad", pero Cristo lee el lenguaje del corazón. Él conoce su orgullo secreto y su autosatisfacción. Y declara: "No conoces" tu verdadera condición.

¿Te ha sucedido encontrarte en medio de una multitud, dándote cuenta de que ibas vestido de forma inapropiada, o bien que había en tu ropa o en tu cara restos de suciedad? Se trata de una situación bien embarazosa una vez descubres la realidad.

Ante la mirada divina, la iglesia de Dios en estos últimos días está en una situación vergonzosamente patética. El lenguaje griego en que se escribió Apocalipsis expresa que, entre todas las siete, el pueblo que compone la iglesia de Laodicea "es el" rematadamente "desventurado, miserable, pobre, ciego y ... desnudo". ¿Por qué?

Porque viviendo en estos últimos días imaginamos estar casi a punto de graduarnos en la universidad, cuando en realidad carecemos del conocimiento básico que debieran tener los alumnos del parvulario. ¡Ni siquiera poseemos el "primer amor" que tuvo la temprana iglesia apostólica! (Apocalipsis 2:4). Y eso a pesar de tener a nuestra disposición la instrucción de las seis iglesias precedentes en la historia. Ese mensaje es ciertamente el más serio que el pueblo de Dios haya jamás recibido.

¿Por cuánto tiempo ha de sufrir Cristo ese dolor y vergüenza?

Si aceptamos el remedio que nos ofrece, venceremos, y Jesús se sentirá complacido con la condición espiritual de su pueblo.

¿En qué consiste el "oro refinado en el fuego"? Pedro escribió que se trata de una fe que ha sido comprobada y desarrollada en pruebas y conflictos sufridos por causa de Cristo (1 Pedro 1:6-8). ¿Has sufrido esas pruebas? Quizá supusiste que tales conflictos significaban que Cristo te había abandonado. No es así. Está procurando darte ese "oro" que te hará verdaderamente rico. La fe se fortalece al experimentar la prueba, y en ese proceso se profundiza el amor.

¿Qué son las "vestiduras blancas"? Se trata claramente de algo que cubre la vergüenza de nuestra "desnudez". No podremos apreciar en qué consisten las "vestiduras blancas" a menos que comprendamos lo que está implicado en la "desnudez" espiritual.

Quien superó la primera infancia siente una vergüenza profunda ante la exhibición de su desnudez. La Biblia asocia esa vergüenza física —existente incluso en las civilizaciones más primitivas— con nuestro amor natural al yo y nuestra enemistad natural contra Dios. "Los designios de la carne son enemistad contra Dios" (Romanos 8:7). Todos tenemos una mente como esa por naturaleza. Podemos intentar negar esa realidad, pero en cuanto dejamos de velar se impone nuestro egoísmo, y se manifiesta nuestra enemistad hacia los demás.

La enemistad o resentimiento contra nuestros hermanos es en realidad contra Cristo, puesto que él se reconoce en el trato rudo, indiferente o descortés dispensado a "uno de estos más pequeños" (Mateo 25:41-45). ¡Cuán avergonzados se sentirán "los de la izquierda" en el juicio cuando se den cuenta por fin de que todas sus vidas fueron descorteses con el propio Señor! Sentirán demasiado tarde la plena vergüenza de su "desnudez". Es una inmensa bendición que aceptemos ahora la verdad sobre nuestra situación mientras estamos a tiempo de recibir las "vestiduras blancas".

Nadie puede "comprar" de Jesús las "vestiduras blancas" hasta haber llegado a darse cuenta de su propia rebelión interior contra Dios, avergonzándose de sí mismo por lo que es en su condición natural de no convertido. Pablo afirmó que "todo el mundo ... está bajo el juicio de Dios" (Romanos 3:19). Dado que Cristo es el "Cordero que fue inmolado desde el principio del mundo" (Apocalipsis 13:8), todo pecador en la tierra desde los días de Adán hasta los nuestros ha tenido una parte en su crucifixión. Todo el que sienta la vergüenza de esa "desnudez" querrá ser cubierto.

Así, ¿en qué consisten las "vestiduras blancas"? El que ve a Cristo crucificado y cree, es quien comprende que él tuvo una parte en crucificarlo. Los oyentes de Pedro en pentecostés recibieron el Espíritu Santo cuando creyeron sus palabras: "Este Jesús a quien vosotros crucificasteis, Dios lo ha hecho

Señor y Cristo" (Hechos 2:36). Experimentaron la convicción y el quebranto de corazón al sentir la vergüenza y horror de su culpabilidad, y eso les llevó al arrepentimiento (versículo 38).

Las "vestiduras blancas" representan el perdón de Jesús, quien cubre con su perfecto amor la vergüenza de nuestra desnudez del alma. Cristo oró por nosotros cuando clamó en presencia de quienes lo crucificaban: "Padre, perdónalos, porque no saben lo que hacen" (Lucas 23:34).

Ese es el perdón último y el único perdón verdadero que uno puede recibir. ¿Sientes la necesidad de ese perdón? ¿Lo quieres? Si es así, la vergüenza de tu desnudez queda cubierta por el manto de la justicia de Cristo.

Cuando nos sometemos a Cristo, nuestro corazón se une con el suyo, nuestra voluntad se fusiona con la suya, la mente llega a ser una con su mente y los pensamientos se sujetan a él. Vivimos su vida. Eso es lo que significa estar vestidos con el manto de su justicia.

¿Qué representa el "colirio"? podemos comparar los ojos con la lámpara interior del corazón. "Lámpara de Jehová es el espíritu del hombre, la cual escudriña lo más profundo del corazón" (Proverbios 20:27). "La palabra de Dios ... discierne los pensamientos y las intenciones del corazón" (Hebreos 4:12). El "colirio" —la luz que procede de la Palabra de Dios— hace que se reavive la conciencia y que avise como lo hace una espina clavada, puesto que trae convicción de pecado. Es necesario ese aguijón a fin de que seamos sanados y adquiramos el discernimiento para detectar el pecado en sus disfraces engañosos. Quien ha comprado ese colirio comenzará a verse a sí mismo tal como Dios lo ve. Entonces siente convicción de pecado, y puede dar gracias por ello, ya que Cristo lo está salvando hasta lo sumo (Hebreos 7:25).

Mientras que el Sumo Sacerdote lo está salvando plenamente en el día de la expiación celestial, el Espíritu de Dios está obrando aun más profundamente en su corazón. Es así como podemos vencer.

Apocalipsis 3:20-21: Yo estoy a la puerta y llamo; si alguno oye mi voz y abre la puerta, entraré a él y cenaré con él, y él conmigo. Al vencedor le concederé que se siente conmigo en mi trono, así como yo he vencido y me he sentado con mi Padre en su trono.

El propósito de ese mensaje no es condenar, sino salvar. Y realizará su obra en los corazones del pueblo de Dios en todo el mundo.

El problema no es estar en Laodicea, ya que Cristo hace la misma promesa "al vencedor" en Laodicea, que a los vencedores en cualquier otra de las seis iglesias. Nadie que crea en Cristo querrá abandonar Laodicea, pues es a la puerta de Laodicea a la que Cristo está llamando. Si sales por la puerta trasera mientras que un visitante llama a tu puerta de entrada, te perderás al visitante.

El problema radica en conformarse con permanecer en la tibieza, en estar satisfecho siendo "desventurado, miserable, pobre, ciego y ... desnudo". Para muchas personas de bien es una gran sorpresa aprender que Cristo tuvo que vencer y pelear la misma batalla que ellos tienen. Satanás se esfuerza en que creamos que Jesús es tan distante a nosotros como para no saber nada o muy poco de primera mano acerca de nuestras experiencias en la batalla por vencer nuestro egoísmo natural. Cristo está cercano a nosotros y llama a la puerta de nuestro corazón. Dios envió "a su Hijo en semejanza de carne de pecado, y a causa del pecado, condenó al pecado en la carne, para que la justicia de la Ley se cumpliera en nosotros"

(Romanos 8:3-4). Cristo siempre fue puro y santo mientras "fue tentado en todo según nuestra semejanza, pero sin pecado" (Hebreos 4:15).

La promesa de Cristo al vencedor en Laodicea te asegura que quienquiera seas y doquiera estés en tu batalla contra el pecado, Jesús ha tomado sobre sí mismo tu carga y ha vencido en tu carne, sufriendo todas las desventajas que tú sufres. Mientras estés dispuesto a creer su promesa habrá un vínculo de unión entre Cristo y tu alma.

Cuando te sientas tentado al desánimo, recuerda su promesa: "Así como yo he vencido".

En el versículo 20 el Señor cita literalmente las palabras de la Septuaginta en Cantares 5:2 (LXX: traducción griega del Antiguo Testamento que se empleaba en los días de Jesús en esta tierra). Ese drama inspirado presenta a la joven egoísta que no quiere incomodarse levantándose de la cama para abrir la puerta a su amado. No está dispuesta a entregarse plenamente a él. Cristo pone así su sello de aprobación a ese libro de la Biblia señalando que él mismo es el auténtico héroe, y que su esposa es su iglesia en la tierra. Hasta ahora no ha estado dispuesta a entregarse completamente a él, pero se puede arrepentir. ¡Ojalá no tarde en hacerlo!

Oración: Padre amante, te agradecemos por la fidelidad de tu amor al reprendernos y castigarnos. Quienes no nos aman realmente, nos adulan y alaban de forma insincera. Venimos a ti deseosos de comprar lo que tú nos quieres vender sin dinero y sin precio. ¿Qué podemos pagar? Nada poseemos. Únicamente podemos entregarnos a nosotros mismos. Acéptanos como tus siervos voluntarios. Gracias, Señor, por haberte hecho uno con nosotros y por haber peleado nuestra batalla. Sólo nos pides que echemos mano de ti y venzamos como tú venciste. ¡Qué gloriosa compañía nos has dado en nuestro proceso de vencer! Elegimos tomar cada día la cruz de tu Hijo amado Jesús, y seguir en sus pasos. Te lo pedimos en su nombre. Amén.

Capítulo 4—Una Puerta Abierta en el Cielo

Apocalipsis 4:1-2: Después de esto miré, y vi que había una puerta abierta en el cielo. La primera voz que oí era como de una trompeta que, hablando conmigo, dijo: "¡Sube acá y yo te mostraré las cosas que sucederán después de estas!" Al instante, estando yo en el Espíritu, vi un trono establecido en el cielo, y en el trono, uno sentado.

Ese "cielo" no es el espacio donde vuelan los astronautas. Incluso si el hombre alcanzara algunos de los planetas de nuestro sistema solar, no divisaría el cielo que a Juan se le presentó en visión. "Dios es Espíritu, y los que lo adoran, en espíritu y en verdad es necesario que lo adoren" (Juan 4:24). El Cielo es el lugar del trono de Dios, y el ser humano no puede alcanzarlo por medios físicos.

Pero se nos concede la oportunidad de contemplarlo por la fe a través de la puerta abierta en el cielo, y lo que vamos a ver es más real que cualquier objeto astronómico de los que podemos observar con un telescopio.

Apocalipsis 4:3-4: La apariencia del que estaba sentado era semejante a una piedra de jaspe y de cornalina, y alrededor del trono había un arco iris semejante en su apariencia a la esmeralda. Alrededor del trono había veinticuatro tronos, y en los tronos vi sentados a veinticuatro ancianos vestidos de ropas blancas, con coronas de oro en sus cabezas.

El arco iris se forma cuando la luz solar se refracta en las gotas de agua de la nube. Ese arco iris que rodea el trono de Dios simboliza su misericordia —la luz solar— y su justicia —

la nube, la tormenta—. Esa combinación de justicia y misericordia se vio en la cruz de Cristo, que es un reflejo de la gloria del cielo.

¿Quiénes son los "veinticuatro ancianos"? Ángeles no pueden ser, ya que la palabra "anciano" no se aplica nunca a un ángel en la Biblia, sino a seres humanos con honor y experiencia. Un anciano es alguien que ocupa un puesto de responsabilidad debido a su madurez espiritual.

Los veinticuatro ancianos llevan coronas de oro en sus cabezas, de lo que podemos deducir que son vencedores (Apocalipsis 2:10 y 3:11; 2 Timoteo 4:8). Se sienten indignos de llevar esas coronas en la presencia de Jesús (Apocalipsis 4:10-11). De lo anterior podemos deducir que se trata de seres humanos redimidos de la tierra mediante la sangre de Jesús.

Puesto que la Biblia enseña claramente que los muertos en Cristo siguen durmiendo en sus sepulcros, aguardando la resurrección en la venida de Cristo (1 Tesalonicenses 4:16-17), ¿cómo es posible que esos veinticuatro ancianos estén ya en el cielo? La única respuesta que se puede encontrar en la Biblia es que se trata de "los santos" que resucitaron cuando resucitó Cristo: "Se abrieron los sepulcros, y muchos cuerpos de santos que habían dormido se levantaron, y saliendo de los sepulcros, después de la resurrección de él vinieron a la santa ciudad y aparecieron a muchos" (Mateo 27:52-53). Pablo afirmó que cuando Cristo ascendió al cielo, "subiendo a lo alto, llevó cautiva la cautividad" (Efesios 4:8).

¿Por qué los ancianos son ni más ni menos que veinticuatro? Los sacerdotes que servían en el ministerio del antiguo templo estaban divididos en veinticuatro grupos (1 Corintios 24:1-18). Su labor consistía en asistir al sumo sacerdote. Esos veinticuatro ancianos tienen el honor de asistir a Cristo en su obra en el santuario celestial. Saben cómo ayudar, pues ellos mismos fueron una vez débiles pecadores tal como lo somos nosotros.

Apocalipsis 4:5-11: *Del trono salían relámpagos y truenos y voces; y delante del trono ardían siete lámparas de fuego, las cuales son los siete espíritus de Dios. Y delante del trono había como un mar de vidrio semejante al cristal; y junto al trono y alrededor del trono, cuatro seres vivientes llenos de ojos delante y detrás. El primer ser viviente era semejante a un león; el segundo era semejante a un becerro; el tercero tenía rostro como de hombre; y el cuarto era semejante a un águila volando. Los cuatro seres vivientes tenían cada uno seis alas, y alrededor y por dentro estaban llenos de ojos; y no cesaban día y noche de decir: "Santo, santo, santo es el Señor Dios Todopoderoso, el que era, el que es, y el que ha de venir". Y siempre que aquellos seres vivientes dan gloria y honra y acción de gracias al que está sentado en el trono, al que vive por los siglos de los siglos, los veinticuatro ancianos se postran delante del que está sentado en el trono, y adoran al que vive por los siglos de los siglos, y echan sus coronas delante del trono, diciendo: Señor, digno eres de recibir la gloria y la honra y el poder; porque tú creaste todas las cosas, y por tu voluntad existen y fueron creadas.*

¿Quiénes son esos cuatro "seres vivientes"? Hay seres en el cielo, que al lenguaje humano le resulta difícil describir. Las naves espaciales envían fotos de Marte o Saturno que los modernos astrónomos no pueden descifrar. Si nuestros planetas próximos presentan ese desafío, ¿cuánto más debió contemplar Juan en sus visiones del cielo, cuya descripción desafía las capacidades del lenguaje humano?

Es muy probable que se trate del mismo grupo de ángeles que los profetas de Dios del Antiguo Testamento contemplaron en visión. Isaías vio serafines que tenían cada uno "seis alas", y que "el uno al otro daba voces diciendo: ¡Santo, santo, santo, Jehová de los ejércitos!" (Isaías 6:2-3). Ezequiel vio a cuatro "querubines" (Ezequiel 10:1 y 8-22). "Estaban llenos de ojos alrededor" y tenían "cuatro caras". También Zacarías vio "cuatro carros", que "son los cuatro espíritus del cielo que salen después de haberse presentado ante el Señor de toda la tierra" (Zacarías 6:1-5, NVI). Es evidente que al profeta no le resultó fácil describir lo que se le presentó en visión.

Esos cuatro seres vivientes están más próximos al trono de Dios que los veinticuatro ancianos. Representan todo lo que significa el trono de Dios. Todo lo observan, y son capaces de reportar y administrar con perfecto conocimiento y sabiduría. Son ellos quienes dirigen la adoración ante el trono de Dios. Cuando ellos dan gloria, honor y gracias a Dios, les siguen los veinticuatro ancianos.

En su obra y carácter parecen destacarse cuatro aspectos. Poseen la razón, inteligencia y amor típicos del corazón humano. Exhiben la majestad, valor y valentía del león. Tienen la fortaleza paciente y sumisa de un buey. Y tienen la agudeza visual y celeridad del águila. En el santuario israelita estaban representados por los dos ángeles que guardaban el propiciatorio —la cubierta del arca— en el lugar santísimo del santuario. Son órdenes de seres celestiales prodigiosos que hacen la voluntad de Dios y llevan a cabo el plan de salvación. La organización del gobierno celestial de Dios es más compleja que cualquier cosa en nuestro mundo dominado por la tecnología digital.

En los anales de la historia humana el desarrollo de las naciones y el surgimiento y caída de los imperios parecen depender de la voluntad y habilidad humanas. Se diría que el devenir de los acontecimientos viene determinado por el poder, ambición y caprichos del hombre. Pero en la Palabra de Dios se descorre el velo, y por encima, detrás, y en todo el tira y afloja de los intereses humanos, del poder y de las pasiones, contemplamos a los agentes que cumplen silenciosa y pacientemente los designios y la voluntad de Aquel que está lleno de misericordia. Aprendemos esa lección en la maravillosa representación simbólica que se dio al profeta Ezequiel durante su destierro en la tierra de los caldeos. Los símbolos que se le presentaron revelan la acción de un poder sin parangón en los gobiernos terrenales.

Capítulo 5—Un Libro que Nadie Podía Abrir

Apocalipsis 5:1-3*: Vi en la mano derecha del que estaba sentado en el trono un libro escrito por dentro y por fuera, sellado con siete sellos. Y vi un ángel poderoso que pregonaba a gran voz: "¿Quién es digno de abrir el libro y desatar sus sellos?" Pero ninguno, ni en el cielo ni en la tierra ni debajo de la tierra podía abrir el libro, ni siquiera mirarlo.*

En la antigüedad los libros no eran como los nuestros. Eran piezas largas de lámina de piel o papel enrolladas sobre una vara, de forma parecida a como se almacena la tela en las tiendas. En los días de los romanos acostumbraban a guardar de esa manera el registro de la última voluntad de las personas antes que murieran. Los rollos quedaban entonces cerrados en su exterior mediante el sello de los testigos, permaneciendo así asegurados contra cambios posteriores ajenos a la voluntad del testador.

No se nos dice el nombre de ese libro que Juan vio, pero contenía la revelación de misterios desconocidos que Juan deseaba ardientemente comprender. ¿Podría ser que incluyera, no sólo los secretos de los acontecimientos del porvenir, sino también el destino de la especie humana y del propio universo?

El propietario de una parcela de tierra posee el correspondiente título de propiedad, que supone su garantía de posesión por siempre. Cuando nuestros primeros padres pecaron en el Edén, transfirieron ese título de propiedad a Satanás. No obstante, en derecho no le pertenecía. En derecho pertenece al propio Padre, quien es el auténtico Propietario y se sienta en su trono (en realidad, Adán tampoco era el dueño, sino sólo el administrador).

Ese rollo ("libro") misterioso contiene el destino de cada uno de los habitantes de la tierra. Sin duda, la decisión de los dirigentes judíos de crucificar al Hijo de Dios quedó registrada en el libro que Juan vio sostenido por la mano derecha de Aquel que estaba en el trono: el libro que ningún hombre era capaz de abrir. Esa decisión aparecerá en todo su espanto y crudeza ante quienes la tomaron, en el día en que "el León de la tribu de Judá" abra el libro.

Apocalipsis 5:4-5: *Lloraba yo mucho, porque no se hallaba a nadie que fuera digno de abrir el libro, ni siquiera de mirarlo. Entonces uno de los ancianos me dijo: "No llores, porque el León de la tribu de Judá, la raíz de David, ha vencido para abrir el libro y desatar sus siete sellos".*

A menos que se abriera el libro, nadie sería capaz de arrebatar de las manos de Satanás aquello que Adán y nosotros perdimos. Juan lloró mucho porque no vio que apareciera en la escena alguien con el poder y la justicia necesarios para recuperar lo que perdió la humanidad. Sólo un cristiano bondadoso como Juan puede sentir en lo hondo la angustia y preocupación por otros que no son uno mismo ni pertenecen al círculo de familiares y amigos próximos. Sólo un auténtico cristiano puede sentir congoja por la salvación de este mundo perdido. Como alguien escribió, 'Apocalipsis no se escribió sin lágrimas ni se puede comprender sin lágrimas'. Sólo quien es pecador necesita ser salvo, y sólo el pecador redimido puede llorar por un mundo condenado a la perdición. Juan era un pecador redimido por la gracia de Dios. ¡Dios le dio la capacidad para derramar aquellas lágrimas sinceras! Nadie debiera temer el llanto. "Jesús lloró" (Juan 11:35).

Gracias a Dios por no dejar que Juan llorara mucho tiempo. Aparece alguien capaz de redimir la herencia, alguien que puede restituir a los hijos su posesión, recuperando todo lo que se perdió. ¿De quién se trata? De alguien al que se nombra como "el León". Quizá, al oír ese nombre, Juan esperó ver a un poderoso conquistador cuya sola presencia inspirara respeto y temor. Imagina su sorpresa cuando lo contempló:

Apocalipsis 5:6-7: *Miré, y vi que en medio del trono y de los cuatro seres vivientes y en medio de los ancianos estaba en pie un Cordero como inmolado, que tenía siete cuernos y siete ojos, los cuales son los siete espíritus de Dios enviados por toda la tierra. Él vino y tomó el libro de la mano derecha del que estaba sentado en el trono.*

Podemos imaginar a Juan mirando en todas direcciones en busca del león majestuoso, sólo para encontrar en su lugar a un "Cordero" herido y sangrando. ¿Es ese Cordero el poderoso conquistador capaz de lograr lo que "ninguno, ni en el cielo ni en la tierra ni debajo de la tierra" podía conseguir?

¿Cómo es posible que un Cordero sea también un León? Debido a haberse sometido a la muerte de cruz. La crueldad, la ambición, la fuerza, la búsqueda del propio interés, la acción política o militar, jamás pueden lograr el poder perdurable. El Cordero ha vencido mediante el amor. El camino del sacrificio propio fue y es el camino de la victoria.

¿Hay alguien sincero que sea capaz de despreciar o ignorar un sacrificio como ese? El amor es la fuerza más poderosa en el universo. Conquista hasta el corazón más obstinado. Todos sin excepción se inclinarán un día ante el Cordero que vino a ser un León (Isaías 45:23-24; Filipenses 2:10-11). "El amor de Cristo nos apremia" (2 Corintios 5:14, LBLA).

A veces nuestros corazones se elevan en alabanza y alegría hasta el punto en que no podemos evitar dar expresión a nuestros sentimientos. Los veinticuatro ancianos, los cuatro seres vivientes y todos los ángeles estallan en un canto triunfal y glorioso más majestuoso que cuanto hayamos podido contemplar o imaginar.

Los "siete cuernos y siete ojos" simbolizan el poder y sabiduría de Cristo, siendo "siete" un número indicativo de plenitud o perfección.

Apocalipsis 5:8-12*: Cuando hubo tomado el libro, los cuatro seres vivientes y los veinticuatro ancianos se postraron delante del Cordero. Todos tenían arpas y copas de oro llenas de incienso, que son las oraciones de los santos. Y cantaban un cántico nuevo, diciendo: "Digno eres de tomar el libro y de abrir sus sellos, porque tú fuiste inmolado, y con tu sangre nos has redimido para Dios, de todo linaje, lengua, pueblo y nación; nos has hecho para nuestro Dios un reino y sacerdotes, y reinaremos sobre la tierra". Miré, y oí la voz de muchos ángeles alrededor del trono, de los seres vivientes y de los ancianos. Su número era millones de millones, y decían a gran voz: "El Cordero que fue inmolado es digno de tomar el poder, las riquezas, la sabiduría, la fortaleza, la honra, la gloria y la alabanza".*

En nuestro mundo se oye ocasionalmente música excelente, pero ni de lejos tan gloriosa como esa antífona de alabanza al Cordero que fue inmolado. Su amor llegó hasta los últimos rincones de la muerte en su búsqueda del ser humano perdido. Ese amor ha triunfado. Se ha encontrado lo que se había perdido (Lucas 15:24).

Entre toda esa multitud incontable de cantores no hay siquiera uno que cante por temor. Todo corazón está lleno de amor y alabanza, de genuina adoración hacia Aquel que se vació de sí mismo en un sacrificio tan completo, que reveló ante la mirada de todas las inteligencias y por toda la eternidad las profundidades del amor infinito de Dios. Nuestros corazones pueden sentir el comienzo de ese latido de la vida eterna si es que deseamos formar parte de ese coro.

Ese cántico glorioso está inspirado por algo que podemos ya ahora comenzar a estudiar: la cruz de Cristo. En Cristo glorificado, los redimidos contemplarán por siempre a Cristo crucificado.

Apocalipsis 5:13-14*: A todo lo creado que está en el cielo, sobre la tierra, debajo de la tierra y en el mar, y a todas las cosas que hay en ellos, oí decir: "Al que está sentado en el trono y al Cordero, sea la alabanza, la honra, la gloria y el poder por los siglos de los siglos". Los cuatro seres vivientes decían: "¡Amén!". Y los veinticuatro ancianos se postraron sobre sus rostros y adoraron al que vive por los siglos de los siglos.*

Finalmente, no va a quedar el menor rastro de rebelión, duda o enemistad en el gran universo de Dios. Toda criatura se unirá en adoración al Padre y al Cordero. Dado que Satanás y quienes le sirven nunca querrían añadirse a ese canto de alabanza a Cristo, es evidente que estos versículos se refieren a las edades futuras en las que el pecado y quienes se aferraron obstinadamente a él llegaron ya a su fin en el lago de fuego (Apocalipsis 20:12-15).

¿Es Dios digno de una devoción plena como esa? Si todo cuanto conociéramos de él fuera las evidencias de su grandeza como Creador, ciertamente es digno. Pero todavía más allá de la majestad y poder evidenciados en su creación se eleva la cruz con la asombrosa revelación de su carácter abnegado.

El libro de Apocalipsis sobrepasa cualquier otro libro terrenal, por cuanto reconoce esa realidad última que ni la ciencia ni la filosofía pueden siquiera atisbar.

Capítulo 6—Se Abre el Libro Misterioso

Apocalipsis 6:1-2*: Entonces vi que el Cordero abrió uno de los sellos, y oí a uno de los cuatro seres vivientes decir con una voz como de trueno: "¡Ven!". Miré, y vi un caballo blanco. El que lo montaba tenía un arco y le fue dada una corona, y salió venciendo y para vencer.*

Los "siete sellos" nos llevan, o bien a una victoria gloriosa, o bien a la derrota más terrible. O nos llevan a la adoración y alabanza en la venida de Jesús, o bien a clamar que las peñas nos escondan de la ira del Cordero. Nos llevan a la vida o a la muerte. Para los salvos, Cristo es el Cordero inmolado; para los perdidos, el león vengador de Judá. Dios quitará toda lágrima de los ojos de los salvos, mientras que los perdidos llorarán agónicamente en aquel día.

Se está peleando una batalla fiera entre la luz y las tinieblas, entre Cristo y Satanás. Cada uno de nosotros juega un papel en esa batalla. Nadie puede escapar.

Los caballos simbolizan a mensajeros de Dios. Esos mensajeros son enviados para traer salvación y también juicio. Cooperar con Dios significa vida y victoria; resistirlo, derrota y muerte.

Los cuatro caballos y sus jinetes simbolizan la obra de los ángeles de Dios en la tierra llevando al arrepentimiento, vida y victoria. Protegen a los justos y contienen a los malos. Se esfuerzan en favor de estos últimos, procurando llevarlos al arrepentimiento. Traen juicios y aflicciones sobre los que resisten la gracia de Dios a fin de inducirlos al arrepentimiento; y traen el juicio final y la muerte a quienes se hayan negado a arrepentirse. Se hacen aquí evidentes el amor de Dios y su justicia, su misericordia y su justa indignación.

Por siglos los estudiosos de la Biblia han visto esas tres series de eventos mundiales —las siete iglesias, los siete sellos y las siete trompetas— como acontecimientos secuenciales paralelos. A modo de cámara filmadora que se enfoca en lo próximo y en lo lejano de forma alternante, esos tres viajes a través de la historia del mundo revelan las pisadas de Cristo en su camino hasta las últimas escenas de victoria. Ese libro es "la revelación de Jesucristo" en la historia.

El caballo blanco es símbolo de justicia y victoria. El arco que lleva el jinete en su mano puede representar la convicción que trae el Espíritu Santo al corazón de los seres humanos. Cuando sean derribadas las fortalezas de los reyes, cuando las saetas de la ira de Dios atraviesen el corazón de sus enemigos, su pueblo estará salvo en sus manos. Las palabras de los apóstoles eran saetas afiladas del Todopoderoso que traían convicción a los hombres respecto a su terrible culpa por rechazar y crucificar al Señor de la gloria.

El caballo blanco es un emblema adecuado de los triunfos del evangelio en el primer siglo de la historia humana. Corresponde al período de la iglesia apostólica: Éfeso (Apocalipsis 2:1).

Apocalipsis 6:3-4: *Cuando abrió el segundo sello, oí al segundo ser viviente, que decía: "¡Ven!" Salió otro caballo, de color rojizo. Al que lo montaba le fue dado poder para quitar la paz de la tierra y hacer que se mataran unos a otros. Y se le dio una espada muy grande.*

Aunque la Biblia presenta a Cristo como al "Príncipe de paz" (Isaías 9:6), no podemos obviar el hecho de que el evangelio se ha acompañado frecuentemente de conflicto y derramamiento de sangre. No es propiamente el evangelio el que produce la contienda. El problema surge debido a que quienes rechazan el evangelio intentan coaccionar a otros, obligándoles a ir en contra de su conciencia y persiguiéndolos. Jesús dijo: "No penséis que he venido a traer paz a la tierra; no he venido a traer paz, sino espada" (Mateo 10:34).

El caballo rojo es un símbolo adecuado de las persecuciones sangrientas que sufrieron los seguidores de Jesús después del tiempo de los apóstoles: el mismo período que la iglesia de Esmirna (Apocalipsis 2:8).

Apocalipsis 6:5-6*: Cuando abrió el tercer sello, oí al tercer ser viviente, que decía: "¡Ven!" Miré, y vi un caballo negro. El que lo montaba tenía una balanza en la mano. Y oí una voz de en medio de los cuatro seres vivientes, que decía: "Dos libras de trigo por un denario y seis libras de cebada por un denario, pero no dañes el aceite ni el vino".*

Las condiciones empeoraban para el pueblo de Dios. Primero era un caballo blanco como símbolo de pureza y victoria, luego de color rojo sangre como símbolo de persecución, y ahora negro.

La "voz" anunciadora trae noticias aun peores. "Dos libras de trigo" o cebada era una razón diaria, de la forma en que una libra y media de harina de maíz es considerada hasta el día de hoy como la asignación mínima diaria para un habitante pobre de los países del tercer mundo. Un "denario" era en los tiempos del Nuevo Testamento el salario diario de un obrero (Mateo 20:1-2). A nadie le gusta trabajar todo el día para obtener solamente una libra y media de grano. Aquella "voz" estaba anunciando una hambruna terrible.

Pero no se trata solamente de hambre física. "Vienen días, dice Jehová, el Señor, en los cuales enviaré hambre a la tierra, no hambre de pan ni sed de agua, sino de oír la palabra de Jehová" (Amós 8:11).

Tras haber sido severamente perseguida, la iglesia llegó a una fase de elevación y prosperidad en el mundo. Es la iglesia del período de Pérgamo (Apocalipsis 2:12). Innumerables fábulas agradables y tradiciones humanas ocultaban la Palabra de Dios. Quienes asistían a las iglesias encontraban allí una cantidad exigua de alimento espiritual para el alma. Las copias de la Biblia escaseaban, y el evangelio puro estaba casi olvidado. Un fragmento de la Palabra de Dios vino a ser tan apreciado como una ración de comida en medio de la hambruna.

Pero eso no significaba que Dios hubiera retirado su Espíritu Santo de la tierra. Zacarías afirma que el aceite es un símbolo del Espíritu Santo (Zacarías 4:2-6). Puede escasear el alimento espiritual, pero a quienes lo desean se les dará acceso al Espíritu de Dios. Durante todo el período de la Edad Media continuó habiendo quienes adoraron a Dios en espíritu y en verdad. Frecuentemente encontraban refugio en las regiones montañosas.

Apocalipsis 6:7-8: Cuando abrió el cuarto sello oí la voz del cuarto ser viviente que decía: "¡Ven!" Miré, y vi un caballo amarillo. El que lo montaba tenía por nombre Muerte, y el Hades lo seguía: y les fue dada potestad sobre la cuarta parte de la tierra, para matar con espada, con hambre, con mortandad y con las fieras de la tierra.

Ese color significa la muerte misma. Los estudiosos de la Biblia han concluido desde hace siglos que ese cuarto caballo representa la condición moribunda de la iglesia en la Edad Media desde el año 538 hasta el tiempo de los reformadores protestantes. Durant ese período la iglesia fue parcialmente liberada de la opresión papal y de las persecuciones.

"La cuarta parte de la tierra" significaría el territorio en el que miles de mártires fueron encarcelados y llevados a la muerte durante siglos, que se han venido a conocer con razón como el oscurantismo de la Edad Media. Casi se extinguió la luz del evangelio. Se trató de hambruna espiritual. Llega a continuación esperanza para tiempos mejores.

Apocalipsis 6:9-11*: Cuando abrió el quinto sello, vi debajo del altar las almas de los que habían muerto por causa de la palabra de Dios y del testimonio que tenían. Clamaban a gran voz, diciendo: "¿Hasta cuándo Señor, santo y verdadero, vas a tardar en juzgar y vengar nuestra sangre de los que habitan sobre la tierra?" Entonces se les dio vestiduras blancas y se les dijo que descansaran todavía un poco de tiempo hasta que se completara el número de sus consiervos y sus hermanos que también habían de ser muertos como ellos.*

No se debe entender que esos mártires que claman por venganza estén ahora vivos. La Biblia no enseña que las personas vayan inmediatamente al cielo al morir. No fue el caso de Lázaro, ya que el Señor dijo de él: "Nuestro amigo Lázaro duerme ... Jesús decía esto de la muerte de Lázaro" (Juan 11:11-13). No es posible imaginar a un Señor tan cruel como para mantener encarceladas las almas de los mártires "debajo del altar" si es que fueron al cielo tan pronto como murieron. Se trata de lenguaje simbólico.

Tres textos son de ayuda para comprender el símbolo:

(1) Después que Caín diera muerte a su hermano Abel, el Señor dijo: "La voz de la sangre de tu hermano clama a mí desde la tierra" (Génesis 4:10).

(2) "La piedra clamará desde el muro y la tabla del enmaderado le responderá" (Habacuc 2:11).

(3) "El jornal de los obreros que han cosechado vuestras tierras, el cual por engaño no les ha sido pagado por vosotros, clama, y los clamores de los que habían segado han llegado a los oídos del Señor de los ejércitos" (Santiago 5:4).

Nadie pensará que la sangre de Abel, literalmente entendida, clamara; o que clamaran las piedras o las tablas del enmaderado. Se trataba de la justicia clamado simbólicamente por restitución. Juan vio a los santos como habiendo sido degollados sobre el altar del sacrificio en esta tierra, y estando muertos bajo el mismo. Pero no volverán a vivir hasta la primera resurrección (Apocalipsis 20:5).

Se entiende que la expresión "vestiduras blancas" se refiere a la obra de la Reforma protestante, quien honró por primera vez a los mártires que murieron sacrificados por la ira papal. Hombres como Huss y Jerome fueron por fin honrados como los verdaderos siervos de Dios que fueron. En las naciones más ilustradas quedaron finalmente expuestas las corrupciones, blasfemias y persecuciones papales. En lugar de considerarse criminales, los mártires fueron alabados por haber muerto "por causa de la palabra de Dios y del testimonio que tenían". En consecuencia "se les dio vestiduras blancas" (Apocalipsis 6:11).

Llegamos ahora a los acontecimientos cataclísmicos del tiempo del fin.

Apocalipsis 6:12-17*: Miré cuando abrió el sexto sello, y hubo un gran terremoto. El sol se puso negro como tela de luto, la luna entera se volvió toda como sangre y las estrellas del cielo cayeron sobre la tierra, como la higuera deja caer sus higos cuando es sacudida por un fuerte viento. El cielo se replegó como un pergamino que se enrolla, y todo monte y toda isla fueron removidos de sus lugares. Los reyes de la tierra, los grandes, los ricos, los capitanes, los poderosos, todo esclavo y todo libre, se escondieron en las cuevas y entre las peñas de los montes, y decían a los montes y a las peñas: "Caed sobre nosotros y escondednos del rostro de aquel que está sentado sobre el trono y de la ira del Cordero, porque el gran día de su ira ha llegado y ¿quién podrá sostenerse en pie?"*

Pasó ya la Edad Media, y grandes eventos comenzaban a ocupar el centro de la escena en la tierra.

Todo el mundo civilizado se sobresaltó por el mayor terremoto del que hay registro, ocurrido el día de todos los santos (1 de noviembre) de 1755. Su epicentro estaba en Lisboa (Portugal), y se sintió en casi toda Europa y norte de África. En seis minutos murieron unas treinta mil personas.

Muchos comprendieron al punto que ese evento era el cumplimiento de esta profecía. Publicaciones científicas actuales afirman: "La destrucción de Lisboa en el año 1755 de la era cristiana fue una catástrofe que tuvo un profundo efecto en el pensamiento europeo en la última parte del siglo dieciocho. Voltaire se ... tambaleaba en estado de conmoción mental por las noticias de Lisboa ... Goethe, que por entonces tenía seis años, recordaría más tarde cómo se extendió por todo el mundo 'el demonio del terror'. Todos estaban conmovidos ... Wesley [dijo] 'que esa advertencia de Dios se dirigía, no a la gente ordinaria, sino a los grandes y sabios, a los ricos, a los paganos honorables que ostentaban el nombre de cristianos' ... Aparentemente el terremoto de Lisboa tuvo un profundo efecto en la mente y en la moral de las personas a mediados y finales de la década de 1700, tal como sucedió con las bombas atómicas que cayeron en Japón en 1945 en el siglo veinte" (Basil Booth and Frank Fitch, Earthshock, London: J. M. Dent & Sons, 1978; pp. 95-96).

El siguiente gran evento ocurrió pocos años después. El 19 de mayo de 1780 tuvo lugar el conocido como "gran día oscuro". Muchos lo reconocieron también inmediatamente como el cumplimiento específico de esta profecía. Aquella extraña oscuridad en New England no estuvo causada por un eclipse, ya que aquella noche había luna llena. La gente tuvo que encender los candiles a mediodía. Las vacas regresaron de sus pastos, las gallinas se recogieron para dormir, y dejaron de cantar los pájaros. Se decía que había sido la mayor oscuridad desde que los hijos de Israel salieron de Egipto. Aquel temible presagio continuó hasta la una de la mañana siguiente, momento en que la luna apareció roja como en sangre. Multitudes de cristianos reconocieron inmediatamente esos acontecimientos como el cumplimento del sexto sello.

El 13 de noviembre de 1833 "las estrellas del cielo cayeron sobre la tierra, como la higuera deja caer sus higos cuando es sacudida por un fuerte viento". Nunca anteriormente ni después se vio algo semejante. Así lo describió un testigo: "Las estrellas fugaces no caían como procediendo de diversos árboles que se sacudieran, sino como de un solo árbol. Las que aparecían en el norte caían hacia el norte, las que aparecían en el sur caían hacia el sur (salí de mi residencia al patio). Y no caían como lo hace la fruta madura. Al contrario, volaban como el fruto que no está maduro y se resiste a desprenderse de la rama ... hasta que una fuerza lo impulsa".

Así fue como esas notables tres señales en el cielo se siguieron una tras otra, todas ellas ocurridas en el período de la vida de una persona. Las mentes de millones de personas se dirigieron al cumplimiento de la profecía bíblica. Ningún evento mundial electrizó a los estudiantes de la profecía de la Biblia como aquellas tres señales.

El siguiente gran evento está todavía en el futuro: los cielos replegándose "como un pergamino que se enrolla". Eso va a tener lugar en la segunda venida del Señor Jesús (Salmo 46:2-3; Isaías 24:1 y 19-20; Apocalipsis 16:20). Imagina la escena: los montes tiemblan como un junco ante el vendaval. Se esparcen por doquier las rocas quebrantadas. Se oye el estruendo de la tempestad que se acerca. El mar se encrespa con furor. Se oye el silbido del huracán como voz de demonios en misión de destrucción. Toda la tierra se conmueve y se agita como las olas del mar. Su superficie se resquebraja. Parecen ceder sus mismos fundamentos. Se hunden cordilleras. Desaparecen islas habitadas. Las olas enfurecidas se tragan los puertos marítimos que se corrompieron como Sodoma.

"¿Quién podrá sostenerse en pie?" "Los reyes de la tierra, los grandes, los ricos, los capitanes, los poderosos, todo esclavo y todo libre" van a saber cuándo llega la última hora a esta tierra. Siempre han sido demasiado orgullosos como para implorar el perdón de su pecado; ahora no pueden mirar cara a cara al Cordero de Dios, no pueden resistir su mirada penetrante. Imploran demasiado tarde, y no a Dios, sino a "los montes y a las peñas".

No hay juicio comparable al juicio por el amor que se rechazó. No hay ira tan terrible como la del Cordero que fue "manso y humilde de corazón" (Mateo 11:29). Rechazar la cruz de Cristo, endurecer el corazón contra el llamado de amor de Jesús, volver a crucificarlo, pisotearlo y exponerlo a la vergüenza, traicionarlo como Judas, lo hace a uno merecedor de ese juicio de condenación eterna por parte del universo. Aunque en ocasiones nos hayamos sentido tentados a dudarlo, existe una cosa tal como la plena justicia, y estos versículos nos muestran una de sus facetas.

Hay otra faceta del carácter de Dios, la de la tierna misericordia y el perdón mediante la fe de Jesús. Comprender y apreciar esa gracia es lo que convierte en santos a los pecadores, ya que enternece el corazón y lo motiva a la obediencia a todos los mandamientos de Dios. Dios es ambas cosas: "el justo, y el que justifica al que es de la fe de Jesús" (Romanos 3:26), ya que esa fe es la respuesta de un corazón sincero ante el reclamo amoroso de la cruz del Calvario. Esa faceta de la justicia de Dios se te manifiesta hoy a ti. Él te dice: "Al que a mí viene, no lo echo fuera" (Juan 6:37).

Capítulo 7—La Marca de Quienes son de Dios

Apocalipsis 7:1-3: *Después de esto vi cuatro ángeles de pie sobre los cuatro ángulos de la tierra, deteniendo los cuatro vientos de la tierra para que no soplara viento alguno sobre la tierra ni sobre el mar ni sobre árbol alguno. Vi también otro ángel que subía desde donde sale el sol, y que tenía el sello del Dios vivo. Clamó a gran voz a los cuatro ángeles a quienes se les había dado el poder de hacer daño a la tierra y al mar, diciendo: "No hagáis daño a la tierra ni al mar ni a los árboles hasta que hayamos sellado en sus frentes a los siervos de nuestro Dios".*

El séptimo sello no se abrirá hasta llegar al capítulo octavo. Se abre en ocasión de la segunda venida de Cristo. Por consiguiente, la obra de sellamiento descrita en este capítulo se intercala entre los eventos correspondientes a la apertura del sexto sello y el séptimo. Dicho de otro modo: estos acontecimientos suceden justamente antes de la segunda venida de Cristo, pero después de la caída de las estrellas que ocurrió en el año 1833 de nuestra era. Los seis sellos han preparado el camino para la importante obra de esos cuatro ángeles, y la del "otro ángel que subía desde donde sale el sol" (el este).

En el capítulo cuarto hemos observado cómo los ángeles guían los asuntos humanos. Esos "cuatro ángeles" están ahora mismo en todas partes de la tierra evitando calamidades y desastres que obstaculizarían o impedirían el desarrollo de la obra de Dios.

Los "vientos" significan en la profecía bíblica contiendas, conflagraciones y guerras entre las naciones. Es conocido lo que sucede cuando los cuatro vientos soplan simultáneamente: se constituye una formación espiral destructiva que llamamos tornado. Un vendaval o tornado militar, político o social como ese dificultaría el progreso del mensaje divino de salvación a nivel mundial (ver Daniel 7:2 y Jeremías 25:32). La seguridad y la paz de las que aún gozamos se deben a la obra de esos cuatro ángeles.

Jeremías describe lo que está por venir cuando se suelten por fin los cuatro vientos del odio humano: "El mal irá de nación en nación, y grande tempestad se levantará de los fines de la tierra. Y yacerán los muertos de Jehová en aquel día desde un extremo de la tierra hasta el otro" (Jeremías 25:32-33). Se trata precisamente de la inminente gran batalla de Armagedón. Dios ordena a esos cuatro ángeles que impidan que se desencadene hasta tanto no hayan sido sellados sus fieles seguidores.

¿En qué consiste el sello del Dios viviente? Ezequiel será de gran ayuda al respecto, ya que cita ese sello o "señal" que se pone en las frentes de los fieles seguidores que constituyen el pueblo de Dios (Ezequiel 9:3-4). Esa "señal" es indicativa de victoria sobre el pecado y de lealtad al Señor.

En Egipto, cuando el ángel destructor recorrió la tierra para dar muerte a los primogénitos de los egipcios, "pasó de largo" (Pascua) los hogares cuyos dinteles de la puerta estaban señalados con la sangre del cordero. Así también, en la destrucción final, se da la orden a los ángeles destructores: "A todo aquel sobre el cual hubiere señal, no os acercaréis" (Ezequiel 9:6). Así, el "sello del Dios vivo" es una marca o señal que identifica al pueblo de Dios como perteneciéndole. El hecho de que sus seguidores sean sellados "en sus frentes" significa que tiene que ver con el carácter. La gran preocupación de Dios tiene que ver con el carácter de su pueblo.

Según Efesios 4:30, el encargado de aplicar el sello —el Sellador— es el Espíritu Santo.

Juan vuelve a referirse a ese sello en Apocalipsis 14:1. Afirma que los ciento cuarenta y cuatro mil "tenían el nombre de él [el Cordero] y el de su Padre escrito en la frente" (Apocalipsis 14:1). ¿Cuál es el nombre de Dios? En 1 Juan 4:8 leemos que "Dios es amor". Cuando el carácter de los seguidores de Dios es transformado hasta venir a ser perfecto amor, entonces estará el "nombre ... de su Padre" escrito en las frentes de ellos.

¿Cómo se revela el amor? "El amor no hace mal al prójimo; así que el cumplimiento de la ley es el amor" (Romanos 13:10). Si profesamos amar a Dios pero no cumplimos su ley, negamos el sello de Dios. Y si profesamos guardar los mandamientos de Dios, pero nuestras vidas no manifiestan amor, estamos negando al Espíritu Santo, que es quien sella a los seguidores de Dios. "El fruto del Espíritu es amor" (Gálatas 5:22).

Un sello es una marca de autoridad, y tiene que ver con las leyes que rigen un gobierno. "Un edicto que se escribe en nombre del rey, y se sella con el anillo del rey, no puede ser revocado" (Ester 8:8). La reina Ester sabía que si el rey Asuero sellaba el edicto de la ley persa, ya nunca se podría revocar. Dios dijo mediante Isaías: "Ata el testimonio, sella la ley entre mis discípulos" (Isaías 8:16). Es, pues, de esperar que encontremos el sello de Dios en su ley.

A fin de tener validez legal, un sello real debe incluir tres componentes:

1. El nombre del legislador.

2. La posición o autoridad del legislador.

3. El territorio sobre el que la ley se aplica. Por ejemplo, el sello de la reina de Inglaterra constaría del nombre (Elisabet), de la autoridad o posición (reina), y del territorio afectado (Gran Bretaña, Irlanda y los países de la Commonwealth).

¿Dónde podemos encontrar el sello de Dios en su ley? Solamente el mandamiento sobre el sábado (Éxodo 20:8-11) contiene los tres elementos esenciales de un sello:

1. Nombre del legislador: "El séptimo día es sábado para Jehová tu Dios".

2. Posición o autoridad (Creador): "En seis días hizo Jehová...". 3. Territorio afectado: "...los cielos y la tierra, el mar, y todas las cosas que en ellos hay".

Cuando Isaías escribió de parte de Dios "Ata el testimonio, sella la ley entre mis discípulos", lo hizo en el contexto de restablecer la ley de Dios a su legítima posición de autoridad. Es evidente que de alguna forma los siervos de Dios habían sido negligentes, o habían pasado por alto algo importante respecto a la ley de Dios. Ese algo tenía que ser restaurado por parte del ángel que pone el sello de Dios en las frentes de sus seguidores, antes de que el séptimo ángel ponga fin a la historia.

La gran pregunta ahora es esta: ¿cuál es el mandamiento que está siendo objeto de negligencia de forma generalizada por parte de los "seguidores" de Dios? Ciertamente, el cuarto mandamiento: el mandamiento sobre el sábado. Muchos se han apartado del verdadero sábado del Señor, que es el séptimo día de la semana (el que sigue al viernes). Leemos que la adecuada observancia del sábado es la señal de que es Dios quien santifica a su pueblo: "En verdad vosotros guardaréis mis sábados, porque es una señal entre mí y vosotros por vuestras generaciones, para que sepáis que yo soy Jehová que os santifico" (Éxodo 31:13). El sábado es también la señal mediante la cual su pueblo puede saber que el Señor es su Dios: "Santificad mis sábados, y sean por señal entre mí y vosotros, para que sepáis que yo soy Jehová, vuestro Dios" (Ezequiel 20:20).

El sábado nunca debía quedar restringido a los judíos como nación. Dios lo santificó para el hombre en la Creación, mucho tiempo antes de que existiera el primer judío. Jesús, quien es nuestro ejemplo divino, guardó el sábado. Él mismo afirmó que no había venido a cambiar o destruir la ley: "No penséis que he venido a abolir la Ley o los Profetas; no he venido a abolir, sino a cumplir ... De manera que cualquiera que quebrante uno de estos mandamientos muy pequeños y así enseñe a los hombres, muy pequeño será llamado en el reino de los cielos" (Mateo 5:17-19).

Jesús especificó que la observancia del sábado seguiría vigente después de su crucifixión y resurrección (Mateo 24:15-21). Los apóstoles y los cristianos gentiles guardaron el sábado (Hechos 18:1 y 4; 17:2; 13:42-44). Juan señaló que los seguidores de Dios en los últimos días guardarían todos sus mandamientos, incluyendo el del sábado: "Aquí está la perseverancia de los santos, los que guardan los mandamientos de Dios y la fe de Jesús" (Apocalipsis 14:12). El sábado se seguirá guardando en los cielos y la tierra nuevos que el Señor va a crear (Isaías 66:22-23).

Por consiguiente, recibir el "sello de Dios" es recibir la señal distintiva que lo aparta a uno de los demás por ser diferente y peculiar. Se dice a los ángeles destructores: "A todo aquel sobre el cual esté la señal, no os acercaréis" (Ezequiel 9:6). Pero todos los demás, incluyendo a "los hombres ancianos que estaban delante del templo" van a ser destruidos. ¿Es la observancia del sábado algo que distingue a una persona por ser diferente a la mayoría de la gente?

Así es. En la llamada "era cristiana" una de las cosas más peculiares que puede hacer una persona es observar el verdadero sábado del Señor, el día séptimo que sigue al viernes: el día que Dios puso aparte y santificó. El mundo entero, pagano y cristiano, tiene el sábado del Señor por un día común de trabajo, negocio y ocupación secular. Millones de personas, debido a la influencia del paganismo y del papado, observan en su lugar el domingo o primer día de la semana. Quien observa el verdadero sábado del séptimo día es realmente peculiar y diferente. Esa diferencia se relaciona con el "sello de Dios".

Pero se debe recordar que la verdadera observación del sábado es la consecuencia de una conversión genuina al Señor. No consiste meramente en descansar en el día de sábado. Recibir el sello de Dios y observar el verdadero sábado implica recibir la obra del Espíritu Santo en el corazón. Se trata de un "reposo" del pecado y del yo: "Queda un reposo [sabbatismós] para el pueblo de Dios, porque el que ha entrado en su reposo también ha reposado de sus obras, como Dios de las suyas" (Hebreos 4:9-10). Esas "obras" de las que reposa el creyente, son las obras humanas: obras de orgullo y de amor hacia uno mismo.

La obra de ese ángel sellando a los siervos de Dios es la actividad más importante en el mundo hoy. Continuará hasta que se hayan recogido y sellado de entre "toda nación, tribu, lengua y pueblo" los verdaderos seguidores de Dios. Ningún poder de la tierra o del infierno puede detener el progreso de esa obra. Con ese fin los "cuatro ángeles" continúan reteniendo los cuatro vientos de las contiendas en todo el mundo. Pero sólo por un poco más de tiempo: pronto llegará el "tiempo de angustia, cual nunca fue desde que hubo gente hasta entonces" (Daniel 12:1).

Apocalipsis 7:4-8: *Y oí el número de los sellados: ciento cuarenta y cuatro mil sellados de todas las tribus de los hijos de Israel. De la tribu de Judá, doce mil sellados. De la tribu de Rubén, doce mil. De la tribu de Gad, doce mil. De la tribu de Aser, doce mil. De la tribu de Neftalí, doce mil. De la tribu de Manasés, doce mil. De la tribu de Simeón, doce mil. De la tribu de Leví, doce mil. De la tribu de Isacar, doce mil. De la tribu de Zabulón, doce mil. De la tribu de José, doce mil. De la tribu de Benjamín, doce mil sellados.*

Algunos se preguntan cómo es posible que los cristianos sean divididos en las doce tribus de Israel. Encontramos la explicación en el libro de Romanos: "Ni por ser descendientes de Abraham son todos hijos suyos ... Esto es: no son hijos de Dios los hijos según la carne, sino que son contados como descendencia los hijos según la promesa" (Romanos 9:7-8). "No es judío el que lo es exteriormente, ni es la circuncisión la que se hace exteriormente en la carne; sino que es judío el que lo es en lo interior, y la circuncisión es la del corazón, en espíritu y no según la letra" (Romanos 2:28-29). Santiago dirigió su carta del Nuevo Testamento a cristianos, a quienes llama "las doce tribus que están en la dispersión" (Santiago

1:1). Los creyentes en Cristo constituyen el verdadero pueblo de Dios.

La Nueva Jerusalén es la ciudad de Cristo; no obstante, sus puertas tienen el nombre de las doce tribus de Israel, y todos los que entren en ella lo harán por una de esas doce puertas. El propio Jesús era judío "en lo interior ... del corazón, en espíritu".

¿Por qué está el pueblo de Dios dividido en doce tribus distintas? Cada una de las tribus de Israel tenía rasgos peculiares de carácter que están enumerados en Génesis 49:1-28 y en Deuteronomio 33:6-24. No son todos los miembros de cada tribu quienes son contados entre los vencedores que constituyen los ciento cuarenta y cuatro mil. De cada una de las tribus son sellados solamente doce mil.

¿Qué sucede con los otros? Eligieron no ser vencedores. Está ausente toda la tribu de Dan, evidentemente por su rechazo a vencer el pecado de la maledicencia o murmuración: "Será Dan serpiente junto al camino, víbora junto a la senda" (Génesis 49:17). ¡Elijamos estar entre los vencedores!

Vemos que los ciento cuarenta y cuatro mil pueden constituir una grandísima compañía.

Apocalipsis 7:9-12: Después de esto miré, y vi una gran multitud, la cual nadie podía contar, de todas las naciones, tribus, pueblos y lenguas. Estaban delante del trono y en la presencia del Cordero, vestidos de ropas blancas y con palmas en sus manos. Clamaban a gran voz, diciendo: "¡La salvación pertenece a nuestro Dios, que está sentado en el trono, y al Cordero!" Y todos los ángeles que estaban en pie alrededor del trono y de los ancianos y de los cuatro seres vivientes, se postraron sobre sus rostros delante del trono y adoraron a Dios, diciendo: "¡Amén! La bendición, la gloria, la sabiduría, la acción de gracias, la honra, el poder y la fortaleza sean a nuestro Dios por los siglos de los siglos. ¡Amén!"

Esa "gran multitud" podría incluir a los ciento cuarenta y cuatro mil, que probablemente se trata de un número místico. En la Biblia los números no siempre se cuentan tal como solemos hacerlo. Cuando Jesús alimentó a los cinco mil, Mateo especifica "sin contar las mujeres y los niños" (Mateo 14:21). Juan oyó primeramente "el número de los sellados" (Apocalipsis 7:4): ciento cuarenta y cuatro mil. Posteriormente vio "una gran multitud, la cual nadie podía contar, de todas las naciones, tribus, pueblos y lenguas". Esa multitud es claramente el fruto de la predicación del mensaje de los "tres ángeles", que en los últimos días hace llegar el evangelio eterno a toda "nación, tribu, pueblo y lengua" (Apocalipsis 14:6-7). ¡Hay sitio para todos en esa gran multitud!

Sin ninguna duda los ciento cuarenta y cuatro mil son los que estarán vivos en la tierra cuando Jesús regrese. Tendrán una experiencia especial. La gran multitud pudiera incluir también algunos que vivieron en épocas pasadas, y que serán resucitados cuando venga el Señor (1 Tesalonicenses 4:16-17). Disponemos de más información sobre ellos:

Apocalipsis 7:13-17*: Entonces uno de los ancianos habló, diciéndome: "Estos que están vestidos de ropas blancas, ¿quiénes son y de dónde han venido?" Yo le dije: "Señor, tú lo sabes". Él me dijo: "Estos son los que han salido de la gran tribulación; han lavado sus ropas y las han blanqueado en la sangre del Cordero. Por eso están delante del trono de Dios y lo sirven día y noche en su templo. El que está sentado sobre el trono extenderá su tienda junto a ellos. Ya no tendrán hambre ni sed, y el sol no caerá más* *sobre ellos, ni calor alguno, porque el Cordero que está en medio del trono los pastoreará y los guiará a fuentes de aguas vivas. Y Dios enjugará toda lágrima de los ojos de ellos".*

¡Gracias a Dios porque ese anciano —de entre los veinticuatro— se anticipó a la pregunta de Juan y la nuestra! Dios quiere que comprendamos este libro.

Esa "gran tribulación" es la misma que nombra Daniel. Viene justo antes del fin: "En aquel tiempo [cuando se cierre la puerta de la misericordia] se levantará Miguel [Cristo se dispondrá a reinar] ...

Será tiempo de angustia cual nunca fue desde que hubo gente hasta entonces; pero en aquel tiempo será libertado tu pueblo, todos los que se hallen inscritos en el libro" (Daniel 12:1).

Los ciento cuarenta y cuatro mil habrán atravesado el "tiempo de angustia cual nunca fue desde que hubo gente hasta entonces", habrán experimentado el "tiempo de angustia para Jacob" (Jeremías 30:6-7) y habrán estado sin intercesor en el tiempo del derramamiento de las plagas. Habrán vivido en la tierra entre hambres, epidemias y pandemias; sabrán lo que es resistir el intenso calor del sol, y ellos mismos habrán experimentado el sufrimiento, el hambre y la sed. Pero ahora, por fin, "ya no tendrán hambre ni sed, y el sol no caerá más sobre ellos, ni calor alguno".

Habrán vivido durante las siete últimas plagas (Apocalipsis 16), de las que habrán salido ilesos. De ellos habla el libro de Salmos: "Porque has puesto a Jehová, que es mi esperanza, al Altísimo por tu habitación, no te sobrevendrá mal ni plaga tocará tu morada" (Salmo 91:9-10). "Por cuanto en mí ha puesto su amor, yo también lo libraré; lo pondré en alto, por cuanto ha conocido mi nombre. Me invocará y yo le responderé; con él estaré yo en la angustia" (Salmo 91:14-15).

¿Hay algún tesoro en esta tierra que se pueda comparar al privilegio de ser contado entre esa "grande multitud"? El fruto de la fe en Cristo es la formación en esta vida de un carácter semejante al de Cristo. El Señor no va a cambiar el carácter de nadie en su venida. Se nos da precioso tiempo durante toda una vida, en el que poder lavar nuestras vestiduras y blanquearlas "en la sangre del Cordero". Se trata de principio a final de un asunto de gracia de Dios, no de obras humanas.

Nuestros rostros han sido surcados por muchas lágrimas. Todos sabemos qué es la pena, el luto y el chasco, y muchos también la pobreza extrema. Pero no habrá ninguna lágrima cuando el pueblo de Dios vista las ropas blancas. Para entonces habrán aprendido a confiar en el Señor, sabiendo que todo lo que él hace por nosotros es para nuestro bien. ¿Quién se puede desanimar mientras crea que el Señor tiene bajo su control todo lo que nos pueda suceder?

Capítulo 8—Siete Ángeles y Siete Alarmas de Trompeta

Apocalipsis 8:1: Cuando abrió el séptimo sello, se hizo silencio en el cielo como por media hora.

¿Cuál es la causa de ese "silencio"?

El capítulo siete es una inserción entre los eventos bajo el sexto sello y la apertura del séptimo. Durante el sexto sello vimos a muchos, grandes y pequeños, clamando a las cuevas y a las peñas, pidiéndoles que cayeran sobre ellos para ocultarlos del rostro de Aquel que se sienta en el trono, y de la ira del Cordero. Este era su clamor: "¿Quién podrá sostenerse en pie?" (Apocalipsis 6:17).

La respuesta a esa cuestión es que nadie podrá, excepto que haya recibido el sello de Dios: la señal de haber entregado el yo para que sea crucificado con Cristo. Se inserta el capítulo séptimo a modo de buenas nuevas que responden a esa gran pregunta de entre todas las preguntas. Pero la vasta mayoría de los habitantes del mundo ha rechazado la cruz y ha elegido perecer. Y mientras perecen, hay "silencio en el cielo".

¿Cómo podría Dios limpiar toda lágrima de los ojos de los redimidos sin haber enjugado antes sus propias lágrimas? ¿Puede Dios contemplar la destrucción de todos esos que perecen en la agonía y desesperación sin sentir una gran pena? Ni una sola arpa entona su dulce y alegre melodía en el cielo. La victoria del Cordero ha significado salvación eterna para quienes creyeron, pero también pérdida eterna para quienes no lo hicieron. Dios amó a todos y cada uno, y también lo hicieron los ángeles.

Si se entiende esa "media hora" como tiempo profético —cada día equivale a un año—, media hora sería una semana. Pero podría tratarse simplemente de un período de tiempo breve e indefinido.

El triunfo final del Cordero al abrir el séptimo sello no puede tener lugar antes que su pueblo —los ciento cuarenta y cuatro mil— se avenga a recibir el sello en sus frentes. Ese es el resumen del capítulo siete. Sus siervos no son insignificantes: en su mano está adelantar o demorar el triunfo de Cristo.

Apocalipsis 8:2-4*: Luego vi los siete ángeles que estaban de pie ante Dios, y se les dieron siete trompetas. Otro ángel vino entonces y se paró ante el altar, con un incensario de oro; y se le dio mucho incienso para añadirlo a las oraciones de todos los santos sobre el altar de oro que estaba delante del trono. El humo del incienso con las oraciones de los santos subió de la mano del ángel a la presencia de Dios.*

En esta sección regresamos a otro análisis de los eventos ocurridos en la tierra desde el tiempo de Cristo encarnado. Las siete iglesias y los siete sellos nos dieron vislumbres del progreso de la obra salvífica de Dios en la tierra en lo que respecta a su pueblo, culminando en el triunfo cuando sus siervos reciben el sello. Ahora nos encontramos ante una revisión histórica desde otro punto de vista. En la profecía bíblica las trompetas simbolizan guerras. El sonido de la trompeta es un apercibimiento que advierte de un tiempo de conflicto y agitación en el mundo.

Esas trompetas advierten de sucesos que tienen cierta semblanza con las plagas descritas en el capítulo 16, pero que no se pueden identificar con ellas por varios motivos:

(a) Las catástrofes a las que se refieren las trompetas están mezcladas con misericordia, a diferencia de las últimas plagas.

(b) El objetivo de las trompetas es advertir a las personas para que hagan la debida preparación, pero cuando comienzan las plagas terminó ya cualquier posibilidad de preparación. Todos los desastres ocurridos en la historia pasada son un anticipo de las catástrofes finales bajo las siete últimas plagas.

Así, las siete trompetas vienen a ser una visión de "los reinos del mundo" (Apocalipsis 11:15) en sus luchas de unos contra otros, aunque siempre en relación con la obra de Dios en la tierra.

Pero primeramente tenemos un mensaje de esperanza y de buenas nuevas. Mientras que "siete ángeles" supervisan las guerras y conflictos en la tierra, a "otro ángel" se le encomienda ministrar las necesidades del pueblo de Dios, ofreciendo "mucho incienso para añadirlo a las oraciones de todos los santos". El estruendo de la contienda nunca llega a ser tan intenso como para silenciar las oraciones de los santos. Se nos garantiza la existencia de misericordia mezclada con los juicios de que nos advierten las siete trompetas. Ciertamente durante todo el período agonizante en el que suenan las siete trompetas Dios recuerda y ejerce su misericordia.

El "altar de oro" y el "incienso" nos emplazan en el santuario celestial. El incienso perfuma la estancia. Contrarresta los malos olores. En el altar del santuario hebreo se lo ofrecía continuamente en representación de la fragante justicia de Cristo que cubre el egoísmo y pecado humanos. Cuando oramos, el cielo no nos ve como a pecadores indignos de ser escuchados. Nos ve en Cristo, y nuestras oraciones ascienden con ese perfume y aroma fragante al Padre, debido a que Cristo toma nuestro lugar.

En eso consiste orar en el nombre de Jesús. Él conoce por experiencia las pruebas de su pueblo que vive en un mundo de dolor y conflicto. Cristo ha extendido sus brazos sobre todos nosotros, de forma que cuando el Padre acepta a Cristo nos recibe también a nosotros con él. En la perfecta justicia de Cristo, el Padre aceptó gozosamente a toda la humanidad pecadora. Eres el pariente cercano de Cristo, participante de su "carne y sangre" (Hebreos 2:14). Por consiguiente, estés donde estés y estés como estés, nunca temas invocar a Dios Padre en el nombre de Cristo.

Quizá dudes ante la idea de orar, temiendo no saber hacerlo de forma aceptable. Lo que sigue te dará el ánimo que necesitas: "El Espíritu nos ayuda en nuestra debilidad; pues qué hemos de pedir como conviene, no lo sabemos, pero el Espíritu mismo intercede por nosotros con gemidos indecibles. Mas el que escudriña los corazones sabe cuál es la intención del Espíritu, porque conforme a la voluntad de Dios intercede por los santos" (Romanos 8:26-27).

Ese ministerio de la gracia continúa mientras suenan las siete trompetas:

Apocalipsis 8:5-6: *Y el ángel tomó el incensario, lo llenó del fuego del altar y lo arrojó a la tierra; y hubo truenos, voces, relámpagos y un terremoto. Los siete ángeles que tenían las siete trompetas se dispusieron a tocarlas.*

Cuando Cristo termine su ministerio como sumo sacerdote y se vista con ropajes reales dejará de haber intercesión en favor de los pecadores no arrepentidos. Pero ese incensario lleno de fuego del altar que es arrojado a tierra sugiere que mientras tienen lugar los eventos anunciados por las siete trompetas, el ministerio salvador de Cristo continúa en la tierra a favor de quienes escogieron creer y andar en la luz de su evangelio. No se debe pensar que las catástrofes de las que nos advierten las siete trompetas sean necesariamente causadas por Dios. Nada en el libro de Apocalipsis indica que sea él quien las ocasiona. Al contrario, advierte misericordiosamente a su pueblo a que esté preparado para los desastres que a Satanás le será permitido traer a la tierra.

"La revelación de Jesucristo" (Apocalipsis 1:1) es siempre buenas nuevas, y esta sección del capítulo octavo no puede ser una excepción. Así se podría resumir la escena: aunque hay gran aflicción para quienes persisten en rechazar la verdad, eso coexiste con un ministerio de intercesión constante a favor de quienes escogen arrepentirse. Durante las siete trompetas caen juicios sobre quienes persiguen y dan muerte a los mártires de Cristo, cuya sangre clama (simbólicamente hablando) por venganza divina durante el quinto sello (Apocalipsis 6:9-11).

Las siete trompetas harán que nos retrotraigamos nuevamente en la historia a fin de contemplar otro desarrollo paralelo de eventos humanos en esta tierra. En esta ocasión vemos la ira y la retribución en la propia historia, siendo aplicadas a esos segmentos de la humanidad que han rechazado en gran medida el evangelio:

Apocalipsis 8:7: *El primer ángel tocó la trompeta, y hubo granizo y fuego mezclados con sangre que fueron lanzados sobre la tierra. Y se quemó la tercera parte de los árboles, y toda la hierba verde fue quemada.*

La era cristiana, que es la que abarca el libro de Apocalipsis, comienza con el Imperio romano como siendo un mundo bello, próspero y seguro. La primera trompeta anuncia una larga serie de sucesivas devastaciones y conquistas que degradaron y minaron el que había sido un bello imperio. Las trompetas que siguen a la primera describen una destrucción progresiva de todo lo que parecía seguro en aquel viejo mundo. Es como si Europa, América y todas las naciones civilizadas resultaran destruidas en nuestro tiempo, y una raza de salvajes ignorantes llegaran a la supremacía pisando las ruinas de esa destrucción para comenzar una nueva Edad Media.

El profeta Daniel había predicho claramente que el Imperio romano, poderoso como era, caería y sería reemplazado por diez reinos independientes (ver Daniel 2:40 y 42; 7:23-24). Los ciudadanos del Imperio se enriquecieron y corrompieron, invitando así a su autodestrucción. En el norte había muchas tribus bárbaras paganas ávidas por apropiarse de la riqueza y comodidades de los habitantes debilitados y corruptos del sur.

La primera invasión seria del Imperio romano la protagonizaron los godos liderados por Alarico, el año 395 de nuestra era. Conquistaron muchas ciudades de Grecia, y el año 410 capturaron la propia Roma.

El "granizo" puede implicar que los salvajes invasores procedían del frío norte. El "fuego" puede ser una descripción acertada de la suerte que corrieron aquellas ciudades y territorios. "Sangre" puede significar la matanza de sus habitantes. "Árboles" es un término común en la Biblia para referirse a los líderes y hombres prominentes, un símbolo adecuado teniendo en cuenta lo escasos que eran los árboles grandes en los paisajes de la antigüedad bíblica (ver Jueces 9:8-15).

Apocalipsis 8:8-9: *El segundo ángel tocó la trompeta, y algo como un gran monte ardiendo en fuego fue precipitado en el mar. La tercera parte del mar se convirtió en sangre, murió la tercera parte de los seres vivientes que estaban en el mar y la tercera parte de las naves fue destruida.*

Se nos llama inmediatamente la atención al mar, en contraste con la tierra a la que estaban confinados los efectos de la primera trompeta. Es como si estuviéramos examinando un gran mapa del mundo civilizado bajo el Imperio romano. Vemos que ocurre algo en el mar Mediterráneo —Gran Mar o Lago romano, como se le llamaba antiguamente— a través del cual tenía lugar el comercio naval que suponía gran riqueza para Roma. Después de los días de Alarico ¿fue Roma castigada por invasores que llegaran por el mar?

Así es. Bajo el liderazgo de Genserico, los vándalos invadieron repetidamente el Imperio romano desde el mar entre los años 428 y 469 de nuestra era. Si se hubieran podido contemplar desde una gran pantalla digital, sus conquistas habrían tenido la apariencia de un "gran monte ardiendo en fuego [que] fue precipitado en el mar". Ese jefe poderoso navegó desde su cuartel general en África, y cruzo él Mediterráneo para atacar a los adinerados romanos en Italia y Grecia, destruyendo sus naves. Un emperador romano que tuvo el valor de hacerle frente reunió una flota de guerra compuesta por trescientos barcos en el puerto español de Cartagena. Genserico se percató de sus planes, penetró silenciosamente en las defensas del puerto y destruyó la flota.

El año 468 de nuestra era, el emperador de Oriente trató de doblegar a Genserico. Embarcó a cien mil soldados en mil ciento trece barcos a un coste astronómico a fin de atacarlo por sorpresa en Cartago, su sede en África. Pero una vez más el jefe vándalo los burló enviando barcos incendiarios a aquella flota masiva, sorprendiendo a la arrogante armada naval de Roma y causando una tal confusión entre ellos, que terminaron nuevamente derrotados.

Antes de morir a una edad avanzada y en el apogeo de su gloria, Genserico vio el derrocamiento de Roma y Occidente. Fue realmente calamitoso para un imperio que había desarrollado su poder durante mil años. No hace falta señalar que nuestras palabras "vandálico y "vandalismo" derivan de aquel pueblo, de los vándalos.

Apocalipsis 8:10-11*: El tercer ángel tocó la trompeta, y cayó del cielo una gran estrella ardiendo como una antorcha. Cayó sobre la tercera parte de los ríos y sobre las fuentes de las aguas. El nombre de la estrella es Ajenjo. La tercera parte de las aguas se convirtió en ajenjo, y muchos hombres murieron a causa de esas aguas, porque se volvieron amargas.*

Aún no estaba completa la obra de destrucción del viejo mundo de Roma. Vendría algo todavía peor. Las "fuentes de las aguas" se volverían amargas para las generaciones futuras. Se levantó un nuevo guerrero para destruir Roma, de nombre Atila. Dirigía hordas de hombres salvajes y crueles conocidos como los Hunos (de donde deriva el nombre Hungría). Historiadores han descrito la aparición de Atila en la escena de la historia, como un meteoro que centellea en el firmamento. Vino del este, donde reunió a sus seguidores para derramarlos después súbitamente en el Imperio romano.

Atila devastó grandes porciones de Europa. "Atila se jactaba de que la hierba nunca volvía a crecer allí donde había pisado su caballo. Se autoproclamó el azote de Dios ... El emperador de Occidente, junto al senado y el pueblo de Roma, se sometieron humilde y temerosamente al rudo Atila".

Cuando Atila murió en el año 453 de nuestra era, el ejército de los Hunos desapareció casi instantáneamente de la historia. Fue realmente como una estrella fugaz que aparece y desaparece con la misma rapidez. En contraste con los vándalos, los hunos no navegaron el Mediterráneo, sino que vinieron de las montañas, lugar donde se originan los ríos de Europa central. Cumple la descripción profética.

Apocalipsis 8:12-13*: El cuarto ángel tocó la trompeta, y fue herida la tercera parte del sol, la tercera parte de la luna y la tercera parte de las estrellas, para que se oscureciera la tercera parte de ellos y no hubiera luz en la tercera parte del día, y asimismo en la noche. Miré, y oí un ángel que volaba en medio del cielo y decía a gran voz: "¡Ay, ay, ay de los que habitan en la tierra, a causa de los otros toques de trompeta que están para tocar los tres ángeles!"*

El resultado de esas calamidades fue que el panorama "se oscureciera". Es de sobra conocido que los mil años que siguieron a la caída de Roma constituyeron la Edad Media, o edad oscura (oscurantismo). No sólo hubo oscuridad en el mundo político, sino también en la profesa iglesia de Cristo. Se apagó la propia civilización. El acceso al poder de la Iglesia de Roma vino marcado por el comienzo del oscurantismo. El aumento de su poder se correspondió con un aumento en la oscuridad. A fines del siglo VIII los partidarios del papa empezaron a pretender que en los primeros tiempos de la iglesia los obispos de Roma ya ostentaban el mismo poder espiritual que ahora se arrogaban. Las tinieblas parecían hacerse más impenetrables. En el siglo XIII se estableció la más terrible de las maquinaciones del papado: la Inquisición. El príncipe de las tinieblas obró de común acuerdo con los jefes de la jerarquía papal. En sus concilios secretos, Satanás y sus ángeles gobernaron los espíritus de los hombres malvados. El apogeo del papado fue la medianoche del mundo, y la cristiandad quedó paralizada moral e intelectualmente.

¡Pero aún quedaban por venir más contratiempos! A continuación presenciamos el surgimiento de otro poder tenebroso que habría de castigar a aquellos profesos cristianos adoradores de ídolos, que se habían apartado del evangelio en su pureza. Durante siglos la población acobardada de Europa vivió en el temor permanente de ser conquistada por los musulmanes. El islam permanece hasta hoy como un azote al cristianismo apóstata. La quinta trompeta se enfocará en el surgimiento de ese bien conocido poder.

Capítulo 9—El Surgimiento del Islam según la Biblia

Apocalipsis 9:1-4: *El quinto ángel tocó la trompeta, y vi una estrella que cayó del cielo a la tierra. Y se le dio la llave del pozo del abismo. Abrió el pozo del abismo, y del pozo subió humo como humo de un gran horno, y el sol y el aire se oscurecieron por el humo del pozo. Del humo salieron langostas sobre la tierra, y se les dio poder, como el poder que tienen los escorpiones de la tierra. Se les mandó que no dañaran la hierba de la tierra, ni cosa verde alguna ni ningún árbol, sino solamente a los hombres que no tuvieran el sello de Dios en sus frentes.*

Aparece aquí una nueva religión que incluye algunas enseñanzas positivas, por ser "una estrella que cayó del cielo a la tierra", pero que está mezclada con "humo" procedente del "pozo del abismo". El evangelio es como la luz del sol para el mundo, pero ese nuevo poder oscurece el sol del evangelio y contamina el aire espiritual que el mundo necesita.

El islam comenzó condenando el mal de la idolatría, práctica común en la iglesia cristiana apóstata. Hasta ahí estaba en lo correcto. Jamás debemos inclinarnos ante los ídolos. Hay un solo Dios, y nadie excepto él debe ser adorado. Solamente despreciando palmariamente la enseñanza bíblica pudieron los teólogos de la Edad Media justificar la adoración idolátrica. Pero las enseñanzas del islam —que fue un azote necesario para la iglesia apóstata— trajeron "humo" al mundo. El rechazo al evangelio en su pureza y en la claridad en que lo presenta el Nuevo Testamento preparó el camino para la oscuridad del "humo del pozo".

El "pozo del abismo" significa en griego un lugar desolado y desértico: un símbolo adecuado para representar el desierto de Arabia de donde procedieron los invasores árabes musulmanes en número comparable al de una plaga de langostas.

"Abismo" se escribe ábusos en griego. Los modernos hombres de letras musulmanes emplean esa misma palabra para referirse a la sociedad árabe de la que surgió el poder del islam.

Arabia: El Oscuro Abismo

En aquella era de ignorancia había un territorio en el que las tinieblas eran densas y pesadas. Arabia estaba aislada por vastos océanos de arena. Los comerciantes árabes recorrían grandes distancias sin la posibilidad de adquirir un gramo de conocimiento en sus viajes. En su propio país no disponían de una sola institución educativa o biblioteca. No parecía haber nadie interesado en cultivar y avanzar en el conocimiento. Cuán saturadas estaban sus mentes de supersticiones, cuán primitivos y rudos eran sus pensamientos y costumbres, y cuán toscas y degradadas eran sus normas y concepciones morales. No había otra ley que no fuera la ley de la selva. El saqueo, los incendios provocados y la matanza de inocentes y de la gente humilde estaban a la orden del día. Cualquier incidente trivial era motivo suficiente para que estallara una guerra atroz. Sus nociones sobre la moral, la cultura y la civilización se caracterizaban por la rudezaa y la sinrazón. Adoraban a piedras, árboles, ídolos, estrellas y espíritus. Es decir, cualquier cosa excepto a Dios.

A partir de ese "abismo" surgió el azote del cristianismo. El rey Cosroes II de Persia (550-628 de nuestra era) recibió cierto día la carta de un ignoto ciudadano de la Meca, invitándole a reconocer a Mohamed como al profeta de Dios. El rey rompió la carta con desprecio. Poco podía imaginar que pronto caería sin remedio y su reino sería destruido, y que aquel extraño profeta de la Meca iba a dominar el mundo.

Algunos califican la caída de Cosroes como siendo "la llave del pozo del abismo", ya que Mohamed no habría podido alcanzar el poder político y militar sin que el reino de Persia cayera primero. Entonces "se les dio poder" a los sarracenos, quienes se multiplicaron exponencialmente hasta llegar a ser como las langostas en número. Un escritor cuyo pensamiento no estaba en Apocalipsis dijo de esos seguidores de Mohamed: "Los osmanlíes [turcos del imperio otomano] pululaban en todas direcciones como las langostas. No pasaron desapercibidos para ninguna población hasta llegar a las mismas murallas de Constantinopla". En sus guerras infligían un tormento cruel, comparable al de la picadura del escorpión.

Cuando Mohamed murió lo sucedió Abu Bakr as-Siddiq (570-634 de nuestra era), quien movilizó a las tribus árabes a la conquista. Les instruyó respecto a las convicciones religiosas de los pueblos que observaban fielmente la ley de Dios. Solamente debían atacar a quienes adoraban a ídolos. Esa vislumbre de la historia revela cuál fue el espíritu temprano del islam. Hasta hoy conservan una cierta consideración hacia quienes reverencian realmente la Palabra de Dios. Abu Bakr ordeno a sus soldados:

"Que vuestra victoria no se vea manchada por la sangre de mujeres y niños. No destruyáis las palmeras ni queméis campos de cereal. No cortéis los frutales ni hagáis daño alguno al ganado, excepto por lo que necesitéis para comer ... Encontraréis a algunas personas religiosas que viven retiradas en monasterios con el propósito de servir a Dios de ese modo.

A esos dejadlos en paz; nos los matéis ni destruyáis sus monasterios. Encontraréis a otro tipo de personas que pertenecen a la sinagoga de Satanás y que llevan la coronilla afeitada. Aseguraos de cortarles la cabeza y no les deis cuartel hasta que se hagan mahometanos, o bien paguen tributo".

¿Quiénes eran aquellos que llevaban el sello de Dios en sus frentes, a los que Abu Bakr ordenó respetar? A lo largo de toda la historia han existido fieles observadores del verdadero sábado del Señor, que ha sido siempre un distintivo de identidad con Dios (ver capítulo 7). Había fieles como ellos en los días de Mohamed y Abu Bakr. ¡Se diría que una autoridad superior a la de Abu Bakr velaba por la protección de su pueblo! Tenemos aquí un ejemplo de ese incienso de misericordia que era ofrecido durante aquel período oscuro de las trompetas.

Pero las guerras de atrición y conquista que seguirían iban a ser ciertamente terribles. Juan intenta ahora describir las escenas bélicas protagonizadas por los sarracenos, quienes empleaban armas de fuego y pólvora en un tiempo en el que nadie más sabía de esa invención.

Apocalipsis *9:5-11: Pero no se les permitió que los mataran, sino que los atormentaran cinco meses; y su tormento era como el tormento del escorpión cuando hiere al hombre. En aquellos días los hombres buscarán la muerte, pero no la hallarán; ansiarán morir, pero la muerte huirá de ellos. El aspecto de las langostas era semejante a caballos preparados para la guerra; en las cabezas tenían como coronas de oro, sus caras eran como caras humanas, tenían cabello como cabello de mujer y sus dientes eran como de leones; tenían corazas como corazas de hierro y el ruido de sus alas era como el estruendo de muchos carros de caballos corriendo a la batalla; tenían colas como de* *escorpiones, y también aguijones, y en sus colas tenían poder para dañar a los hombres durante cinco meses. Sobre ellos tienen como rey al ángel del abismo, cuyo nombre en hebreo es Abadón, y en griego, Apolión.*

Esa descripción puede parecernos hoy irreal, pero para los ciudadanos acostumbrados a la "seguridad" del Imperio romano de oriente, las hordas de sarracenos en misión de conquista tenían una apariencia muy similar a la descrita. Los pobladores del imperio vivían bajo la sombra constante del azote islámico a modo de plaga de langostas expandiéndose sin control.

Los árabes hacían un uso intensivo de los caballos en sus guerras de conquista. Las "coronas" pueden ser una alusión al turbante, que era una prenda distintiva en la vestimenta de los árabes. Sus soldados tenían largas cabelleras.

Aquí tenemos una prueba de la exactitud de la profecía, y del cumplimiento de los "cinco meses". En la profecía bíblica, un día simboliza un año (ver notas en el capítulo segundo). El mes bíblico se compone de treinta días (ver Génesis 7:11; 8:4 y 7:24; ver también los 42 meses de Apocalipsis 11:2 y los 1260 días de Apocalipsis 11:3 y 12:6). Así, "cinco meses" de tiempo profético equivalen a ciento cincuenta años.

A los musulmanes sarracenos se les dio "poder para dañar" (atormentar) durante esos 150 años al civilizado Imperio romano de oriente, pero no se les permitió que lo "mataran"; es decir, no lo habrían de conquistar. Los ciento cincuenta años habrían de comenzar desde el tiempo en que tuvieran "un rey". El libro de Proverbios habla de "las langostas, que no tienen rey, pero salen todas por cuadrillas" (Proverbios 30:27). Pero las "langostas" que representan a los invasores musulmanes estaban altamente organizadas en su obra destructiva por disponer de un dirigente cuyas órdenes obedecían.

Durante siglos tras la muerte de Mohamed, sus seguidores habían estado divididos en diversos grupos y facciones sin un rey o gobierno central. Pero hacia finales del siglo XIII Otomán fundó un gobierno organizado que se conoce como el Imperio otomano. Al "ángel del abismo" se le llama ángel en el sentido del lenguaje griego: 'mensajero' o 'ministro'. El sultán se convirtió en el primer ministro de la religión musulmana. El nombre hebreo "Abadón" y el griego "Apolión" significan 'el que destruye'. Tal fue siempre el carácter de los gobernantes otomanos.

Estudiosos devotos de la Biblia investigaron hace más de 150 años el cumplimiento de esa profecía en la historia, y encontraron que el primer "rey" otomano de los musulmanes atacó por primera vez (ocasionando "tormento" al mundo civilizado del Imperio romano de oriente) el año 1299 de nuestra era. Dieron por buena la fecha de Edward Gibbon: el 27 de julio de ese año.

¿Atormentaron los turcos otomanos al Imperio romano de oriente durante 150 años? La historia nos informa de que mantuvieron una guerra casi constante de acoso y tormento desde el año 1299 hasta el 1449: exactamente 150 años. Eso, sin llegar nunca a dominarlos completamente. Posteriormente tendría lugar un gran cambio.

Los emperadores del Imperio romano de oriente se habían vuelto cada vez más débiles y corruptos, hasta que vino a resultar claro para todos que pronto acabarían perdiendo su independencia. Cuando el emperador Juan murió el 31 de octubre de 1448, sus hermanos pidieron humildemente el consentimiento del sultán turco Murad II para elegir al hermano mayor y coronarlo como el nuevo emperador en enero de 1449. Inclinándose de esa forma ante el sultán de Turquía, reconocieron que su independencia había llegado a su fin. Recuerda este importante detalle.

Apocalipsis 9:12-15: *El primer ay pasó; pero vienen aún dos ayes después de esto. El sexto ángel tocó la trompeta, y oí una voz de entre los cuatro cuernos del altar de oro que estaba delante de Dios, la cual decía al sexto ángel que tenía la trompeta: "¡Desata a los cuatro ángeles que están atados junto al gran río Éufrates!" Y fueron desatados los cuatro ángeles que estaban preparados para la hora, día, mes y año, a fin de matar la tercera parte de los hombres.*

El "primer ay" fue el surgimiento del poder musulmán. El segundo "ay" es el triunfo de ese poder. Significó darle el tiro de gracia al último vestigio del Imperio romano, y a partir de entonces aterrorizar a Europa por siglos. El "tercer ay" será la temible ira desatada de las naciones, a la que pondrá fin el juicio e ira de Dios, que significará el final de la historia de este mundo (ver Apocalipsis 11:18).

El año 1449 de nuestra era, el "sexto ángel" desató la restricción que hasta entonces había impedido a los musulmanes conquistar realmente el rico y poderoso Imperio romano de oriente. Los "cuatro ángeles que están atados junto al gran río Éufrates" se pueden referir a las cuatro provincias separadas de Alepo, Iconio, Damasco y Bagdad. El camino quedaba expedito, los obstáculos retirados para que el sultán pudiera entrar exitosamente en guerra contra Europa.

Constantinopla sucumbió ante la armada turca el año 1453. Pero observa esto: en 1449, cuando llegaron a su fin los "cinco meses" proféticos —150 años literales—, la independencia del Imperio de Europa decayó, no por la fuerza de las armas, sino porque el emperador depuso su independencia humilde y voluntariamente ante Turquía. Dijo: "No puedo reinar a menos que usted dé su permiso". Es un punto para recordar, en vista de lo que más adelante consideraremos.

¿Por cuánto tiempo seguiría el Imperio otomano musulmán gobernando con independencia? El texto dice que sería por el periodo de una "hora, día, mes y año". De acuerdo con el original griego se trata de un período lineal:

- Un "año" de 360 días equivale a 360 años.
- Un "mes" de 30 días son 30 años.
- Una "hora", la 24a parte de un día, son 15 días literales.
- Sumando lo anterior se obtienen 391 años y 15 días.

¿Cuándo comenzaría ese período de 391 años y 15 días? Claramente, al final de los 150 años, momento en el cual los musulmanes cesarían de "atormentar" al Imperio de oriente y procederían a conquistarlo. Los estudiosos de la Biblia sumaron los 150 años a la fecha dada por el historiador Gibbon —el 27 de julio de 1299—, lo que llevaba al 27 de julio del año 1449. Luego le añadieron los 391 años literales, lo que llevó al 27 de julio del año 1840. A eso le sumaron los quince días literales, lo que llevaba al 11 de agosto de 1840.

¿Perdió ese día su independencia el sultán de Turquía al someterse humilde y voluntariamente a los gobernadores de Europa, de igual forma en que el emperador romano de oriente la había perdido ante el sultán en 1499?

Los estudiosos de la profecía bíblica predijeron valientemente en 1838 que el sultán de Turquía perdería su independencia en agosto de 1840. Eso significó poner públicamente a prueba el principio día- año de interpretación profética.

Si se cumplía esa profecía, significaría también que el libro de Apocalipsis trataba de algo mucho más importante que el simple surgimiento y caída del Imperio musulmán. Apocalipsis es la llave que Dios pone en nuestras manos a fin de desvelar el misterio de su juicio en nuestro moderno mundo rebelde. Allí donde el lector descuidado no ve en el libro de Apocalipsis más que yermos desérticos carentes de significado, encontramos riquezas ocultas de importancia capital para el pueblo de Dios.

Enseguida veremos cuál es el testimonio de la historia relativa a esa fecha del 11 de agosto de 1840.

Veamos primeramente de forma breve cómo describe Juan el modo en que los ejércitos turcos musulmanes aterrorizaron en el pasado a los europeos por siglos. A Juan le intriga lo relativo al uso de la pólvora, y podría estar aludiendo a la pérdida masiva de vidas que ese invento propiciaría:

Apocalipsis 9:16-19: Y el número de los ejércitos de los jinetes era de doscientos millones. Yo oí su número. Así vi en visión los caballos y sus jinetes, que tenían corazas de fuego, zafiro y azufre. Las cabezas de los caballos eran como cabezas de leones, y de sus bocas salía fuego, humo y azufre. Por estas tres plagas fue muerta la tercera parte de los hombres: por el fuego, el humo y el azufre que salía de sus bocas, pues el poder de los caballos estaba en sus bocas y en sus colas, porque sus colas, semejantes a serpientes, tenían cabezas y con ellas dañan.

Esa descripción es altamente figurativa, simbólica. Juan explica lo que vio en el mejor lenguaje que tenía a su disposición en el tiempo en que vivía. Por entonces no se conocía nada parecido a la pólvora o las armas de fuego.

Nunca ha existido un ejército compuesto de doscientos millones de jinetes. Esa es una expresión griega para indicar una cantidad ingente, o bien se podría referir a la suma de todos los soldados y sus vehículos en todos los ejércitos del Imperio otomano durante los cuatro siglos en que ostentó el poder. Dado que los versículos 15 y 16 forman una unidad, ese parece ser el significado más factible. Figurativamente representa un número ingente de hordas.

Es por ese tiempo cuando la historia registra por primera vez el empleo de la pólvora. A los ojos de Juan, la visión de los fieros guerreros musulmanes disparando sus fusiles debía parecerle "el fuego, el humo y el azufre que salía" de las bocas de los caballos sobre los que montaban.

Hasta el año 1453 los muros de Constantinopla habían resistido los ataques de numerosos ejércitos, lo que había permitido la supervivencia del imperio. Pero ahora los turcos otomanos emplearon la recién inventada pólvora en sus cañones para demoler los que hasta entonces habían sido muros inexpugnables. De esa forma fue arrasada la última defensa del orgulloso Imperio romano. La antigua civilización milenaria yacía ahora en ruinas.

Pero finalmente en 1840 el egoísmo y la corrupción habían paralizado al antes orgulloso Imperio musulmán. En 1838 hubo una guerra entre los sultanes de Turquía y Egipto, en la que venció este último. En 1840 intervinieron cuatro naciones europeas poderosas por temor a que Egipto pudiera tomar el trono del sultán. Angustiado, el sultán depuso voluntariamente su independencia, poniéndola en manos de aquellas cuatro naciones europeas, quienes manejarían los asuntos a partir de entonces. Envió un embajador al gobernador de Egipto con un mensaje de parte de las cuatro naciones según el cual el mando quedaba en las manos de ellas.

¿En qué fecha sucedió eso? El 11 de agosto de 1840 llegó aquel mensajero a Alejandría, y ese mismo día entregó el mensaje al gobernador de Egipto.

Ese día el sultán depuso humildemente su independencia de igual forma en que el Imperio romano oriental había entregado la suya al sultán Murad II en 1449. El que había sido un vasto Imperio (otomano) está hoy fragmentado en los estados balcánicos. Desde aquel día la Turquía musulmana ha venido existiendo solamente por deferencia y bajo el apoyo de las naciones europeas.

Cuando se conoció el hecho, multitudes de estudiosos de la Biblia se convencieron de la validez del principio día-año de interpretación de la profecía bíblica. Aquello que parecía historia poco relevante vino a proveer la prueba más convincente de que los libros de Daniel y Apocalipsis fueron inspirados por Dios, y de que presentan un mensaje de importancia vital a todos los habitantes de la tierra en nuestros días. Ese evento en apariencia insignificante fue la clave para desbloquear el libro de Apocalipsis.

Investigadores y estudiosos modernos pueden diferir en los detalles precisos de la cronología exacta que marcó el comienzo y final de ese período de 391 años. El hecho sorprendente es que los eventos principales de la larga historia de los otomanos hayan sido predichos con esa exactitud. Tal como vimos en Daniel, la respuesta de la historia es como la media parte de la piedra partida en dos, que encaja perfectamente con la otra parte (la profecía). En la década de 1840 muchos incrédulos se convirtieron al presenciar el cumplimiento de esa profecía que confirmaba la validez del principio día-año, y la fe de un incontable número de creyentes ha venido siendo fortalecida desde entonces por lo mismo. Sin duda el Señor dirigió aquellos eventos predichos proféticamente.

Apocalipsis 9:20-21*: Los demás hombres, los que no fueron muertos con estas plagas, ni aun así se arrepintieron de las obras de sus manos ni dejaron de adorar a los demonios y a las imágenes de oro, plata, bronce, piedra y madera, las cuales no pueden ver ni oír ni andar. No se arrepintieron de sus homicidios, de sus hechicerías, de su fornicación ni de sus robos.*

Aunque se permitió que las hordas musulmanas camparan sin control afligiendo al mundo cristiano apóstata, eso no lo llevó a aprender la lección del arrepentimiento. La historia de Europa durante el tiempo de las siete trompetas es un registro casi ininterrumpido de vanidad, arrogancia, orgullo y crueldad. Vemos que Dios permite que al mundo le sobrevengan "ayes" a fin de que los pecadores recapaciten y puedan responder a la invitación del evangelio. Un ay sigue al otro, pero los habitantes del mundo siguen amando su pecado. ¿Los llevará el tercer ay al arrepentimiento? Para cuando llegue ese tiempo ¡será demasiado tarde por siempre para arrepentirse!

Capítulo 10—Juan come el Librito

Apocalipsis 10:1-4*: Vi descender del cielo otro ángel fuerte envuelto en una nube, con el arco iris sobre su cabeza. Su rostro era como el sol, y sus pies como columnas de fuego. Tenía en su mano un librito abierto; puso su pie derecho sobre el mar y el izquierdo sobre la tierra, y clamó a gran voz como ruge un león; y cuando hubo clamado, siete truenos emitieron sus voces. Cuando los siete truenos hubieron emitido sus voces, yo iba a escribir; pero oí una voz del cielo que me decía: "Sella las cosas que los siete truenos han dicho, y no las escribas".*

Podemos saber de forma muy definida cuándo desciende el ángel con ese mensaje, ya que forma parte de la sexta trompeta. La séptima no suena hasta el versículo 15 del capítulo 11. Por lo tanto, a partir de lo aprendido en el capítulo noveno es evidente que las escenas del presente capítulo han de tener lugar después del año 1840.

El cumplimiento exacto de la profecía relativa a la caída del Imperio otomano en aquella fecha concreta fortaleció grandemente la fe de aquellos que hace más de cien años estuvieron interesados en las profecías de Daniel y Apocalipsis. El fundamento sobre el que edificaron su fe profética sigue inconmovible para bien nuestro.

Ese "otro ángel" es la proclamación de un gran mensaje al mundo, basado en el "librito abierto" al que se refiere Juan específicamente. ¿De qué libro puede tratarse? Leemos que mucho tiempo atrás un ángel había dicho a Daniel: "Cierra las palabras y sella el libro hasta el tiempo del fin" (Daniel 12:4).

¿Cuándo se inició "el tiempo del fin"? —Al terminar la Edad Media con su persecución. Daniel aporta la evidencia: "Algunos de los entendidos caerán a fin de ser refinados, purificados y emblanquecidos hasta el tiempo del fin" (Daniel 11:35, LBLA). Aquel tiempo de persecución lo protagonizó la iglesia apóstata durante los 1260 años de supremacía papal. Ese período terminó el año 1798 (ver Apocalipsis 12:6 y 14; 13:5). Por consiguiente, parece claro que el "librito" que fue abierto después del año 1798 es el libro de Daniel, que por entonces cautivó de forma repentina la atención de los cristianos por doquier.

Vemos una vez más cuán exactamente se cumplió la profecía. Por entonces se despertó un profundo interés en muchas partes del mundo por el estudio de los libros de Daniel y Apocalipsis. No es solamente que se estableció la 'British and Foreign Bible Society' para publicar la Biblia al mundo, sino que muchos, en todos los lugares, comenzaron a comprender el significado de esas profecías. Descubrieron la sorprendente verdad de que estaban viviendo en "el tiempo del fin", y que se acercaba la venida de Jesús.

El mensaje se proclamó por "mar" y "tierra" "a gran voz, como ruge un león". El mundo entero le prestó atención, y en todo lugar había oyentes atentos y asombrados ante el mensaje de que Jesús regresaría pronto, quizá en el período de sus vidas. Se compraron grandes carpas que iban plantando de ciudad en ciudad, donde cientos y miles se reunían para escuchar el mensaje solemne del libro de Daniel, según el cual en 1844 se cumpliría la profecía de los 2300 años de Daniel 8:14. Desde los días de los apóstoles el Espíritu Santo no había obrado tan poderosamente en llevar a miles de personas al arrepentimiento.

William Miller comenzó a predicar enfáticamente a partir de 1831, y su mensaje se abrió camino con poder singular. Algunas familias vendían sus fincas y casas para tener fondos con los que financiar la impresión de folletos y libros que difundirían el mensaje. También los jóvenes y niños se convertían. Aquel fue el período de tiempo de la "iglesia en Filadelfia", la sexta (Apocalipsis 3:7-12).

Pero había un elemento misterioso que el pueblo de Dios no comprendería plenamente en aquel tiempo. A Juan no se le permitiría escribir lo que dijeron los "siete truenos". Sólo por experiencia la iglesia lo habría de aprender. Su fe iba a ser probada:

Apocalipsis 10:5-7: *El ángel que vi de pie sobre el mar y sobre la tierra levantó su mano hacia el cielo y juró por el que vive por los siglos de los siglos, que creó el cielo y las cosas que están en él, y la tierra y las cosas que están en ella, y el mar y las cosas que están en él, que el tiempo no sería más, sino que en los días de la voz del séptimo ángel, cuando él comience a tocar la trompeta, el misterio de Dios se consumará, como él lo anunció a sus siervos los profetas.*

El "tiempo" se escribe kronos en griego, y se refiere a un tiempo determinado, medido. ¿Por qué declaró tan categóricamente el ángel "que el tiempo no sería más"? ¡Porque así estaba escrito en el libro de Daniel!

En Daniel 8:14 leemos la profecía que revela por qué "el tiempo no sería más". La obra de Dios habría de iniciar su última etapa en esta tierra: "Hasta dos mil trescientas tardes y mañanas; luego el santuario será purificado". En la profecía, un día representa un año (Ezequiel 4:6; Números 14:34). Esos 2300 años comenzaron el 457 antes de Cristo y terminaron el 1844 de nuestra era.

Esa fue la profecía que unos años antes de 1844 se abrió al entendimiento de muchos estudiosos de la Biblia en diferentes partes del mundo. El asombroso cumplimiento de la profecía relativa al Imperio turco el 11 de agosto de 1840 supuso un gran ímpetu a la predicación, y convenció de su veracidad a miles.

En la Biblia, la palabra "tiempo" se debe comprender como tiempo profético, y no simplemente como el continuo paso del tiempo en la historia humana. El versículo 11 del capítulo 10 de Apocalipsis así lo evidencia. Ahí se le comunica a Juan —en representación de la iglesia— que hay todavía una gran obra mundial pendiente de cumplirse a favor de "muchos pueblos, naciones, lenguas y reyes". Esa obra se ha de realizar después del cierre del último período profético, el que terminó el año 1844 de nuestra era. No puede haber ningún otro período de tiempo medido, determinado, tras haberse cumplido la profecía de los 2300 años. A partir de entonces el fin es siempre inminente, estando el tiempo condicionado a la preparación del pueblo de Dios.

El ángel proclama con poder que "en los días de la voz del séptimo ángel, cuando él comience a tocar la trompeta, el misterio de Dios se consumará". ¿Cuál es "el misterio de Dios"?

Pablo afirma en Efesios 1:9-10 que el propósito divino de reunir todas las cosas en Cristo es "el misterio de su voluntad". En Efesios 3:3 y 6 añade que ese "misterio" incluye la incorporación de los gentiles como "coherederos, miembros del mismo cuerpo y copartícipes de la promesa en Cristo Jesús por medio del evangelio". Por consiguiente, "el misterio de Dios" es su magna obra de reunir a su verdadero pueblo de en medio de un mundo pecaminoso, en preparación para la segunda venida de Cristo.

Pablo explica el misterio aun más claramente en Colosenses 1:27- 28. "Las riquezas de la gloria de este misterio entre los gentiles" consiste en esto: "Cristo en vosotros, esperanza de gloria ... a fin de presentar perfecto en Cristo Jesús a todo hombre". La gran contienda entre Cristo y Satanás no puede llegar a su fin hasta que Cristo tenga un pueblo que lo sigue "por dondequiera que va", un pueblo formado por quienes "son sin mancha delante del trono de Dios" (Apocalipsis 14:4-5).

Debido a que esa obra no se ha completado todavía, el infeliz mundo sigue maldito por el pecado, el dolor y la muerte. "Sabemos que toda la creación gime a una, y a una está con dolores de parto hasta ahora", "porque el anhelo ardiente de la creación es el aguardar la manifestación de los hijos de Dios" (Romanos 8:22 y 19). Esa obra gloriosa de hacer al ser humano "perfecto en Cristo" es precisamente el resultado de la purificación del santuario celestial del que el ángel informó a Daniel.

Esa es la obra más importante y colosal que se está desarrollando ahora en el mundo. Es un privilegio inestimable poder cooperar con Cristo en su gran obra final de salvación.

Pero a quienes amaban la Biblia les quedaba todavía una amarga lección por aprender:

Apocalipsis 10:8-11: *La voz que oí del cielo habló otra vez conmigo, y dijo: "Ve y toma el librito que está abierto en la mano del ángel que está en pie sobre el mar y sobre la tierra". Fui donde el ángel, diciéndole que me diera el librito. Y él me dijo: "Toma y cómelo; te amargará el vientre, pero en tu boca será dulce como la miel". Entonces tomé el librito de la mano del ángel y lo comí. En mi boca era dulce como la miel, pero cuando lo hube comido amargó mi vientre. Él me dijo: "Es necesario que* *profetices otra vez sobre muchos pueblos, naciones, lenguas y reyes".*

A la iglesia le esperaba algo muy amargo en esta experiencia. Juan, en visión, la comparte con los miembros de esa iglesia. Quienes predicaron que el santuario sería "purificado" en 1844 comprendieron correctamente el esquema de tiempo de la profecía. No había error en su cálculo del comienzo o el final de los 2300 años. Pero no comprendieron cuál era el verdadero significado del evento descrito en la expresión "el santuario será purificado". Pensaron que eso hacía referencia a la segunda venida de Cristo a la Tierra: el final de la historia de este mundo. Desconocían la verdadera enseñanza bíblica del santuario celestial en el que Cristo es sumo sacerdote. No sabían que la purificación del santuario requiere una fase nueva y diferente en el ministerio de Cristo en el verdadero santuario celestial, tal como estaba prefigurado en los tipos y símbolos del santuario del Antiguo Testamento que lo ilustraba.

En aquel santuario hebreo el sumo sacerdote entraba en el segundo departamento —o lugar santísimo— una vez al año en el día de la expiación, para "purificar" el santuario. Ciertamente, en 1844 había de ocurrir un evento cósmico de la mayor importancia, pero aquellos creyentes sinceros no comprendían en qué consistía ese evento representado en el santuario terrenal por el día de la expiación.

La esperanza que tenían de ver regresar a Jesús en su segunda venida, poniendo fin al pecado, el dolor y la muerte en 1844, era una experiencia "dulce como la miel" para la iglesia. Amaban verdaderamente al Señor Jesús, como la novia ama a su futuro esposo. Era por demás dulce y gozoso el pensamiento de que pronto se iban a unir al mismísimo y amado Señor, para no separarse ya nunca más de él.

Pero Jesús no regresó en 1844. Quienes lo esperaban y amaban resultaron amargamente chasqueados, de forma parecida a como los discípulos de Cristo fueron chasqueados cuando él fue crucificado y enterrado en un sepulcro. No obstante, ese gran chasco formaba parte del propósito de amor divino hacia su pueblo. Los hermanos aprendieron a no confiar en las opiniones de los hombres para explicar la Biblia, sino a investigar con mayor profundidad las Escrituras a fin de comprender qué es exactamente lo que enseñan.

Pronto se hizo evidente para ellos la razón de su chasco. El "santuario" que había de ser "purificado" no es esta tierra siendo destruida por el fuego, sino el santuario celestial en cuyo segundo departamento Cristo acababa de entrar para efectuar aquella fase final de su obra como sumo sacerdote. Comprendieron entonces que les quedaba por hacer una amplia obra a nivel mundial, de forma que era "necesario" que profetizaran "otra vez sobre muchos pueblos, naciones, lenguas y reyes".

Este libro que estás leyendo forma parte de esa gran obra de proclamación del mensaje a todo el mundo.

Capítulo 11—La Biblia: Del Descrédito a la Victoria

Apocalipsis 11:1-6: Entonces me fue dada una caña semejante a una vara de medir y se me dijo: "Levántate y mide el templo de Dios y el altar y a los que adoran en él. Pero el patio que está fuera del templo déjalo aparte y no lo midas, porque ha sido entregado a los gentiles. Ellos hollarán la ciudad santa cuarenta y dos meses. Y ordenaré a mis dos testigos que profeticen por mil doscientos sesenta días, vestidos con ropas ásperas". Estos testigos son los dos olivos y los dos candelabros que están de pie delante del Dios de la tierra. Si alguno quiere dañarlos, sale fuego de la boca de ellos y devora a sus enemigos; si alguno quiere hacerles daño, debe morir de la misma manera. Estos tienen poder para cerrar el cielo a fin de que no llueva en los días de su profecía; y tienen poder sobre las aguas, para convertirlas en sangre y para herir la tierra con toda plaga cuantas veces quieran.

El escrito original de Juan no estaba dividido en capítulos. En este capítulo continúa su visión profética relativa a la iglesia, y se le dice que observe atentamente el santuario de Dios en el cielo y preste atención a la obra de purificación del santuario, que prepara a un pueblo para encontrarse con Dios. Aquí estaba la clave que desveló el misterio del chasco del pueblo de Dios.

La orden no consistió en que midiera la longitud o la anchura del templo tal como haría un arquitecto, como tampoco la estatura física de los que adoraban. Se le ordenó que midiera la calidad de los adoradores. Un ángel proclama a todo el mundo: "¡Temed a Dios y dadle gloria ... adorad a aquel que hizo el cielo y la tierra, el mar y las fuentes de las aguas!" (Apocalipsis 14:7).

Medirlos como adoradores implica medir su reverencia a Dios y su fe en él. Temer a Dios no significa tenerle miedo tal como temeríamos a un enemigo, sino apreciar su perdón por nuestros pecados: "En ti hay perdón para que seas temido" (Salmo 130:4, LBLA). Temer a Dios significa amarlo. Los impíos se convierten en bondadosos, no mediante el terror, sino porque han apreciado lo que le costó al Cordero de Dios perdonar su impiedad. Cuando alguien comprende que es un pecador, y cuando sabe que sus pecados le han sido perdonados por la sangre derramada de nuestro sumo sacerdote en el santuario celestial, lo único que puede hacer es amar a Dios. Quien ejerce "la fe que obra por el amor" (Gálatas 5:6) da la medida en esa evaluación como adorador.

Amar a Dios es guardar sus mandamientos, ya que "el cumplimiento de la Ley es el amor" (1 Juan 5:3; Romanos 13:10). En Apocalipsis 11:19 leemos que el pueblo de Dios ve en el santuario celestial "el arca de su pacto". En el interior del arca está la ley de Dios grabada en piedra con su propio dedo. Está como testimonio de que su ley de amor es el fundamento de su gobierno.

"El patio que está fuera" se refiere evidentemente a la mayor parte de la humanidad que no adora al Señor, y que no va a ser juzgada en ese momento. Solamente los que forman el pueblo de Dios han de ser medidos en ese juicio. Ellos son la clave en la historia de este mundo.

Los dos períodos de tiempo mencionados aquí son obviamente coincidentes. Según el cómputo bíblico el mes se compone de 30 días; por consiguiente, 42 meses es lo mismo que 1260 días. Ese mismo período de 42 meses aparece en Apocalipsis 12:6 expresado como 1260 días. Vuelve a aparecer expresado como 42 meses en Apocalipsis 13:5, y expresado como tres años y medio ("tiempos") en Daniel 7:25, Daniel 12:7 y Apocalipsis 12:14. Es evidente que Dios quiere asegurarse de que comprendamos ese período de tiempo; de no ser así, no lo mencionaría reiteradamente. Se trata del tiempo durante el cual la iglesia fue perseguida: del año 538 al 1798 de nuestra era.

Durante ese período de la Edad Media —el oscurantismo— la Biblia no era totalmente desconocida para la gente, pero estaba oculta y enterrada bajo una capa de superstición y tradiciones. Los "dos testigos" se refieren al Antiguo y el Nuevo Testamento de la Biblia, ya que el auténtico propósito de las Sagradas Escrituras es dar testimonio de la misericordia y de la verdad de Dios. Nuestro Dios nos ordena "Escudriñad las Escrituras, porque ... ellas son las que dan testimonio de mí" (Juan 5:39).

El profeta Zacarías vio cómo la Biblia proporciona al mundo la única luz verdadera. Se le presentaron en visión dos olivos cuyo aceite fluía por dos conductos de oro hasta el candelabro, también de oro (Zacarías 4:2-6 y 11-14). Es la Biblia, en su Antiguo y Nuevo testamentos, la que ha proporcionado luz a todas las naciones. "La exposición de tus palabras alumbra" (Salmo 119:130). "Lámpara es a mis pies tu palabra y lumbrera a mi camino" (Salmo 119:105).

Durante todas esas edades pasadas de persecución y opresión de la verdad, Dios no permitió que los enemigos del evangelio destruyeran completamente su Palabra. En los días de Elías la palabra de Dios cerró los cielos para que no lloviera durante tres años y medio. La misma palabra volvió a abrir los cielos de forma que volviera la lluvia para restaurar la tierra arruinada por la sequía. Esa misma palabra de Dios traerá las siete plagas postreras sobre la tierra (Apocalipsis 16), y finalmente creará unos nuevos cielos y una nueva tierra (Apocalipsis 21).

Apocalipsis 11:7-10: *Cuando hayan acabado su testimonio, la bestia que sube del abismo hará guerra contra ellos, los vencerá y los matará. Sus cadáveres estarán en la plaza de la gran ciudad que en sentido espiritual se llama Sodoma y Egipto, donde también nuestro Señor fue crucificado. Gentes de todo pueblo, tribu, lengua y nación verán sus cadáveres por tres días y medio y no permitirán que sean sepultados. Los habitantes de la tierra se regocijarán sobre ellos, se alegrarán y se enviarán regalos unos a otros, porque estos dos profetas habían atormentado a los habitantes de la tierra.*

¿Quién es "la bestia que sube del abismo"? En la profecía bíblica una bestia simboliza un reino o nación. El "abismo" es el lugar que se llama espiritualmente Sodoma y Egipto, "donde también nuestro Señor fue crucificado". Se trata de un poder maligno que no reconoce a Dios.

El faraón de Egipto dijo: "¿Quién es Jehová para que yo oiga su voz y deje ir a Israel? Yo no conozco a Jehová" (Éxodo 5:2). Nos encontramos aquí con el ateísmo, la idea de que Dios no existe. Al observar la Europa del final de los 1260 años de la Edad Media, ¿vemos un poder ateo surgiendo de forma repentina? La historia acredita que Francia fue en verdad ese tipo de nación en aquel punto del tiempo. Por primera vez en la historia un gobierno responsable se proclamó ateo. Esa fue la raíz que está en el origen del ateísmo comunista tal como lo conocemos hoy. Stalin encontró allí su inspiración.

Una revolución amenazadora dio la vuelta al reino de Francia y dirigió su sangrienta energía contra lo que suponía que era la cristiandad. La gente común no era realmente la culpable de esa comprensión errónea, ya que la iglesia popular en Francia había representado falsamente la religión de Jesús. Habiendo agotado su paciencia con la hipocresía de quienes profesaban ser representantes de Dios, el gobierno revolucionario de Francia, mediante un acto legislativo, declaró abolido el evangelio y la Biblia en toda Francia. Proclamó que la nación no reconocía a Dios. Así, los "dos testigos" —el Antiguo y el Nuevo testamentos— fueron "asesinados" en toda Francia. En una de sus ciudades la gente ató una Biblia a la cola de un burro, que la fue arrastrando por las calles.

Al mismo tiempo la legislatura estableció formalmente el derecho a la fornicación. Promocionaron el lema "aplasta al desgraciado", refiriéndose a Cristo.

Y ciertamente, en Francia Cristo debió sufrir en la persona de sus santos. En una sola noche, algunos años antes de la Revolución, fueron asesinados de forma cruel y traicionera cincuenta mil creyentes que apreciaban la Biblia y que confiaban en Cristo para su salvación eterna. Es la conocida masacre de la noche de San Bartolomé. Francia fue ciertamente "la plaza ... donde también nuestro Señor fue crucificado".

Ese era el espíritu del "abismo". En la Revolución se confiscaron y quemaron las Biblias, se abolió la semana de siete días y se decretó cada décimo día como día de descanso profano. Se dijo de la muerte que era un sueño eterno. Se llamó "diosa de la razón" a una prostituta, que se expuso para la pública adoración.

Otras naciones cristianas se horrorizaron por lo que estaba haciendo Francia y condenaron aquella maldad. Cristianos de otras naciones se indignaron y se entregaron a la oración. Pero muchos mundanos e incrédulos encontraron placer en aquella terrible Revolución francesa. Francia había silenciado la voz de reprobación de los dos testigos de Dios, cuya Palabra yacía muerta en las calles para júbilo de quienes aborrecían las restricciones y requerimientos de la ley divina. Las multitudes desafiaban públicamente al Rey el Cielo. Aquí hay una lección de interés para el mundo, incluyendo a los ateos de nuestros días.

¿Fue Francia bendecida por aquella guerra a la Biblia y por su odio hacia Cristo? Roma había tenido éxito en persuadir a los gobernantes franceses a que persiguieran y prohibiesen a los cristianos que amaban la Biblia. Siglo tras siglo hubo hombres íntegros y con principios, con agudeza intelectual y fuerza moral, que tuvieron el valor para confesar sus convicciones, y que tuvieron la fe para sufrir por la verdad. Estos hombres penaron durante siglos como esclavos en las galeras, y perecieron en la hoguera o se deterioraron en prisiones oscuras e inmundas. Miles y miles se pusieron a salvo huyendo, y eso duró por doscientos cincuenta años después de iniciada la Reforma.

Casi no hubo una generación de franceses durante ese largo período, que no fuera testigo de la huida de los discípulos del evangelio para escapar de la furia insensata del perseguidor, llevándose consigo la inteligencia, las artes, la industria y el orden que en general los distinguía, contribuyendo así a enriquecer a los países que los acogieron. En la medida en que enriquecían a otros países con sus preciosos dones, despojaban al suyo propio. Si hubieran permanecido en

Francia todos los que la abandonaron; si durante aquellos trescientos años las habilidades de los exiliados hubieran estado fortaleciendo la estructura social de su país, si su genio creador y su capacidad analítica hubieran seguido enriqueciendo la literatura y cultivando las ciencias en Francia, si la sabiduría de aquellos hijos nobles se hubiera aplicado a dirigir sus asambleas, su valor se hubiera enfocando a pelear las batallas y su equidad a formular las leyes; si se hubiera permitido a la religión de la Biblia dar sabiduría y dirección a las conciencias del pueblo, ¡qué inmensa gloria no tendría Francia hoy! ¡Qué grande, qué próspero y qué dichoso país no sería! Podría ser una nación modélica.

Pero el fanatismo ciego e inexorable expulsó de su suelo a todo instructor virtuoso, a los expertos en el orden y a los sinceros defensores del trono. Finalmente, la ruina del estado fue completa.

El evangelio habría proporcionado a Francia la solución a los problemas políticos y sociales que desafiaban la habilidad de su clero, de su rey y de sus legisladores, y que hundieron finalmente a la nación en la anarquía y la ruina. Pero bajo el dominio de Roma, el pueblo había perdido las benditas lecciones de sacrificio propio y de amor abnegado que dio el Salvador. Se los había desviado de la práctica de la abnegación y servicio a los demás. Nadie reprendía a los ricos por oprimir a los pobres, y a estos nadie les ayudaba en su servidumbre y degradación. El egoísmo de los ricos y poderosos se hacía más manifiesto y opresor. El rico perjudicaba al pobre, y el pobre detestaba al rico.

Despojada de la Biblia y abandonada a enseñanzas fanáticas y egoístas, la gente quedó envuelta en la ignorancia y la superstición, y también hundida en el vicio, de forma que era totalmente incapaz de gobernarse por sí misma.

La desdichada Francia cosechó con sangre lo que había sembrado. En el mismo sitio en que habían sido quemados los primeros mártires de la fe protestante en el siglo XVI, sufrieron la guillotina las primeras víctimas en el siglo XVIII. Habiendo rechazado el evangelio que le habría traído sanidad, Francia había abierto las puertas a la infidelidad y la ruina. Habiendo puesto a un lado las directrices de la ley de Dios se hizo evidente que las leyes humanas eran incapaces de contener la marea poderosa de las pasiones, y la nación cayó en la revuelta y la anarquía. La guerra contra la Biblia inauguró una era que en la historia se conoce como "el reinado del terror". La paz y la felicidad abandonaron los hogares y los corazones. Nadie se sentía seguro. El que hoy triunfaba, era considerado mañana como sospechoso y se lo condenaba. Nada frenaba la violencia y la pasión.

El rey, el clero y los nobles se debieron someter a las atrocidades de un pueblo agitado y enfurecido. Su sed de venganza aumentó cuando el rey fue ejecutado, y los mismos que habían decretado su muerte le siguieron pronto al cadalso. Se tomó la decisión de matar a todos los sospechosos de ser hostiles a la revolución. Las cárceles estaban repletas, llegando a albergar en cierto momento más de doscientos mil presos. Las ciudades estaban llenas de escenas de horror, y para agravar la situación miserable, la nación se vio envuelta en una guerra prolongada y devastadora con las potencias de Europa. El país casi estaba en bancarrota, el ejército reclamaba pagos atrasados, los parisinos morían de hambre, los bandidos habían saqueado las provincias, y la civilización casi se había extinguido debido a la anarquía y la conducta licenciosa.

Al fin había llegado el día de la retribución. Las acequias llevaban al Sena la sangre espumante de las víctimas mientras diariamente recorrían las calles de París carros repletos de condenados camino de su ejecución. Se veían grandes bandadas de cuervos y milanos que hacían su festín con los cadáveres desnudos que yacían unidos en siniestros abrazos. No había misericordia por el sexo o la edad. Se cuentan por centenares los adolescentes de ambos sexos que fueron asesinados por aquel gobierno execrable.

Los "tres días y medio" de tiempo profético son tres años y medio de tiempo literal. Es difícil determinar las fechas precisas en que comenzó y terminó el "reinado del terror" contra la Biblia, pero algunos consideran desde noviembre de 1793 hasta junio de 1797. Por entonces el gobierno comprendió la terrible equivocación en que había incurrido, y se volvió a tolerar la religión. Los "dos testigos" habrían de ser honrados:

Apocalipsis 11:11-14: *Pero después de tres días y medio el espíritu de vida enviado por Dios entró en ellos, se levantaron sobre sus pies y cayó gran temor sobre los que los vieron. Entonces oyeron una gran voz del cielo, que les decía: "¡Subid acá!" Y subieron al cielo en una nube, y los vieron sus enemigos. En aquella hora hubo un gran terremoto y la décima parte de la ciudad se derrumbó. Por el terremoto murieron siete mil hombres. Los demás se aterrorizaron y dieron gloria al Dios del cielo. El segundo ay pasó. He aquí que el tercer ay viene pronto.*

Aunque Voltaire y otros incrédulos habían predicho que la Biblia sería pronto un libro olvidado en todo el mundo, vemos ahora cómo las Escrituras "subieron al cielo en una nube, y los vieron sus enemigos". La Biblia ha sido ciertamente exaltada desde el tiempo de la Revolución francesa. En 1804 se organizó la 'British and Foreign Bible Society' con el propósito de traducir y publicar las Escrituras en múltiples idiomas. En 1816 se organizó la 'American Bible Society' con el mismo propósito, y desde entonces la Biblia se ha traducido ya a más de mil idiomas y dialectos, y se está publicando ampliamente en todo el mundo.

El "gran terremoto" en el que "la décima parte de la ciudad se derrumbó" se cree que hace referencia al hecho de que la Revolución francesa supuso un cese del soporte de Francia al papado, hecho significativo teniendo en cuanta que el reinado original de los francos fue precisamente quien había establecido el poder político del papado.

Cuando Francia rechazó a Dios y desechó la Biblia públicamente, los malvados y los espíritus de las tinieblas estaban exultantes por haber conseguido lo que por tanto tiempo deseaban: un reino libre de las restricciones de la ley de Dios. Pero la transgresión de una ley justa y recta ha de llevar inevitablemente a la miseria y la ruina. Quienes habían escogido la rebelión cosecharon sus frutos hasta que la tierra se llenó de crímenes demasiado horribles para ser narrados. En las provincias asoladas y en las ciudades arruinadas se percibía un clamor angustioso de terror y amargura. Francia se estremecía como sacudida por un terremoto.

¡Dios haga que los gobernantes de nuestro mundo moderno no olviden jamás las lecciones de Francia!

Los capítulos 10 y 11 han sido un interludio que describe los eventos ocurridos entre el toque de la sexta trompeta y el de la séptima. Juan regresa ahora a la sucesión de las siete trompetas:

Apocalipsis 11:15-19*: El séptimo ángel tocó la trompeta, y hubo grandes voces en el cielo, que decían: "Los reinos del mundo han venido a ser de nuestro Señor y de su Cristo; y él reinará por los siglos de los siglos". Los veinticuatro ancianos que estaban sentados en sus tronos delante de Dios se postraron sobre sus rostros y adoraron a Dios, diciendo: "Te damos gracias, Señor Dios Todopoderoso, el que eres, que eras y que has de venir, porque has tomado tu gran poder y has reinado. Las naciones se airaron y tu ira ha venido: el tiempo de juzgar a los muertos, de dar el galardón a tus siervos los profetas, a los santos y a los que temen tu nombre, a los pequeños y a los grandes, y de destruir a los que destruyen la tierra". El templo de Dios fue abierto en el cielo, y el arca de su pacto se dejó ver en el templo. Hubo relámpagos, voces, truenos, un terremoto y granizo grande.*

Llegamos por fin al toque de la séptima trompeta, bajo la cual se transfiere la gobernanza de los reinos de esta tierra al gobierno del Cristo victorioso. Han fracasado todos los intentos por derrotar a Cristo de parte de Satanás y de la humanidad impía que lo sigue.

Nadie pondrá en duda que "las naciones se airaron". Desde 1848 la ira y los recelos entre las naciones han sido la regla más bien que la excepción. Es especialmente cierto en nuestro siglo y los precedentes, en que millones de personas perdieron la vida en dos guerras mundiales terribles y en infinidad de otras conflagraciones sangrientas. En el mundo persiste hoy el odio nacional y racial.

Pronto va a ser derramada una "ira" final en las siete plagas postreras. Gracias a Dios, quienes temen su nombre, grandes y pequeños, recibirán su recompensa de misericordia y salvación. Dice Jesús: "He aquí, yo vengo pronto, y mi recompensa está conmigo para recompensar a cada uno según sea su obra" (Apocalipsis 22:12, LBLA).

Juan observó el crimen de "los que destruyen la tierra". ¿Cómo pudo predecir la crisis ecológica y el subsiguiente cambio climático en el mundo de nuestros días? Desde la existencia de la bomba atómica la humanidad vive bajo el temor latente a la destrucción irreversible. La conferencia de Ginebra para el desarme estima que hay una reserva de armamento nuclear de potencia equivalente a 15 toneladas de dinamita por cada habitante del planeta.

El programa para el Medio Ambiente de la Organización de las Naciones Unidas advierte de que un conflicto nuclear significaría la ruina del planeta. Mientras tanto continúa la carrera armamentística, con un gasto mundial de un millón de dólares cada minuto. La polución de la atmósfera está produciendo ya episodios de lluvia ácida que destruyen la vegetación, y que al dañar la capa protectora de ozono propician con su efecto invernadero los cambios climáticos extremos.

Las naciones se han airado, pero ¡cuidado!, porque ahora es Dios quien va a desatar su ira. Mientras que el hombre arruina este bello planeta que fue creado para ser su hogar, Juan escribe en referencia a Dios: "Tu ira ha venido". El mundo nunca la ha experimentado todavía.

En este momento de crisis, Juan llama una vez más nuestra atención al santuario que está en el cielo. En la ilustración del santuario hebreo el arca del pacto estaba en el segundo departamento o "lugar santísimo". Se nos invita ahora a mirar allí, al lugar santísimo del santuario celestial en el que Cristo ministra como sumo sacerdote en su obra de expiación final. En medio de toda la inseguridad y angustia de este mundo que vive bajo la amenaza y el terror, mira a lo alto, al santuario. Allí verás a tu Salvador, al verdadero Cristo, ministrando su sangre derramada en tu favor a fin de lavarte y purificarte de todo pecado con el fin de que estés preparado para estar en su reino.

Está allí para que "el misterio de Dios" sea "consumado" y pueda reunir de entre toda nación, tribu, lengua y pueblo un remanente de creyentes. Él va a "presentar perfecto en Cristo Jesús a todo hombre", de forma que en su boca no sea "hallada mentira", y pueda comparecer "sin mancha delante del trono de Dios" (Colosenses 1:28; Apocalipsis 14:5). Los "relámpagos, voces y truenos" de esta tierra no debieran ser el centro de nuestra atención. Fijemos nuestra atención en Cristo el Salvador, y en la labor que está ahora llevando a cabo en su templo.

Capítulo 12—La Mujer Vestida del Sol

Apocalipsis 12:1-2*: Apareció en el cielo una gran señal: una mujer vestida del sol, con la luna debajo de sus pies y sobre su cabeza una corona de doce estrellas. Estaba encinta y gritaba con dolores de parto en la angustia del alumbramiento.*

Difícilmente se encuentra en el mundo algo que supere en belleza a la mujer. Juan quedó deslumbrado cuando contempló en visión a esa dama encantadora. Su vestido era el más glorioso que mujer alguna haya vestido jamás, comparable en brillo al propio sol. Comparado con él, el mejor vestido de este mundo se convierte en harapos. ¿A quién representa?

El amor del hombre hacia su mujer constituye la experiencia más tierna y dulce. Dios ha puesto en nuestros corazones ese tipo de amor, lo que permite que comprendamos más fácilmente el amor que Jesús siente por su pueblo. "Maridos, amad a vuestras mujeres, así como Cristo amó a la iglesia y se entregó a sí mismo por ella" (Efesios 5:25). Ningún hombre se entregará a una mujer a menos que encuentre en ella esa otra mitad de su propio ser. Tal es el sentimiento de Jesús hacia su iglesia.

En la Biblia se representa la iglesia de Dios mediante una mujer. Jeremías la describe como "la bella y delicada hija de Sión" (6:2). Pablo la compara a "una virgen pura" (2 Corintios 11:2). El Cantar de Salomón cobra nuevo sentido cuando comprendemos que se trata del canto de Cristo a su esposa, la iglesia.

Así, una mujer pura representa en la profecía bíblica a la iglesia verdadera. Por contraste, una ramera es la representante de la iglesia caída en la apostasía (Apocalipsis 17:1-6).

"La luna debajo de sus pies" es una representación adecuada de la antigua era de la iglesia del pueblo judío, que vendría a ser la iglesia cristiana del tiempo del Nuevo Testamento. Las ordenanzas mosaicas reflejaban la luz del evangelio de forma comparable a como la luna refleja la luz del sol. La "corona de doce estrellas" sobre su cabeza se suele comprender como el ministerio de los doce apóstoles de la iglesia cristiana primitiva del Nuevo Testamento.

Apocalipsis 12:3-5: Otra señal también apareció en el cielo: un gran dragón escarlata que tenía siete cabezas y diez cuernos, y en sus cabezas tenía siete diademas. Su cola arrastró la tercera parte de las estrellas del cielo y las arrojó sobre la tierra. Y el dragón se paró frente a la mujer que estaba para dar a luz, a fin de devorar a su hijo tan pronto como naciera. Ella dio a luz un hijo varón, que va a regir a todas las naciones con vara de hierro; y su hijo fue arrebatado para Dios y para su trono.

Como de costumbre, la Biblia no deja a nuestra imaginación cuál es el significado del símbolo. El versículo 9 dice claramente que el "dragón" es "la serpiente antigua", el "Diablo y Satanás, el cual engaña al mundo entero". Pero no se le permite venir en persona a nosotros para engañarnos o dañarnos. Necesita a alguien que actúe como su brazo ejecutivo a fin de lograr sus propósitos. Obra siempre mediante agentes humanos. Cuando procuró la muerte del niño Jesús justo después de nacer, ¿a quién utilizó para ese propósito?

Todo el que haya leído el relato de Mateo 2 sabe que actuó mediante el que era rey de Judea por disposición de Roma: Herodes el Grande. Mateo refiere cómo soldados romanos bajo la orden de Herodes fueron a Belén para matar a todos los bebés de menos de dos años. En aquel tiempo el "dragón" actuó mediante Roma pagana. Juan quiere que comprendamos que las "siete cabezas y diez cuernos" significan que ese "dragón" es el mismo poder representado por la "bestia" de Daniel 7:7-8, que también tiene diez cuernos. Innumerables asociaciones ligan Apocalipsis con Daniel. Cada uno de esos libros explica al otro.

Durante toda su vida en esta tierra Jesús sintió la fuerza de la ira del "dragón" contra él. Jesús sabía bien que detrás de Roma pagana había un poder mucho mayor que ella. La historia es un gran conflicto entre Cristo y Satanás.

Por extraño que pueda parecer, fue en el cielo donde comenzó el conflicto. Satanás no siempre fue el Diablo, el engañador. Había sido el "querubín grande, protector, yo [el Señor] te puse en el santo monte de Dios. Allí estuviste, y en medio de las piedras de fuego te paseabas. Perfecto eras en todos tus caminos desde el día en que fuiste creado hasta que se halló en ti maldad ... Se enalteció tu corazón a causa de tu hermosura" (Ezequiel 28:14-17). Satanás había gozado de la gloria estando en la posición más elevada que pudiera ocupar un ser creado dentro del gran universo de Dios. Respetado y alabado por miríadas de ángeles, había tenido por nombre Lucifer (Lucero): estrella de la mañana.

Pero se entregó al pecado estando arrodillado ante el propio altar de Dios. Codició ser lo que no era, quiso para sí un nivel más elevado de existencia que aquel para el que había sido creado. "¡Cómo caíste del cielo, Lucero, hijo de la mañana!

Derribado fuiste a tierra, tú que debilitabas a las naciones. Tú que decías en tu corazón: 'Subiré al cielo. En lo alto, junto a las estrellas de Dios [se trata del resto de ángeles, ver Judas 6 y 13] levantaré mi trono, y en el monte del testimonio me sentaré, en los extremos del norte; sobre las alturas de las nubes subiré y seré semejante al Altísimo'" (Isaías 14:12-14).

Lucifer se amó a sí mismo. Es por ello que el "yo" (no expresado pero sobreentendido) preside todo ese discurso. Deseó elevarse por encima de sus semejantes. Cuántos de nosotros hemos sido indulgentes con ese deseo pervertido desde que Lucifer inventó "el misterio de iniquidad" (2 Tesalonicenses 2:7): el nuevo principio del amor al yo.

No fue un asunto menor que el más exaltado de entre los seres creados iniciara una rebelión en el cielo. La envergadura de las acusaciones de Lucifer hacia Dios fue tal, que una tercera parte de los ángeles ("la tercera parte de las estrellas del cielo") le siguió en su rebelión. Esos son ahora malos ángeles que procuran ejecutar las órdenes de Satanás y que han ido perfeccionando el arte de engañar. Son ellos quienes pretenden ser los espíritus de personas fallecidas, y obran milagros para lograr que adultos y jóvenes los sigan en su rebelión contra Dios (ver 2 Corintios 11:13-15; Isaías 8:19-20; Eclesiastés 9:5).

Apocalipsis 12:6*: La mujer huyó al desierto, donde tenía un lugar preparado por Dios para ser sustentada allí por mil doscientos sesenta días.*

Cuando Jesús, tras haber resucitado, "fue arrebatado para Dios y para su trono", dejó en esta tierra a su pueblo. Cristo había vencido a Satanás, quien se airó. Sabiendo que Jesús amaba a su iglesia como la posesión más querida, Satanás encarriló su odio hacia ella en la expectativa de seducirla y apartarla de la lealtad a Cristo, o bien si fallaba en eso, destruirla.

Tuvo éxito en seducir a muchos miembros faltos de conversión que profesaban seguir a Cristo, logrando que se apartaran de él. Pero no pudo seducir a quienes creían la palabra de Cristo. En consecuencia, se determinó a destruirlos.

Fue así como la verdadera iglesia de Cristo "huyó al desierto" en busca de refugio. Procedentes de todas las regiones de Europa acudieron grupos de personas a ese refugio situado entre las montañas del norte de Italia y sur de Francia. Uno de esos grupos se conocía como los valdenses. Sus casas e iglesias todavía pueden verse en los valles custodiados por las poderosas montañas de cumbres nevadas que mantuvieron a raya a los invasores, quienes los habrían destruido vez tras vez de no ser por la protección de la mano de Dios.

Fueron ellos los fieles cristianos que preservaron la Biblia para nosotros, con frecuencia al costo de su propia vida. Continuaron predicando el evangelio de Jesucristo durante la Edad Media perseguidos por la pobreza y la persecución. Esa era la verdadera iglesia en el "desierto".

Antes de continuar estudiando la verdadera iglesia durante los siglos más difíciles, Juan dirige nuestra atención a la guerra en el cielo:

Apocalipsis 12:7-10: *Entonces hubo una guerra en el cielo: Miguel y sus ángeles luchaban contra el dragón. Luchaban el dragón y sus ángeles, pero no prevalecieron ni se halló ya lugar para ellos en el cielo. Y fue lanzado fuera el gran dragón, la serpiente antigua, que se llama Diablo y Satanás, el cual engaña al mundo entero. Fue arrojado a la tierra y sus ángeles fueron* *arrojados con él. Entonces oí una gran voz en el cielo, que decía: Ahora ha venido la salvación, el poder y el reino de nuestro Dios y la autoridad de su Cristo, porque ha sido expulsado el acusador de nuestros hermanos, el que los acusaba delante de nuestro Dios día y noche.*

De la lectura de Judas 9 y Daniel 12:1 aprendemos que "Miguel" es el propio Cristo. Ese nombre significa "¿quién es como Dios?" A Cristo se le llama Dios en Hebreos 1:8. Sólo él puede llevar el nombre "Miguel".

A muchos les sorprende descubrir que todas las guerras tuvieron su comienzo en el cielo, y que el propio Cristo peleó en la primera de ellas. Pero no debemos deducir que se tratara de guerras con armas blancas o armas de fuego. Fue una guerra de ideas: el bien contra el mal.

Satanás acusó a Dios de ser cruel e injusto hacia sus criaturas. Lo acusó de intentar mantenerlas sometidas para impedir que disfrutaran. Afirmó que la ley de Dios es una ley que esclaviza, y que cada uno debía sentirse libre de hacer lo que mejor le pareciera, servirse a sí mismo, exaltarse y ceder al egoísmo. Satanás se jactaba de poder gobernar mejor que Dios, y de que su plan traería mayor felicidad. Cristo sostenía que la ley del amor abnegado es el único camino a la vida y la felicidad.

Tal como hemos visto, un tercio de los ángeles siguió a Satanás en su rebelión. Dos terceras partes permanecieron fieles a Dios, y Satanás fue "expulsado" del cielo.

La Biblia relata que tentó a nuestros primeros padres. Eva resultó engañada (1 Timoteo 2:13-14), y Adán la siguió en obediencia a las sugerencias de Satanás (ver Génesis 3:1-19). De esa forma acogieron a Satanás, quien fue "arrojado a la tierra", el hogar perfecto y feliz de Adán y Eva hasta entonces. Desde ese momento Satanás usurpó el puesto de "príncipe de este mundo" (Juan 12:31).

Pero Satanás todavía no había sido confinado a esta tierra. En el libro de Job vemos cómo tenía acceso al "parlamento" del cielo, sin duda en calidad de "príncipe de este mundo": el lugar que habría correspondido a Adán, quien debiera haber asistido como uno de los "hijos de Dios" si no hubiera vendido su posición a Satanás (ver Job 1:6-12). Satanás era el único rebelde en aquel concilio. El resto de "hijos de Dios" estaban observando cómo se desarrollaban sus planes en la tierra. ¿Podría realmente Satanás gobernar mejor que Dios? ¿Eran sus ideas superiores a la ley de Dios? El pecado era algo nuevo que nunca habían conocido. ¿Podría ser algo bueno?

Si es que sus mentes hubieran albergado un resquicio de duda, quedó más que resuelta cuando contemplaron a Satanás dirigiendo a sus siervos para que crucificaran a Cristo. El pecado había madurado hasta dar su funesto fruto. Cristo, habiendo tomado nuestra carne y naturaleza humana, había demostrado el amor abnegado de Dios, algo que Satanás aborrecía, y lanzó contra él su ira asesina. Si se le hubiera permitido, habría hecho lo mismo con el Padre, ya que Jesús dijo: "El que me odia a mí, también a mi Padre odia" (Juan 15:23). "Todo aquel que odia a su hermano es homicida" (1 Juan 3:15).

Cuando los "hijos de Dios" del universo no caído, junto a todos los ángeles leales vieron el significado del plan de Satanás, comprendieron por fin claramente lo que es el pecado. Es entonces cuando Satanás fue realmente "lanzado fuera", y una voz proclamó desde el cielo: "Ahora ha venido la salvación ... porque ha sido expulsado el acusador de nuestros hermanos". A Jesús lo sostuvo en la cruz la bendita seguridad de que "ahora el príncipe de este mundo será echado fuera. Y yo, cuando sea levantado de la tierra, a todos atraeré a mí mismo" (Juan 12:31-32). No solamente los seres humanos, sino los ángeles y los seres no caídos serían atraídos a él mediante su cruz. Todo el universo sería de nuevo reconciliado con Dios. Cuando Satanás crucificó al Señor fue demasiado lejos, hasta el punto de quedó sentenciada la derrota de su causa.

Pero no fue sólo Cristo quien derrotó a Satanás. Los seguidores de Cristo, débiles y pecaminosos como son, lo derrotan también. Mediante los ojos de la fe ven a Cristo crucificado. El amor de Cristo los motiva a negar su yo y a vivir para su Redentor. La crueldad de Satanás no puede apartarlos de su lealtad a Cristo. Satanás resulta así derrotado en todos los frentes. Observa el texto que sigue:

Apocalipsis 12:11: *Ellos lo han vencido por medio de la sangre del Cordero y de la palabra del testimonio de ellos, que menospreciaron sus vidas hasta la muerte.*

Es pecado creer que Satanás tiene mayor poder que Cristo, o más poder que tú si crees en Cristo. Los que aman sus vidas, los que se aman a sí mismos; quienes se aferran a la seguridad terrenal, están en realidad votando a favor del gobierno de Satanás. Pueden no darse cuenta de que lo están haciendo, pero cada rechazo a llevar la cruz donde el yo resulta crucificado con Cristo constituye una decisión a favor de Satanás y su rebelión. Cuando uno cree al evangelio, cree necesariamente en las buenas nuevas de que Satanás ha sido "vencido" y "expulsado".

Cuántos hay que se doblegan humillados ante el poder de Satanás, rehusando creer que haya sido vencido. "¡No puedo hacer frente a su poder!", se lamentan. De igual forma podrían clamar en pleno mediodía "es tan densa la oscuridad de medianoche, que no puedo ver nada". Sólo el que decida permanecer ciego ante "el Sol de justicia" (Malaquías 4:2) vivirá bajo la cruel oscuridad de Satanás. Caminemos en libertad y entonemos este himno: "Andaré en libertad, porque busqué tus mandamientos" (Salmo 119:45). "Jehová, ciertamente yo soy tu siervo, siervo tuyo soy, hijo de tu sierva. Tú has roto mis prisiones" (Salmo 116:16).

Apocalipsis 12:12-16: *Por lo cual alegraos, cielos, y los que moráis en ellos. ¡Ay de los moradores de la tierra y del mar!, porque el diablo ha descendido a vosotros con gran ira, sabiendo que tiene poco tiempo. Cuando el dragón vio que había sido arrojado a la tierra, persiguió a la mujer que había dado a luz al hijo varón. Pero se le dieron a la mujer las dos alas de la gran águila para que volara de delante de la serpiente al desierto, a su lugar, donde es sustentada por un tiempo, tiempos y la mitad de un tiempo. Y la serpiente arrojó de su boca, tras la mujer, agua como un río, para que fuera arrastrada por el río. Pero la tierra ayudó a la mujer, pues la tierra abrió su boca y se tragó el río que el dragón había echado de su boca.*

¿Por qué no destruyó Dios a Satanás tan pronto como crucificó a Cristo, poniendo fin al conflicto entonces y allí? ¿Por qué se le dio otra oportunidad, aunque sea por "poco tiempo"?

Por tres razones:

(1) Tú y yo no seríamos realmente felices si no pudiéramos compartir la victoria de Cristo. "Al que venciere ... así como yo he vencido" (Apocalipsis 3:21) es una promesa preciosa de alegre compañía junto al Hijo de Dios. Si no tuvieras tú mismo una batalla que luchar y vencer, no serías mucho más que un vegetal redimido.

(2) Es de justicia que Satanás pueda tener la ocasión de comprobar si tú y yo hemos escogido realmente andar en libertad, o bien si nos conformamos con la esclavitud y las tinieblas del pecado y la rebelión.

(3) Los que forman el pueblo de Dios han de venir a ser los habitantes de la Nueva Jerusalén, han de formar parte de la bella "mujer" a quien Jesús ama como a su esposa. El hombre que recibió una educación superior querrá una esposa que haya sido igualmente educada. Entonces ambos disfrutarán de la compañía del otro. Jesús resultó "educado" mediante su experiencia en nuestra carne, en la que derrotó a Satanás. Su iglesia resulta "educada" al "participar de sus padecimientos hasta llegar a ser semejante a él en su muerte" (Filipenses 3:10).

"Tiempo, tiempos y la mitad de un tiempo" es la forma bíblica de referirse a tres años y medio. Contando doce meses por año, equivale a los mismos 42 meses (comparar con Apocalipsis 13:5, donde se menciona el mismo período). Teniendo cada mes 30 días, los 42 meses resultan ser 1260 años literales, el mismo período que apareció en el versículo 6 de este capítulo. Como veremos en el capítulo siguiente, es el mismo período que comenzó en el año 538 antes de Cristo, y terminó en el año 1798 de nuestra era.

El "agua como un río" que arrojó la serpiente para que la mujer "fuera arrastrada por el río" se puede referir a los ejércitos que repetidamente se dirigieron contra el pueblo de Dios durante esos años de oscurantismo y persecución. Puede también referirse a las muchas doctrinas ingeniosas cuyo origen está en el propio Satanás. La gran herramienta de Satanás es la falsedad.

Sea como fuere, lo cierto es que "la tierra ayudó a la mujer", dado que aquella iglesia perseguida escapó a la destrucción. Los ejércitos de sus enemigos se volvieron en contra, y las doctrinas falsas resultaron anuladas por la verdad que proclamaron hombres de Dios tales como Lutero, Wesley y otros.

¿Tiene Dios hoy una iglesia verdadera en el mundo? De entre los cientos de iglesias diferentes, ¿existe alguna a la que Dios llama "la mujer" en Apocalipsis 12?

Hay personas sinceras que sugieren que Dios no tiene una iglesia verdadera, sino que todas las iglesias son igualmente verdaderas, y que todos los caminos llevan al cielo al margen de lo que uno crea. Pero la Biblia es categórica: hay "un solo Señor, una sola fe, un solo bautismo, un solo Padre de todos", y "un solo cuerpo", que es la iglesia (Efesios 4:4-6; 1 Corintios 12:12 y 28). Todo verdadero discípulo de Cristo se esforzará por encontrar esa iglesia verdadera de la que el propio Jesús es la Cabeza.

El ladrón no puede violar una buena cerradura. Sólo la abrirá la llave legítima que se diseñó para aquella cerradura. Apocalipsis 12:17 provee para nosotros esa llave que va a permitir encontrar a la verdadera iglesia en el mundo de nuestros días. Esa llave descartará las iglesias que no sean la verdadera. Sus puertas no se abrirán ante la llave de Dios. Hay una sola iglesia cuya cerradura responderá perfectamente a esa llave. Observa el texto que sigue:

Apocalipsis 12:17*: Entonces el dragón se llenó de ira contra la mujer y se fue a hacer la guerra contra el resto de la descendencia de ella, contra los que guardan los mandamientos de Dios y tienen el testimonio de Jesucristo.*

Examinemos las cuatro características de la iglesia verdadera a la luz de ese versículo:

(1) Es una iglesia a la que el diablo aborrece. Podemos acudir a muchas iglesias, y el diablo no se opondrá. No se requiere sacrificio alguno. No es necesario llevar la cruz. El mundo no se va a levantar en oposición.

(2) Enseña las mismas doctrinas que la "mujer vestida del sol" citada en el versículo primero de este capítulo. Dicho de otro modo: tiene la misma fe y enseñanza que la iglesia de los apóstoles. La iglesia verdadera es una a lo largo de toda la historia. El nombre que pueda ostentar una determinada iglesia hoy puede no significar más que una capa de pintura. Mira bajo la superficie e investiga la enseñanza y práctica de la iglesia que se refundó en la época de Jesús y sus apóstoles. Cuando vemos un tren entrando en un túnel, esperamos que sea el mismo tren el que sale por el otro extremo del túnel. Esa iglesia apostólica entró en el "túnel" al inicio de los 1260 años de persecución: "huyó al desierto". Cuando emerge de nuevo a la vista del mundo, se tratará de la misma iglesia que la original en su fe y espíritu. Mantendrá el mismo cuerpo de verdad a través de los siglos.

La expresión "el resto de la descendencia de ella" se traduce como "el remanente" en otras versiones (KJV, por ejemplo). Significa "lo que queda": los verdaderos descendientes de la iglesia apostólica, los auténticos seguidores de Cristo hasta el fin del tiempo. Cuando compras una pieza de tela del principio de un rollo, aprecias un cierto color, textura y patrón. Si regresas luego a comprar el "resto", el "remanente" de tela del rollo, tendrá el mismo color, textura y patrón que la primera pieza. Muchas iglesias han añadido tantas enseñanzas tomadas del paganismo y las tradiciones humanas, que a los apóstoles les resultaría imposible reconocerlas.

(3) La verdadera iglesia es la compuesta por quienes "guardan los mandamientos de Dios". Santiago afirma que si quebrantamos uno de los diez mandamientos, somos culpables de transgredirlos todos (Santiago 2:10-12). Por lo tanto, no se puede decir con verdad que una iglesia esté guardando los mandamientos si guarda solamente nueve de los diez. La casi totalidad de las iglesias más populares del presente continúan en la transgresión del cuarto mandamiento, que dice: "Acuérdate del sábado para santificarlo. Seis días trabajarás y harás toda tu obra, pero el séptimo día es de reposo para Jehová, tu Dios; no hagas en él obra alguna, tú, ni tu hijo, ni tu hija, ni tu siervo, ni tu criada, ni tu bestia, ni el extranjero que está dentro de tus puertas, porque en seis días hizo Jehová los cielos y la tierra, el mar, y todas las cosas que en ellos hay, y reposó en el séptimo día; por tanto, Jehová bendijo el sábado y lo santificó" (Éxodo 20:8-11).

Todo el crimen, egoísmo e infidelidad que envenenan la sociedad de nuestros días son el resultado directo de la violación de los diez mandamientos. El sábado es el sello de esa ley santa.

Si se viola ese —o cualquier otro— mandamiento, es imposible la obediencia a los otros nueve, por el motivo de que desapareció el amor y la fidelidad a Dios. Guardar el sábado (el día que sigue al viernes) es tan importante como guardar los otros mandamientos. Dios los escribió todos ellos con su propio dedo. Y guardar los mandamientos de Dios es amar como Dios ama. "El cumplimiento de la Ley es el amor" (Romanos 13:10). Por consiguiente, la verdadera iglesia de Dios es una iglesia que está llena del amor de Cristo, de amor supremo hacia Dios y de un amor como el de Cristo hacia el prójimo.

(4) La iglesia verdadera tiene "el testimonio de Jesucristo". El propio Juan declara que se trata de "el espíritu de la profecía" (Apocalipsis 19:10). "A unos puso Dios en la iglesia, primeramente apóstoles, luego profetas" (1 Corintios 12:28). El espíritu de profecía no murió con los apóstoles. Dios concedió ese don a su iglesia cuando subió "a lo alto" (ver Efesios 4:8 y 11), y ese don habría de permanecer todo el tiempo con la iglesia hasta la misma venida de Jesús, ya que fue dado "a fin de perfeccionar a los santos para la obra del ministerio, para la edificación del cuerpo de Cristo, hasta que todos lleguemos a la unidad de la fe y del conocimiento del Hijo de Dios" (Efesios 4:12-14).

Pablo escribió a la iglesia en Corinto, que "el testimonio de Cristo" acompañaría hasta "la manifestación de nuestro Señor Jesucristo" "para que seáis sin falta en el día de nuestro Señor Jesucristo" (1 Corintios 1:4-8). El "espíritu de profecía" manifestado a la iglesia remanente es un don maravilloso; no obstante, no toma el lugar de la Biblia ni contradice sus enseñanzas, ya que "los espíritus de los profetas están sujetos a los profetas" (1 Corintios 14:32).

Todo aquel que se entregue personalmente procurando ser un seguidor de Cristo será conducido a la iglesia verdadera. "Tengo, además, otras ovejas que no son de este redil; a esas también debo atraer y oirán mi voz, y habrá un rebaño y un pastor" (Juan 10:16).

Capítulo 13—El Mundo, Maravillado tras la Bestia

Apocalipsis 13:1*: Me paré sobre la arena del mar y vi subir del mar una bestia que tenía siete cabezas y diez cuernos: en sus cuernos tenía diez diademas, y sobre sus cabezas, nombres de blasfemia.*

El profeta de Dios nos va revelando a Cristo paso a paso. Aunque no podamos contemplar con los ojos su forma majestuosa, podemos observar las huellas de sus pisadas en el devenir de la historia, incluyendo nuestra historia actual. Este capítulo presenta verdad que es intensamente interesante y vitalmente importante. Puesto que "ninguna profecía de la Escritura es de particular interpretación" (2 Pedro 1:20), podemos tener la seguridad de que la propia Biblia interpretará los diversos símbolos que irán apareciendo. Permitamos que la Biblia nos lo aclare.

En la profecía bíblica, el mar representa "pueblos, muchedumbres, naciones y lenguas" (Apocalipsis 17:15). Una bestia simboliza una nación o un reino (Daniel 7:17 y 23). Y dado que la cabeza es quien gobierna en una bestia, las siete cabezas de esta bestia descrita en Apocalipsis 13:1 significan sus diversas formas de gobierno, siendo siete un símbolo de plenitud, de algo completo. El propio Daniel explica claramente qué representan los diez cuernos: son las diez naciones que surgirían a partir del cuarto gran imperio mundial, el de Roma (Daniel 7:24).

Pero este reino de Apocalipsis 13 no puede ser una nación política ordinaria, ya que Juan vio escritos en sus cabezas "nombres de blasfemia". El diccionario define la blasfemia como "indignidad dirigida hacia Dios en palabras, escritos o signos; también el acto de atribuirse prerrogativas de la deidad". La blasfemia tiene que ver con la religión, no con la política. Por consiguiente, la "bestia" es un poder religioso: una iglesia que ha nacido a partir de un reino.

Respecto a qué poder religioso o iglesia representa, los versículos que siguen lo aclararán. ¡El Autor divino de Apocalipsis no nos privará de esa importante información!

Apocalipsis 13:2: *La bestia que vi era semejante a un leopardo, sus pies eran como de oso y su boca como boca de león. El dragón le dio su poder, su trono y gran autoridad.*

Una llave pequeña es capaz de abrir una gran cerradura, por la razón de que está hecha para ella; le corresponde. Los libros de Daniel y Apocalipsis tienen una correspondencia comparable a la de una llave y la cerradura a la que pertenece. Cada uno de esos dos libros es intérprete del otro.

Por ejemplo, Daniel describe cuatro grandes bestias que le fueron mostradas en visión: un león, un oso, un leopardo, y otra bestia indescriptible que se asemeja a un dragón más que a cualquier otro animal. El león era un símbolo de Babilonia, con su riqueza y majestad; el oso representaba a Medo-Persia, cruel y derramadora de sangre; el leopardo simbolizaba Grecia, rápida y sagaz.

Daniel identifica por nombre cada una de las tres anteriores (Daniel 2:38; 8:20-21). La cuarta bestia, extremadamente poderosa, era un símbolo del gran imperio que siguió a Grecia: el Imperio romano pagano.

La "bestia" que vemos en este capítulo 13 de Apocalipsis combina características de los cuatro imperios mundiales nombrados. Recibe "su poder, su trono y gran autoridad" del "dragón", que es un símbolo del Imperio romano. Detrás de la Roma pagana estaba ese dragón que Apocalipsis 12:9 llama "Diablo y Satanás".

Pero al Imperio romano le sucedió algo nuevo que la historia nunca había conocido: en el centro de su historia cambió su religión oficial, y su carácter cambió de ser un poder político, a convertirse en un poder religioso. Cuando los emperadores se fueron debilitando trasladaron la capital de Roma a Constantinopla.

Eso dejó un lugar vacío que el obispo de Roma ocupó rápidamente. Pronto comenzó a señorear sobre el resto de obispos, y a atribuirse el prestigio que los emperadores precedentes de Roma habían ostentado de forma exclusiva. Es así como "el dragón le dio su poder, su trono y gran autoridad". Alguien lo describió así: "A partir de las ruinas de la Roma política se erigió el gran Imperio moral en la forma de la Iglesia de Roma".

La identificación de Roma papal como siendo la representada en este capítulo por la "bestia" vendrá a ser más clara a medida que seguimos leyendo lo que escribió el profeta Juan:

Apocalipsis 13:3-7: Vi una de sus cabezas como herida de muerte, pero su herida mortal fue sanada. Toda la tierra se maravilló en pos de la bestia, y adoraron al dragón que había dado autoridad a la bestia, y adoraron a la bestia, diciendo: "¿Quién como la bestia y quién podrá luchar contra ella?" También se le dio boca que hablaba arrogancias y blasfemias, y se le dio autoridad para actuar por cuarenta y dos meses. Y abrió su boca para blasfemar contra Dios, para blasfemar de su nombre, de su tabernáculo y de los que habitan en el cielo.

Se le permitió hacer guerra contra los santos, y vencerlos. También se le dio autoridad sobre toda tribu, pueblo, lengua y nación.

El profeta Daniel permitirá una vez más que desciframos el misterio de esta profecía. En Daniel 7 describe al poder representado en el "cuerno pequeño", identificándolo con esta "bestia". Observa las coincidencias entre el "cuerno pequeño" de Daniel y esta "bestia" que Juan describe:

1. El "cuerno pequeño" blasfema contra Dios. "Hablará palabras contra el Altísimo" (Daniel 7:25).

2. El "cuerno pequeño" también "hacía guerra contra los santos" (Daniel 7:21).

3. Al "cuerno pequeño" se le dio poder durante tres años y medio (Daniel 7:25), o 42 meses (3 1/2 x 12 = 42). Ese mismo período de tiempo aparece en Apocalipsis 12:6 como 1260 días. Tal como hemos visto antes, en la profecía bíblica un día representa un año.

Veamos ahora si el papado cumple esos criterios que la Biblia presenta:

1. ¿Blasfema el papado contra Dios?, ¿asume los títulos y autoridad de Dios? Cuando Jesús perdonó pecados, los judíos lo acusaron de blasfemia: "¿Quién es este que habla blasfemias? ¿Quién puede perdonar pecados sino sólo Dios?" (Lucas 5:21). Afirma un escritor católico romano: "El sacerdote toma el lugar del propio Salvador, y al decir 'Ego te absolvo' absuelve de pecado... Perdonar un solo pecado requiere toda la omnipotencia de Dios... pero aquello que sólo Dios puede hacer en su omnipotencia, lo puede hacer también el sacerdote al decir: 'Ego te absolvo a peccatis tuis'".

El mismo autor continúa así: "Pero debiera maravillarnos aun más que en obediencia a las palabras de sus sacerdotes 'Hoc est corpus meum' (este es mi cuerpo), el propio Dios desciende sobre el altar, acudiendo allí donde [los sacerdotes] lo llaman... Lo trasladan de un lugar a otro como mejor les parece. Pueden, si tal es el deseo de ellos, encerrarlo en el tabernáculo, exponerlo en el altar, o bien llevarlo fuera de la iglesia. Pueden, si así lo deciden, comer su carne y darla a otros para que la coman... El sacerdote puede en cierta manera ser llamado creador de su Creador".

Se lee en una enciclopedia católica: "El papa posee una dignidad tan grande y exaltada, que no es meramente un hombre, sino como si fuera Dios y el Vicario de Dios... El papa es, por así decirlo, Dios en la tierra". En fecha tan cercana como 1894, el papa León XIII afirmó: "En esta tierra ocupamos el lugar del Dios Todopoderoso".

2. ¿Hizo el papado "guerra contra los santos" a fin de "vencerlos"?

Durante el período de la supremacía papal en Europa, los historiadores afirman que fueron asesinadas millones de personas por no reconocer al papado como la cabeza de la verdadera iglesia en la tierra. El papa Martín V (1417-1431) ordenó al rey de Polonia respecto a los cristianos seguidores de John Huss: "Asuma el deber de exterminar a los husitas. Recuerde que esas personas impías se atreven a proclamar los principios de la libertad. Sostienen que Cristo vino a la tierra para abolir la esclavitud, para llamar a las personas a la libertad... Queme, masacre, deje la tierra desierta, ya que nada puede agradar más a Dios o ser más útil a la causa de los reyes, que la exterminación de los husitas".

3. ¿Por cuánto tiempo se mantuvo el papado como poder supremo en Europa? El emperador romano Justiniano decretó que el obispo de Roma, el papa, debía ser la cabeza de todas las iglesias. El edicto se hizo efectivo el año 538, al ser expulsados de Roma los ostrogodos. Ese año comenzó el poder temporal del papado, que se mantuvo incólume a través de las luchas durante 1260 años hasta el fatídico año 1798, cuando el general francés Berthier entró en Roma, proclamó la república y tomó al papa como prisionero. Muchos pensaron que el papado había muerto para siempre.

¡Pero no es así! Pronto veremos que aquella "herida mortal" que se le infligió tendría que ser "sanada" en nuestro tiempo. Durante los años de su supremacía, "toda la tierra se maravilló en pos" del papado. La gran masa de la humanidad temblaba ante su altanera arrogancia. La vida en la Europa de la Edad Media giraba en torno a la Iglesia católica romana. La superstición y el miedo mantenían cautiva a la gente hasta que llegó un cierto alivio en la gran Reforma protestante del siglo XVI.

Apocalipsis 13:8-10: Y la adoraron todos los moradores de la tierra cuyos nombres no estaban escritos en el libro de la vida del Cordero que fue inmolado desde el principio del mundo. Si alguno tiene oído, oiga. Si alguno lleva en cautividad, va en cautividad; si alguno mata a espada, a espada debe ser muerto. Aquí está la paciencia y la fe de los santos.

Tal como vimos en el capítulo 11, los franceses habían llegado a la conclusión de que su enemigo era la Iglesia católica romana. La armada de Napoleón atravesó Italia con la determinación de poner fin al papado. Berthier tomó cautivo al papa en 1798. De esa forma, el papado, que había llevado a otros en cautividad, era ahora llevado él mismo en cautividad.

Pero el mundo ha olvidado en gran medida las amargas lecciones que aprendió en la Edad Media. Ha olvidado que el mediodía del papado significó la oscuridad de la noche para el mundo. En nuestros días el papado está experimentando un remarcable regreso al poder mundial. Su vertiginoso ascenso al poder es evidente en todas las naciones del tercer mundo y de Occidente. En muchos países controla la educación. Está edificando impresionantes catedrales, y abriendo sus brazos a incontables millones de conversos a su fe.

Otras iglesias que no pertenecen a Roma están deseándola como a su líder. El reverendo John Moorman, líder anglicano, afirmó que si tiene que darse una unidad final entre las iglesias, "habrá de existir una cabeza central de la iglesia, y dicha cabeza habrá de ser claramente el obispo de Roma". Bajo la amenaza de destrucción mundial si se consuma un conflicto nuclear, muchos en el mundo sienten la necesidad de unidad y de un reavivamiento de la vida espiritual. Miran a la Iglesia de Roma como al único líder posible. Aunque la Iglesia católica romana sufrió una herida mortal, está en el camino de que esa herida sea "sanada".

La gran popularidad del papa Juan Pablo II se evidenció en sus visitas a Norteamérica, algo que habría sido impensable dos o tres décadas antes. Una comisión de teólogos anglicanos y católico romanos recomendaron la unión de ambas iglesias a fin de sanar sus 450 años de separación. Ese plan reuniría a 760 millones de católicos y a 65 millones de anglicanos, incluyendo a 3 millones de episcopales americanos. El propio bautista Billy Graham dijo que ve al papa de Roma como quien debiera encabezar una unión de todas las iglesias. (En fecha más reciente —2021— el telepredicador evangélico y autor de libros Rick Warren se ha referido al papa Francisco como "nuestro nuevo papa").

Está muy cercano el tiempo en que van a adorarlo "todos los moradores de la tierra cuyos nombres no" están "escritos en el libro de la vida del Cordero que fue inmolado desde el principio del mundo". Pero mientras vemos a las grandes masas siguiendo a Roma —incluyendo las iglesias que fueron protestantes y se separaron de ella durante y después de la Reforma— no hemos de pensar de forma alguna que todos van a seguir ese camino. Dios tiene un pueblo que permanecerá leal a su Palabra. De acuerdo con la revelación de Apocalipsis, finalmente habrá sólo dos clases en la tierra: aquellos cuyos nombres están escritos en el libro de la vida del Cordero, y quienes se inclinen ante "la bestia" del capítulo 13.

Aunque reconociendo la inconfundible aplicación de esas profecías, respetamos y honramos a los muchos miembros de la Iglesia católica romana que son sinceros y entregados. Reconocer la plena verdad de las profecías de Daniel y Apocalipsis no lleva a un espíritu acusador ni al fanatismo. Las profecías identifican al papado como un sistema. Se trata de la expresión en la historia, de un principio que opera en todo corazón humano: el deseo de exaltación e imposición sobre nuestros semejantes.

Muchos no católicos están tan inclinados a hacer compromisos con el mundo, como lo estuvieron los primeros padres católicos. Eusebio dijo: "A fin de hacer el cristianismo más atractivo a los gentiles paganos, los sacerdotes adoptaron la vestimenta y ornamentos que se empleaban en el culto pagano". Esa política de compromiso y prostitución de la verdad ha terminado en la actual confusión e impotencia del moderno protestantismo.

Un autor católico declaró recientemente: "Con frecuencia se ha presentado la acusación —casi siempre por parte del tipo de protestantes de mente más cerrada y más inclinada a la controversia— de que el catolicismo está plagado de incrustaciones paganas. El catolicismo acepta con gusto la acusación, incluso se enorgullece de que se le acuse de ello... Contempla ese proceso como la disposición a absorber lo verdadero, lo bueno y lo bello allí donde se lo pueda encontrar, y a ser indulgente con toda propensión humana inofensiva. El gran dios Pan no está realmente muerto, sino bautizado" (Theodore Maynard, The Story of American Catholicism, pp. 37, 38; imprimatur, [entonces] Arzobispo Francis J. Spellman).

Al considerar los hechos de la historia, este libro no adopta una actitud de "soy más santo que tú" (Isaías 65:5). Todos estamos necesitados de la gracia de Cristo a fin de vencer esa inclinación natural que afecta a todos nuestros corazones. La historia del mundo sería nuestra propia historia de no ser por la gracia de Dios. El propósito de su gracia es propiciar que analicemos nuestros propios corazones a través de la luz que provee la historia.

"El que tiene oído, oiga", advierte el profeta Juan. Ahora es el momento de entregarnos plenamente al Cordero que fue inmolado por nosotros. La crisis que se está desarrollando rápidamente va a probar al máximo la paciencia y la fe de los santos, pero Dios tendrá un pueblo que será leal a su verdad ante la oposición del mundo.

Apocalipsis 13:11-14*: Después vi otra bestia que subía de la tierra. Tenía dos cuernos semejantes a los de un cordero, pero hablaba como un dragón. Ejerce toda la autoridad de la primera bestia en presencia de ella, y hace que la tierra y sus habitantes adoren a la primera bestia, cuya herida mortal fue sanada.*

También hace grandes señales, de tal manera que incluso hace descender fuego del cielo a la tierra delante de los hombres. Engaña a los habitantes de la tierra con las señales que se le ha permitido hacer en presencia de la bestia, diciendo a los habitantes de la tierra que le hagan una imagen a la bestia que fue herida de espada y revivió.

Hemos visto ya que el "mar" representa lugares densamente poblados. La "tierra", en contraste, ha de referirse a lo opuesto: a una parte relativamente despoblada del mundo a partir de la cual surgiría de forma remarcable una nueva nación "que subía de la tierra" por el tiempo en que el papado era llevado en cautividad al sufrir su "herida mortal" (año 1798).

¿Qué gran nación estaba ganando relevancia y poder en el tiempo en que se cumplieron los 1260 años de la supremacía papal (que terminó en 1798)? Una sola nación cumple ese criterio de estar surgiendo en aquel tiempo y en una zona previamente despoblada del mundo: los Estados Unidos de América, que declaró su independencia en 1776 y comenzó su andadura hacia el año 1798. Apareció en el llamado Nuevo Mundo, un vasto continente de tierras en gran parte despobladas. El surgimiento de esta gran república a partir de inicios coloniales es uno de los fenómenos más sorprendentes en la historia de las naciones. La profecía la describe teniendo "dos cuernos semejantes a los de un cordero", lo que evoca el carácter juvenil de la temprana Norteamérica, con sus principios gemelos de libertad civil y religiosa que tanto significaron en el desarrollo de esa nación hasta ser el próspero poder mundial en que vino a convertirse.

A diferencia de los cuernos descritos en las otras bestias o reinos que la precedieron, estos dos cuernos carecen de coronas. Los fundadores de Norteamérica decidieron aprender la lección de la pasada historia de Europa creando una nación sin rey.

Pero desgraciadamente su carácter cambia desde ser como un "cordero" a convertirse en algo comparable a un "dragón" que "ejerce todo el poder de la primera bestia en presencia de ella". Vemos aquí que Norteamérica ha de llegar a ser un poder perseguidor, y que extenderá su brazo para dar la mano al papado en una unión tal con él, que hará "que la tierra y sus habitantes adoren a la primera bestia, cuya herida mortal fue sanada".

La curación de la herida mortal del papado se va dando en pequeños pasos graduales. Uno de los más significativos tuvo lugar el 11 de febrero de 1929, cuando Mussolini restituyó al papado su poder temporal, y el papa vino a ser nuevamente rey. Un oficial que presenciaba la firma del tratado entre Mussolini y el papado comentó: "Presenciamos ahora la firma de este documento. A medida que la tinta fluye de estas plumas se va curando la herida de 59 años". (Aun siendo un paso en esa dirección, este episodio dista de ser la culminación de la profecía, ya que según Apocalipsis la sanación de esa herida no la protagoniza Italia —pactos de Letrán de 1929—, sino Estados Unidos, y está aún en el futuro).

Mientras tanto, la nación de Norteamérica continúa acrecentando su poder. En ella queda evidenciado de alguna forma el espíritu de todos los pueblos del mundo. La nación no ha dado todavía el paso que el libro de Apocalipsis anuncia que va a dar. Todavía no ha obligado a que "la tierra y sus habitantes adoren" a la "bestia". Pero podemos saber que se acerca el tiempo. (Un artículo reciente en la prensa estadounidense —CNN— está dedicado a un gobernador que se postula para las elecciones presidenciales del año 2024, y lleva por título: "[El aspirante] renuncia a la primera enmienda de la Constitución que antes defendía". Eso es significativo, teniendo presente que la primera enmienda previene específicamente contra la unión entre iglesia y estado al proscribir que se pueda legislar respecto a una religión, o bien prohibir el libre ejercicio de una religión).

La "imagen de la bestia" es una copia del sistema que dio al papado la supremacía en la Edad Media. Ese sistema fue una unión de la iglesia y del gobierno civil, de forma que la iglesia tenía a su disposición el poder estatal para imponer por la fuerza sus dogmas mediante las armas de los magistrados y fuerzas de seguridad.

Desde el tiempo de la "herida mortal" del papado, las naciones del mundo han evitado en general toda forma de dominación por parte de la iglesia (con la notable excepción de los países donde gobierna el radicalismo islámico con su esquema de unión iglesia-estado). La humanidad ha comprendido en general que el gobierno civil ha de estar libre del control religioso. Ha habido algo parecido a un despertar al mandamiento de Jesús relativo a que la iglesia y el estado deben mantenerse separados: "Dad, pues, a César [gobierno] lo que es de César, y a Dios lo que es de Dios" (Mateo 22:21). La constitución de Norteamérica garantiza la total separación de la iglesia y el estado, permitiendo que se obedezca ese mandamiento de Jesús.

Pero el libro de Apocalipsis predice un tiempo en el que Norteamérica va a repudiar los principios que la llevaron al éxito de que disfruta, y que inducirá a otras naciones a que sigan su ejemplo. Entonces se revivirán escenas de opresión y persecución que fue tan común en la Edad Media.

¿Parece eso altamente improbable en esta era moderna de luz y "libertad"? El progreso del que la humanidad se jacta es sólo una capa exterior bajo la cual sigue presente la misma naturaleza humana malvada. Las guerras, el derramamiento de sangre, los disturbios, las revueltas, la drogadicción, el crimen y los desastres naturales que son cada vez más intensos y frecuentes, harán que los líderes mundiales busquen una forma global de solucionar esos problemas devastadores. Pueden, de una forma fácil y natural, volverse hacia la Iglesia de Roma en procura de liderazgo moral y espiritual. El cumplimiento de estos últimos versículos del capítulo 13 está a un solo paso de nuestro presente.

Apocalipsis 13:15-17*: Se le permitió infundir aliento a la imagen de la bestia, para que la imagen hablara e hiciera matar a todo el que no la adorara. Y hacía que a todos, pequeños y grandes, ricos y pobres, libres y esclavos, se les pusiera una marca en la mano derecha o en la frente, y que ninguno pudiera comprar ni vender, sino el que tuviera la marca o el nombre de la bestia o el número de su nombre.*

La marca de la bestia no es una marca física hecha con hierro candente o con pintura. Tampoco es un chip ni un código de barras. No es una forma particular de vestir. Es un distintivo de carácter religioso: la señal de una cierta actitud del corazón. ¿Qué puede significar esa marca, como para traer tan terrible desastre a quien la reciba?

En el capítulo siete hemos visto que el sello de Dios es el santo sábado del Señor. La observancia del sábado del séptimo día (el que sigue al viernes) distingue a quienes el profeta Juan llama "santos". La marca de la bestia es la falsificación del verdadero sello o marca de Dios, y ha sido calculada con astucia y sutileza a fin de engañar a tantos como sea posible.

Millones de personas están en grave peligro de recibir la marca de la bestia mientras viven confiados y se sienten seguros al seguir a la mayoría en su práctica religiosa.

Daniel 7:25 informa de cómo el papado ha procurado cambiar la ley de Dios al sustituir el día de reposo que Dios instituyó por otro día de la semana. Antes de acusar de ese crimen, será bueno observar lo que el propio papado ha dicho al respecto. Autoridades católicas asumen abiertamente ser los únicos responsables por el cambio del santo sábado de Dios. Estos son unos pocos ejemplos:

Pregunta: ¿Tiene alguna otra forma de probar que la iglesia [de Roma] tiene poder para instituir festividades por precepto?

Respuesta: Si no ostentara tal poder, no habría podido cambiar eso en lo que todos los modernos religiosos están de acuerdo: no habría podido instituir la observancia del domingo o primer día de la semana en lugar de la observancia del sábado del séptimo día, un cambio para el que no hay ningún apoyo en la Escritura.

Sigue una declaración de Leo J. Trese, un apologeta de la Iglesia romana, en "The Faith Explained" (Notre Dame: Fides Publishers, 1971), p. 243:

"La Biblia nada dice acerca de un cambio en el día del Señor del sábado al domingo. Sabemos de ese cambio solamente mediante la tradición de la Iglesia [católica], un cambio que nos ha sido legado desde los primeros tiempos por la voz viviente de la Iglesia [católica]. Esa es la razón por la que encontramos tan ilógica la actitud de tantos no católicos que profesan no creer nada que no puedan encontrar en la Biblia, y no obstante continúan guardando el domingo como día del Señor por el dicho de la Iglesia católica".

Todavía no se ha impuesto la marca de la bestia. El mundo aún no ha sido emplazado a tomar la decisión final. Habremos de decidirnos por una posición o por la contraria. O bien estaremos plenamente del lado de Cristo en obediencia a sus mandamientos y recibiremos su sello, o estaremos del lado de la rebelión contra la verdad de la Palabra de Dios y recibiremos la marca de a bestia.

Algunos que han oído y conocen la verdad pueden ceder ante la amenaza de caer en la pobreza, ante la perspectiva de no poder "comprar ni vender" a menos que accedan a recibir la marca de la bestia. Aun conociendo la verdad, pueden preferir doblegarse y apostatar. Estos recibirán la marca de la bestia "en la mano derecha" (es un caso de conveniencia en contra de la convicción).

Otros creerán sinceramente la mentira y asumirán que la mayoría no puede estar equivocada, a pesar y en contra de las claras declaraciones de las santas Escrituras. Estos recibirán la misma marca "en la frente" (es un caso de convicción voluntariamente desinformada).

Se obrarán milagros a fin de convencer a la gente de que debe actuar contra su conciencia y aceptar la marca de la bestia. "Hace grandes señales, de tal manera que incluso hace descender fuego del cielo a la tierra delante de los hombres. Engaña a los habitantes de la tierra con las señales que se le ha permitido hacer en presencia de la bestia, diciendo a los habitantes de la tierra que le hagan una imagen a la bestia que fue herida de espada y revivió" (Apocalipsis 13:13-14).

Para muchas personas desinformadas los milagros son la prueba definitiva y convincente de contar con el favor de Dios. Nunca han considerado que Satanás y sus ángeles tienen el poder para obrar milagros, tal como demostraron los magos de Egipto en los días de Moisés. Entonces fueron capaces de hacer una falsificación aparentemente creíble de los milagros genuinos que Moisés realizó mediante el poder divino (ver Éxodo 7:01-12). No son conscientes de que la Biblia afirma que Satanás obrará milagros. "Esto no es sorprendente, porque el mismo Satanás se disfraza de ángel de luz" (2 Corintios 11:14).

Los milagros no son la prueba de que Dios haya enviado a alguien con un mensaje. La prueba se centra en si el mensajero o los mensajeros predican la plena verdad de Dios. "¡A la ley y al testimonio! Si no dicen conforme a esto, es porque no les ha amanecido" (Isaías 8:20).

Los milagros genuinos que Dios obra, los realiza mediante el poder del Espíritu Santo. Satanás ha estado estudiando por miles de años su estrategia para engañar al mundo mediante un falso espíritu que pretenderá ser el Espíritu Santo, pero que extraviará a las personas apartándolas del verdadero Cristo y de su Palabra. Las enseñanzas del espiritismo han penetrado ya en muchas de las iglesias populares, y muchos están recibiendo un espíritu extraño que ellos suponen ser el Espíritu Santo, pero que es en realidad un espíritu obrador de prodigios enviado por el enemigo. A menos que estemos enraizados y afirmados en las verdades de la Palabra de Dios seremos arrastrados por los engaños abrumadores de estos últimos días.

En este capítulo Dios ha mostrado más verdad que confirma nuestra fe. Es como si previera que la verdad revelada en este capítulo iba a ser una gran sorpresa para muchos. Por si quedara para alguien alguna duda respecto a la bestia y su marca, proporciona el número de su nombre, de forma que todos puedan estar tan seguros de quién es, como si poseyera un pasaporte o visado. Observa el versículo que sigue:

Apocalipsis 13:18: *Aquí hay sabiduría. El que tiene entendimiento cuente el número de la bestia, pues es número de hombre. Y su número es seiscientos sesenta y seis.*

Los romanos contemporáneos de Juan hablaban latín, y el papado continúa usándolo hasta hoy. Ese lenguaje empleaba los mismos caracteres romanos que nosotros empleamos al escribir, pero a diferencia de lo que hoy hacemos, ellos los empleaban incluso para los números (Ies1, IIes2, Ves5, Les50, Cescien, etc.). En tiempos del Imperio romano, la suma numérica de los valores representados por las letras que componían un nombre era el "número" de ese nombre. Esa era una práctica común entre los de habla latina. La Biblia católica romana (versión de Douay) añade esta nota en el versículo que estamos analizando: "Seiscientos sesenta y seis. Las letras numéricas de ese nombre han de dar ese número".

¿Cuál es el título oficial o nombre que el papado reclama como suyo por derecho? Durante siglos se ha entendido que el papa era el vicarius filii dei, que significa "vicario del Hijo de Dios". Dado que el propio Hijo de Dios declaró que el Espíritu Santo es su Vicario en la tierra (Juan 14:16-18), el título que el papa se atribuye resulta ser presuntuoso. Esas palabras escritas en latín se encuentran en un documento que por cientos de años el papado declaró haber sido escrito por el emperador Constantino, otorgando al papado la autoridad temporal en Roma, junto a la autoridad suprema espiritual sobre todas las iglesias. Incluso después de declarar que tal documento era una falsificación, el papado siguió manteniendo que Dios había concedido a los papas la posición y el título de "Vicario del Hijo de Dios", o representante de Cristo en la tierra.

El cardenal Henry Edward Manning (1808-1892) afirmó respecto a ese antiguo documento y título:

"La forma en que se concibió y expresó en aquellas edades de simplicidad, significa el hecho providencial de la donación de Dios. Dios dio al Vicario de su Hijo [al papa] la posesión de la ciudad en la que treinta de sus predecesores habían sellado su testimonio con su sangre. La donación de Constantino es el simple hecho providencial ... un impulso del propio Dios".

Así, un cardenal moderno respalda ese antiguo documento en latín y ese título como una expresión de la voluntad y señalamiento divinos. El papado pretende claramente ser el Vicario del Hijo de Dios: vicarius filii dei en su propia lengua. Observa el número de su nombre:

V=5 I= 1 C = 100 A=0 R= 0 I= 1 U (V) = 5 S=0 F=0 I= 1 L= 50 I= 1 I= 1 D = 500 E=0 I= 1 ------------------ Total = 666

Como "Cordero que fue inmolado desde el principio del mundo", Cristo está sufriendo hasta hoy, y continuará sufriendo por tanto tiempo como haya sufrimiento en este mundo.

Nadie que aprecie el sacrificio de Jesús querrá participar en los placeres de este mundo si implican deslealtad hacia él. ¿Quién podría atreverse a procurar cambiar su ley? Aunque parezca increíble, ¡el hombre la ha intentado! Observa con detenimiento los cambios que se han efectuado sin el permiso de Dios.

La ley de Dios, tal como él la dio:

1. No tendrás oros dioses fuera de mí.
2. No te harás imagen, ni ninguna semejanza de lo que hay arriba en el cielo, ni abajo en la tierra, ni debajo del agua. No te inclinarás a ellas ni las honrarás, porque el Señor tu Dios soy yo, fuerte, celoso, que visito la maldad de los padres sobre los hijos hasta la tercera y la cuarta generación, a los que me aborrecen. Pero trato con invariable amor por mil generaciones a los que me aman y guardan mis mandamientos.
3. No tomarás el nombre del Señor tu Dios en vano. Porque el Señor no dará por inocente al que tome su nombre en vano.
4. Acuérdate del día sábado para santificarlo. Seis días trabajarás y harás toda tu obra. Pero el sábado es el día de reposo del Señor tu Dios. No hagas ningún trabajo en él; ni tú, ni tu hijo, ni tu hija, ni tu siervo, ni tu criada, ni tu bestia, ni tu extranjero que está dentro de tus puertas. Porque en seis días el Señor hizo el cielo, la tierra y el mar, y todo lo que contienen, y reposó en el séptimo día. Por eso, el Señor bendijo el sábado y lo declaró santo.
5. Honra a tu padre y a tu madre para que tus días se alarguen en la tierra que el Señor tu Dios te da.
6. No matarás.
7. No cometerás adulterio.
8. No hurtarás.
9. No hablarás contra tu prójimo falso testimonio.
10. No codiciarás la casa de tu prójimo, no codiciarás la esposa de tu prójimo, ni su siervo, ni su criada, ni su buey, ni su asno, ni cosa alguna de tu prójimo.

(Éxodo 20:3-7; RV 2000)

La ley de Dios, tal como la cambió el hombre

1. Amarás a Dios sobre todas las cosas.
2. No jurarás el nombre de Dios en vano.
3. Santificarás las fiestas.
4. Honrarás a tu padre y madre.
5. No matarás.
6. No fornicarás.
7. No hurtarás.
8. No levantarás falso testimonio, ni mentirás.
9. No desearás la mujer de tu prójimo.
10. No codiciarás las cosas ajenas.

(Catecismo Católico Romano)

Capítulo 14—Seria Advertencia del Cielo

Apocalipsis 14:1: *Después miré, y vi que el Cordero estaba de pie sobre el monte de Sión, y con él ciento cuarenta y cuatro mil que tenían el nombre de él y el de su Padre escrito en la frente.*

El capítulo anterior describe al pueblo de Dios en una seria dificultad. La casi totalidad del mundo cede y se doblega ante la marca de la bestia, bien por estar aterrorizado ante las amenazas, o bien porque voluntariamente "crean en la mentira" (2 Tesalonicenses 2:11).

Pero en medio de toda esa confusión Dios tiene un pueblo verdadero que se atiene firme como una roca a la verdad de la Biblia. Se promulga un decreto según el cual todos los que rehúsan tomar la marca de la bestia son condenados a muerte. ¿Abandonará Dios a quienes eligieron permanecerle fieles?

¡Jamás! El Cordero es su protección. Claman: "No temeré ni a una gran multitud que ponga sitio contra mí" (Salmo 3:6).

El "nombre ... de su Padre" ha de representar su carácter de amor puro, abnegado. El Señor prometió a Moisés: "Pronunciaré el nombre de Jehová delante de ti". "Y Jehová pasó por delante de él y exclamó: —¡Jehová! ¡Jehová! Dios fuerte, misericordioso y piadoso; tardo para la ira y grande en misericordia y verdad, que guarda misericordia a millares, que perdona la iniquidad, la rebelión y el pecado, pero que de ningún modo tendrá por inocente al malvado" (Éxodo 33:19; 34:6-7). Cuando el pueblo de Dios aprenda a amar de la forma en que Dios ama, tendrá el nombre del Señor escrito en sus frentes.

¿Sólo van a salvarse 144.000? Es evidente que se trata de un número simbólico. El concepto numérico en la Biblia puede ser distinto al nuestro. Cuando Jesús alimentó a la multitud mediante el milagro de los panes y los peces, "los que comieron fueron como cinco mil hombres, sin contar las mujeres y los niños" (Mateo 14:21).

Jesús no cometería el error de invitar a todos diciéndoles: "El que tiene sed, venga. El que quiera, tome gratuitamente del agua de la vida" (Apocalipsis 22:17) para darse luego cuenta de que no había espacio suficiente para todos los que respondieran. Él ha prometido: "Al que a mí viene, no lo echo fuera" (Juan 6:37). Cree en él y acude a él, pero hazlo sin tardar.

Apocalipsis 14:2-5: *Oí una voz del cielo como el estruendo de muchas aguas y como el sonido de un gran trueno. La voz que oí era como de arpistas que tocaban sus arpas. Cantaban un cántico nuevo delante del trono y delante de los cuatro seres vivientes y de los ancianos. Nadie podía aprender el cántico, sino aquellos ciento cuarenta y cuatro mil que fueron redimidos de entre los de la tierra. Estos son los que no se han contaminado con mujeres, pues son vírgenes. Son los que siguen al Cordero por dondequiera que va. Estos fueron redimidos de entre los hombres como primicias para Dios y para el Cordero. En sus bocas no fue hallada mentira, pues son sin mancha delante del trono de Dios.*

¿De quiénes se trata? Ciertos hechos relativos a ese colectivo nos pueden dar la clave:

(1) "Fueron redimidos de entre los hombres". La última generación del pueblo remanente de Dios en la tierra presenciará la venida de Jesús. Forman el grupo del que habla Pablo en este pasaje: "Los que vivimos, los que hayamos quedado, seremos arrebatados juntamente con ellos [los

santos resucitados] en las nubes para recibir al Señor en el aire" (1 Tesalonicenses 4:17). Es evidente que se trata de personas que no van a experimentar la muerte.

(2) Obtuvieron una experiencia nueva, desconocida para las generaciones que les precedieron en el pueblo de Dios. Sólo en virtud de esa nueva experiencia pueden entonar el "cántico nuevo" que "nadie podía aprender", excepto "aquellos ciento cuarenta y cuatro mil que fueron redimidos de entre los de la tierra". No solamente han enfrentado pruebas mayores que cualquier otra generación precedente; también desarrollaron una fe en Cristo madura, intachable, que les ha permitido triunfar gloriosamente.

(3) Abrieron sus corazones plenamente para recibir la salvación del pecado que Cristo dio, de forma que de ellos se puede declarar: "Son sin mancha delante del trono de Dios" (versículo 5). Nacieron con naturaleza caída, lo mismo que todos los que han nacido de mujer en este mundo, pero permitieron que su gran Sumo Sacerdote limpiara sus corazones de toda maldad. Su honestidad y sinceridad son inquebrantables, de forma que "en sus bocas no fue hallada mentira". ¡Qué maravillosa obra ha hecho Jesús en ellos! En su experiencia quedará demostrado que Cristo puede "salvar perpetuamente a los que por él se acercan a Dios" (Hebreos 7:25). En sus caracteres se verán los resultados prácticos de la obra final de Cristo en el santuario celestial.

(4) "Estos son los que no se han contaminado con mujeres, pues son vírgenes". En la Biblia, una mujer simboliza una iglesia. Una mujer pura es el símbolo de la iglesia verdadera; una mujer impura, contaminada, es símbolo de una iglesia apóstata. En Apocalipsis 18:4 leemos el llamado de Dios desde el cielo, a los santos que están esparcidos por "Babilonia", por

todas las iglesias y religiones del mundo: "¡Salid de ella, pueblo mío, para que no seáis partícipes de sus pecados!" (Apocalipsis 18:4). El grupo de los 144.000 representa a quienes responden a ese llamado. Cristo comparó a quienes esperan su segunda venida con un grupo de "vírgenes" (Mateo 25:1).

(5) "Son los que siguen al Cordero por dondequiera que va". Significa seguirlo allí donde nos lleve. Es lo contrario a rezagarse y quedarse atrás, es mantenernos siguiendo su dirección en todo momento. "Haced todo lo que él os diga", fue la indicación de María, la madre de Jesús (Juan 2:5). Los 144.000 constituyen un grupo que ha recibido con alegría y entusiasmo todo el consejo y guía que Cristo ha enviado a su pueblo. Se han sometido al Espíritu Santo, quien ha podido producir una reforma completa en sus vidas. Hasta incluso sus hábitos en el comer y el beber, en la vestimenta y en las actividades de ocio, sus pensamientos y propósitos han sido puestos en armonía con el ejemplo de Jesús.

Apocalipsis 14:6-7: En medio del cielo vi volar otro ángel que tenía el evangelio eterno para predicarlo a los habitantes de la tierra, a toda nación, tribu, lengua y pueblo. Decía a gran voz: "¡Temed a Dios y dadle gloria, porque la hora de su juicio ha llegado. Adorad a aquel que hizo el cielo y la tierra, el mar y las fuentes de las aguas!"

"Ángel" significa mensajero: aquel que lleva un mensaje. Esta nueva visión muestra la extensión mundial del último mensaje de gracia que Dios envía a cada habitante del mundo antes que Jesús regrese finalmente. Dios ama a todos por igual. ¿Cómo podría dejar de enviar su mensaje a toda nación, tribu, lengua y pueblo?

No se esperes ver ángeles literales volando por encima de las copas de los árboles o bien entre las nubes. La profecía señala aquí un movimiento mundial, una obra de proclamación de ese mensaje al mundo entero. El mensaje puede llegar mediante las palabras de un predicador, en un podcast o vídeo en internet, en un folleto que alguien ponga en tus manos o en las páginas de un libro como el que estás leyendo. ¡Se trata del mensaje de Dios al mundo! Es posible que la oportunidad de escucharlo y aceptarlo se te presente solamente una vez.

El último mensaje de Dios al mundo en realidad no es nuevo, puesto que se trata del "evangelio eterno" que se ha predicado desde los días de Adán. Pero en esta ocasión incluye un desarrollo ulterior de la verdad, una luz acrecentada para la última generación de los habitantes del mundo. Se van a reunir los rayos de luz que fueron dados en las épocas pasadas, enfocándolos en las necesidades de los corazones humanos en los últimos días. Las "ovejas perdidas", los hombres y mujeres secularizados, se han apartado cada vez más del rebaño, y el verdadero Pastor hará un esfuerzo supremo y final para alcanzarlos.

Tal como hemos visto en capítulos precedentes, la hora de su juicio comenzó coincidiendo con la purificación del santuario celestial, y eso sucedió al finalizar los 2.300 días de que habla Daniel 8:14. Así, el mensaje del primer ángel comenzó con el gran despertar espiritual de 1831-1844, cuando multitudes de seguidores fervientes de Jesús proclamaron al mundo que había llegado "la hora de su juicio".

Ese mensaje nos llama a adorar a Dios por ser el Creador. ¡Cuánto necesita hoy la gente ese mensaje! Muchos suponen que la tierra se formó de forma casual a través de millones de años de evolución. Asumen que los seres humanos proceden de lentos cambios evolutivos desde formas inferiores de vida, tales como protozoos y otros organismos simples. De ser así, no somos más que simples animales, lo que implica que nos debemos conducir según la ley de la selva que es común a los seres vivos: la ley del más fuerte, la supervivencia de los más aptos. Esa filosofía está en la base de los horrores del holocausto, del nazismo.

Por más que se haya investigado, no existe prueba científica válida que apoye la evolución. Es una teoría, realmente es una filosofía sobre los orígenes, no un hecho probado. Puesto que "Dios es amor", ¿podemos esperar que nos engañe? Cuando declara que "él nos hizo y no nosotros a nosotros mismos" (Salmo 100:3), ¿está procurando engañarnos? Tampoco está en nuestra capacidad demostrar científicamente que el relato bíblico de la creación es verdadero, pero ¿por qué no confiar en la Palabra de Dios? Ninguno de nosotros sabe de primera mano lo que le sucedió en el primer o segundo año de vida. Creemos a nuestros padres. El "primer ángel" nos emplaza a confiar en la palabra de nuestro Padre respecto a nuestro origen. Dios ha dispuesto dos "libros" para nuestro estudio: La Biblia —o registro sagrado—, y el "libro" de la naturaleza. Ambos concuerdan.

Por ejemplo, la Biblia presenta el relato del diluvio en los días de Noé, cuando perecieron los animales y los hombres a excepción de quienes fueron preservados en el arca (ver los capítulos 6-8 de Génesis). Algunos científicos repiten hoy las palabras que Pedro predijo que pronunciarían: "Desde el día en que los padres durmieron, todas las cosas permanecen así como desde el principio de la creación", pero Pedro afirma que "ignoran voluntariamente" la verdad del diluvio (2 Pedro 3:4). El libro de la naturaleza que todos pueden entender por sí mismos provee el registro o evidencia del diluvio que cubrió toda la superficie de la tierra, llevando a criaturas marinas hasta las cimas de los montes más altos, donde hoy se las encuentra fosilizadas. Animales enteros que vivieron en climas tropicales fueron arrastrados hasta la helada Antártida, y en sus estómagos aún se encuentra la hierba que ingirieron. Únicamente el diluvio que la Biblia describe, y los cambios climáticos que lo siguieron, pueden explicar tales misterios.

Aunque pueda parecernos desconcertante la evidencia científica a favor de la creación o de la evolución, la mayor evidencia de la vedad de la Biblia es el amor agape. La cualidad sublime de ese amor manifestado en la cruz desacredita de forma rotunda la evolución sin Dios, y valida toda la revelación divina. No hay científico o filósofo que pueda dar la menor explicación sobre el origen del agape. Sólo aquella cruz en la solitaria colina cercana a Jerusalén nos la da.

La señal del poder creador de Dios es el sábado que él hizo, bendijo y santificó al principio, cuando creó la tierra. Debido a que muchas iglesias cristianas han dado la espalda al verdadero sábado del Señor (el día que sigue al viernes), el mundo ha perdido de vista a su Creador. En el siglo XIX las iglesias de Alemania lideraron el movimiento que fomentaba la "alta crítica": un nuevo método de interpretar la Biblia que concordaba con la que se llamó evolución teísta. No es una simple coincidencia que en ese contexto surgiera el nazismo, contra el que esa deriva religiosa carecía de antídoto. El mensaje de la Creación no es un asunto anticuado, es verdad actual (ver 2 Pedro 1:12).

Tan pronto como uno recibe el mensaje del primero de esos tres ángeles (Apocalipsis 14:6-9) y su atención se enfoca en el "evangelio eterno" que lleva ese mensajero, querrá guardar el sábado, ya que amará y adorará a su Creador y Redentor.

Apocalipsis 14:8-11: *Otro ángel lo siguió, diciendo: "Ha caído, ha caído Babilonia, la gran ciudad, porque ha hecho beber a todas las naciones del vino del furor de su fornicación". Y un tercer ángel los siguió, diciendo a gran voz: "Si alguno adora a la bestia y a su imagen y recibe la marca en su frente o en su mano, él también beberá del vino de la ira de Dios, que ha sido vaciado puro en el cáliz de su ira; y será atormentado con fuego y azufre delante de los santos ángeles y del Cordero. El humo de su tormento sube por los siglos de los siglos. No tienen reposo de día ni de noche los que adoran a la bestia y a su imagen, ni nadie que reciba la marca de su nombre".*

¿En qué consiste "Babilonia"? Hoy no existe ninguna ciudad con ese nombre. Juan usa el término como símbolo de una vasta organización, una gran "ciudad" espiritual radicada en la tierra, que se ha exaltado jactanciosamente por encima de Dios, pero que "ha caído" al hacerse evidente que sus enseñanzas son erróneas.

La torre de Babel estuvo en el origen de la antigua ciudad de Babilonia. Babel significa "confusión". Fue allí donde los postdiluvianos se rebelaron contra Dios. "Por eso se la llamó Babel, porque allí confundió Jehová el lenguaje de toda la tierra, y desde allí los esparció sobre la faz de toda la tierra" (Génesis 11:9).

En el libro de Apocalipsis aparece seis veces el nombre "Babilonia" en referencia a una religión falsa. Se trata realmente de confusión. Babilonia "ha hecho beber a todas las naciones" sus falsas doctrinas. Mientras que hace profesión de enseñar la verdad de Dios, en realidad enseña tradiciones y fábulas de invención humana. El resultado es que las naciones se han "embriagado".

¿Por qué apareció el nazismo, requiriendo la segunda guerra mundial para frenarlo? ¿Por qué siguen las naciones hasta el día de hoy iniciando guerras innecesarias y gastando ingentes sumas de dinero en armamento que no tendría lugar si se viviera de acuerdo con los mandamientos de Dios? Durante siglos de tinieblas que siguieron al rechazo del evangelio, la humanidad ha perdido la cordura. Y rechazando el mensaje del primer ángel que llama al mundo a adorar al Creador, a guardar su sábado y a prepararse para la hora de su juicio, Babilonia ha engañado una vez más a las naciones. ¡Dios la tiene por responsable!

Las falsas doctrinas son el "vino" que Babilonia da a beber a las naciones. Estos son algunos ejemplos: 1- La falsa doctrina de que Dios es un tirano cruel que atormenta a los perdidos en las llamas eternas. 2- La idea de que los muertos siguen vivos y conscientes. 3- La idea de que Cristo no existió por la eternidad antes de su nacimiento en Belén. 4- La observancia del primer día de la semana —el domingo— como si fuera el día del Señor, en lugar del sábado o séptimo día que Dios bendijo y santificó. 5- La edificación de la fe alrededor del amor al yo, en lugar de basarla en el amor de Cristo, de forma que el temor viene a convertirse en la motivación principal en esa religión espuria. Esas y otras falsedades similares hacen que las naciones "beban" hasta llegar a la ebriedad, confundiendo tanto a dirigentes religiosos como a laicos. Jesús afirmó: "Conoceréis la verdad y la verdad os hará libres" (Juan 8:32).

El mensaje del tercer ángel es verdad actual. Contiene la advertencia más solemne en toda la Biblia. No hay otro mensaje posterior a él. El mundo entero va a ser emplazado a decidir a favor o en contra de la cruz de Cristo. Todos y cada uno serán llevados a la situación en que se encontraron los judíos y los romanos cuando crucificaron al Señor de la gloria. Iglesias que anteriormente disfrutaron de la luz de la verdad, han "caído" al rechazar verdad adicional que implica deberes especiales para este tiempo.

"Crucifícale", será el clamor del corazón de multitudes que escogerán perseguirle de nuevo en la persona de sus genuinos seguidores a quienes él tiene por hermanos en la tierra. Jesús considera el odio contra "uno de estos mis hermanos más pequeños" como si fuera dirigido a él mismo (ver Mateo 25:40; Lucas 10:16). Ese será el asunto real cuando se imponga la "marca de la bestia" (Apocalipsis 16:2 y 19:20). Se repetirá el Calvario a escala mundial.

Tal como vimos en el capítulo 13, la "marca de la bestia" exaltará el domingo en lugar de la observancia del verdadero sábado que fue bendecido y santificado por Dios. Quienes rehúsen recibir la "marca de la bestia" estarán en marcada minoría. Deberán hacer frente a la burla y a la oposición de sus parientes y amigos. En ocasiones significará perder un buen puesto de trabajo debido a su observancia del sábado. Pero todas las penurias que hayan de soportar son nada al compararlas con la bendita seguridad de tener al Salvador con ellos. Observa bien esto: nadie ha recibido aún la marca de la bestia. Aún no se han definido con claridad los asuntos finales en todas las mentes. El Señor tiene a muchos seguidores fieles que están todavía observando el falso sábado (el domingo) por ignorancia, y han de recibir la luz de esa verdad.

El gran asunto no es que un día de la semana sea mejor que el otro, sino la lealtad a Dios.

El llamado que hace la "bestia" aterriza finalmente en el amor al yo. Quienes escojan morir al yo y llevar la cruz con Cristo obtendrán la victoria sobre la "imagen" y su "marca". La "marca de la bestia" es antagónica con la cruz de Cristo, y el verdadero sábado del Señor es la señal de haber elegido llevar la cruz.

¿Es el Señor cruel al dar "tormento" a quienes eligieron recibir la "marca de la bestia"? La palabra que emplea Juan encierra la idea de poner a prueba a fin de que se evidencien los defectos. Cuando aquellos que hayan rechazado el sello de Dios comparezcan "delante de los santos ángeles y del Cordero", cuando vean a Cristo y se den cuenta de que lo han vuelto a crucificar, comprenderán plenamente todo su pecado y rebelión por lo que realmente es. Verán que la totalidad de su vida consistió en odiar y crucificar al Hijo de Dios. ¡Ese conocimiento significará un tormento suficiente para ellos! El texto no dice que Dios vaya a atormentarlos. Dios es amor, no es un sádico. La desesperación de la culpa, de la pérdida y del remordimiento serán suficiente tormento.

En el día del juicio final cada alma perdida comprenderá la naturaleza de su propio rechazo de la verdad. Se presentará la cruz, y toda mente que fue cegada por la transgresión la verá en su significado pleno y real. Ante la visión del Calvario con su Víctima misteriosa, los pecadores quedarán condenados.

Apocalipsis 14:12-13: *Aquí está la perseverancia de los santos, los que guardan los mandamientos de Dios y la fe de Jesús. Y oí una voz que me decía desde el cielo: Escribe: "Bienaventurados de aquí en adelante los muertos que mueren en el Señor". Sí, dice el Espíritu, descansarán de sus trabajos, porque sus obras con ellos siguen.*

Juan oyó a un ángel que señala al verdadero pueblo de Dios en la tierra. De entre las muchas religiones y denominaciones de este mundo, el Señor reconoce solamente como sus "santos" a quienes constituyen el pueblo que guarda "los mandamientos de Dios" mediante la genuina "fe de Jesús". Pero no procuran guardar los mandamientos mediante sus propias fuerzas, ni confían tampoco en su propia obediencia para obtener un lugar en el reino de Dios. La fe de Jesús es su única motivación. Él es su único modelo y ejemplo. Todo en ellos está centrado en Cristo. Se gozan en la salvación por gracia de Dios. Saben que "el cumplimiento de la Ley es el amor" (Romanos 13:10). Cristo es para ellos ambas cosas: su sustituto y su ejemplo.

Muchos que abrazaron la esperanza de la pronta venida de Jesús han debido aguardar descansando en el sepulcro. Son "bienaventurados" en el sentido de que les está reservada la corona de justicia (2 Timoteo 4:7-8). Es preferible morir en Cristo, que vivir sin Cristo. Satanás siempre huye derrotado cuando tú y yo le decimos: "Prefiero morir antes que hacer lo incorrecto. ¡Me encomiendo a Dios!"

No hay ningún otro mensaje de misericordia para los culpables habitantes de la tierra, puesto que esos mensajes de los tres ángeles van inmediatamente seguidos por la segunda venida del Señor Jesús en las nubes del cielo:

Apocalipsis 14:14-20: *Miré, y vi una nube blanca. Sentado sobre la nube, uno semejante al Hijo del hombre, que llevaba en la cabeza una corona de oro y en la mano una hoz aguda. Y otro ángel salió del templo gritando a gran voz al que estaba sentado sobre la nube: "¡Mete tu hoz y siega, porque la hora de segar ha llegado, pues la mies de la tierra está madura!" El que estaba sentado sobre la nube metió su hoz en la tierra y la tierra fue segada. Otro ángel salió del templo que está en el cielo, llevando también una hoz aguda. Y salió del altar otro ángel que tenía poder sobre el fuego, y llamó a gran voz al que llevaba la hoz* *aguda, diciendo: "¡Mete tu hoz aguda y vendimia los racimos de la tierra, porque sus uvas están maduras!"*

El ángel metió su hoz en la tierra, vendimió la viña de la tierra y echó las uvas en el gran lagar de la ira de Dios. El lagar fue pisado fuera de la ciudad, y del lagar salió sangre que llegó hasta los frenos de los caballos en una extensión de mil seiscientos estadios.

Hay dos aspectos en la maduración "de la tierra" para la cosecha:

(1) Quienes eligieron creer en Cristo desarrollaron su carácter hasta reflejar el de Jesús tal como un espejo refleja la luz del sol. "Son sin mancha delante del trono de Dios" (Apocalipsis 14:5), por consiguiente, "la mies de la tierra está madura".

(2) Quienes eligieron rechazar el amor del Salvador llenaron la copa de su iniquidad hasta entregarse a la rebelión contra Dios. Procuraron crucificar de nuevo a Cristo en la persona de sus santos, y mediante su odio a la verdad de Dios han traído sobre sí mismos la misma condenación de quienes crucificaron literalmente a Cristo. Las uvas de esos racimos de la tierra están "maduras" para el juicio. El Señor perdonó a quienes lo crucificaron la primera vez, pero cuando con pleno conocimiento se repita el hecho en la persona de los seguidores de Cristo, hará su aparición la "ira del Cordero" (Apocalipsis 6:16).

Considera las dimensiones de ese río de sangre que saldrá del "gran lagar de la ira de Dios" en el día final.

Oración: Señor, perdónanos por habernos preguntado en alguna ocasión si estabas muerto o ausente en este mundo de confusión y tinieblas. Al leer este capítulo de Apocalipsis despertamos a la realidad de que estás día y noche en la labor de salvar a las personas de la suerte terrible que aguarda a quienes crucifiquen de nuevo a Cristo. Gracias, Padre, por el evangelio de los mensajes de los tres ángeles de Apocalipsis 14. Es una grandísima buena nueva que lo hayas arriesgado todo a fin de redimirnos de la terrible suerte de rebelarnos contra tu amor. Te lo pedimos en nombre de Jesús. Amén

Capítulo 15—Demasiado Tarde para Ser Salvos

Apocalipsis 15:1-3: Vi en el cielo otra señal grande y admirable: siete ángeles con las siete plagas postreras, porque en ellas se consumaba la ira de Dios. También vi como un mar de vidrio mezclado con fuego, y a los que habían alcanzado la victoria sobre la bestia y su imagen, sobre su marca y el número de su nombre, de pie sobre el mar de vidrio, con las arpas de Dios. Y cantan el cántico de Moisés, siervo de Dios, y el cántico del Cordero, diciendo: "Grandes y maravillosas son tus obras, Señor Dios Todopoderoso; justos y verdaderos son tus caminos, Rey de los santos".

Ya terminó la "cosecha" de este mundo. Dios ha mostrado misericordia por siglos a los culpables habitantes de la tierra. Pero esa longanimidad y paciencia son también la medida de su ira, una vez que estalle sin mezcla de misericordia. Esas plagas no van a comenzar hasta que el mundo haya rechazado definitivamente la gracia de Dios.

Estamos de tal forma acostumbrados a disfrutar de la misericordia de Dios, que difícilmente podemos imaginar lo que va a suceder una vez que se retire esa protección. La ira final será tan irresistible como las aguas tumultuosas que salen de una presa cuyos muros cedieron, tal como sucedió en el diluvio. En las guerras, disturbios, tormentas, terremotos y otros desastres que han venido perturbando de forma ocasional la calma de nuestras vidas, podemos ver un pequeño anticipo de lo que está por venir. Pero hasta hoy la misericordia ha estado siempre mezclada con la ira.

Cuando lleguen las siete últimas plagas será diferente, ya que no habrá mezcla de misericordia.

Juan nos muestra que habrá entonces un grupo de personas que no tendrá que beber de la ira de Dios en esas plagas. Siguieron "al Cordero por dondequiera que va" (Apocalipsis 14:4). Lo mismo que Cristo, prefirieron tener que morir antes que participar en esa rebelión contra Dios. Están en el gran patio de armas de Dios, el "mar de vidrio" que hay delante de su trono (ver también Apocalipsis 4:6). Son una demostración del poder de Dios para salvar. Se trata de los 144.000 que consideramos en el capítulo 14.

Algunos de ellos pudieron haber pertenecido con anterioridad a la gran apostasía, ya que se dice de ellos que alcanzaron "la victoria sobre la bestia"; otros pudieron haber sido rescatados de las grandes iglesias caídas, ya que alcanzaron la victoria sobre la "imagen" de la bestia (ver capítulos 13 al 15). Todos obtuvieron la victoria sobre la "marca de la bestia", ya que estuvieron dispuestos a perder amigos, dinero, trabajos y hasta la vida misma antes que desobedecer los mandamientos de Dios. Otros obtuvieron la victoria sobre "el número de su nombre": la propia jerarquía de la institución representada por la "bestia". Cuando el "evangelio eterno" sea proclamado a un mundo sumido en la gran crisis, hombres y mujeres que ocupan puestos de responsabilidad tales como obispos, cardenales y monjas se entregarán gozosamente a Cristo para seguirlo "por dondequiera que va".

Esos 144.000 habrán conocido la experiencia más profundamente probatoria por la que hayan pasado los habitantes de la tierra, con la excepción del propio Cristo. Su alegría en la victoria será comparable a la de Moisés cuando

Dios lo condujo a salvo junto a su pueblo a través del Mar Rojo (Éxodo 15:1-19). Debido a que experimentaron la comunión con Cristo en sus sufrimientos, se les concede el privilegio de entonar el "cántico del Cordero". No imagines que tu sufrimiento personal carece de propósito; cree que Cristo está a tu lado, y que dirige y comprende.

Apocalipsis 15:4-8: *¿Quién no te temerá, Señor, y glorificará tu nombre?, pues solo tú eres santo; por lo cual todas las naciones vendrán y te adorarán, porque tus juicios se han manifestado. Después de estas cosas miré, y fue abierto en el cielo el santuario del tabernáculo del testimonio. Del templo salieron los siete ángeles con las siete plagas, vestidos de lino limpio y resplandeciente y ceñidos alrededor del pecho con cintos de oro. Uno de los cuatro seres vivientes dio a los siete ángeles siete copas de oro llenas de la ira de Dios, quien vive por los siglos de los siglos. Y el templo se llenó de humo por causa de la gloria de Dios y por causa de su poder. Nadie podía entrar en el templo hasta que se cumplieran las siete plagas de los siete ángeles.*

Mientras se escriben estas líneas no ha llegado todavía el tiempo en que los juicios de Dios se hayan "manifestado" plenamente. Aún hay misterios que no podemos entender. Pero quien haya aprendido ahora a confiar en Cristo, puede saber por la fe que finalmente "todas las naciones ... adorarán" inclinándose ante el Señor. Hasta el propio Satanás doblará su rodilla ante Cristo, y reconocerá la justicia de Dios en la gran batalla contra el mal.

Juan nos lleva una vez más al santuario celestial donde Cristo, nuestro Sumo sacerdote, está obrando día y noche a fin de dar arrepentimiento a todo pecador. Antes que de poder derramar las siete plagas postreras, Cristo tiene que haber cesado en su obra como Salvador y Sumo sacerdote. Debido a eso Juan declara: "Nadie podía entrar en el templo hasta que se cumplieran las siete plagas". Cristo sigue conservando su humanidad: es el Dios- hombre. Por tanto tiempo como siga llevando la culpa de la humanidad en el santuario, no puede derramarse la plena retribución sobre un mundo culpable.

Inmediatamente antes que Cristo abandone el santuario para permitir el derramamiento de las plagas, hace una pausa para pronunciar el decreto: "El que es injusto, sea injusto todavía; el que es impuro, sea impuro todavía; el que es justo, practique la justicia todavía, y el que es santo, santifíquese más todavía" (Apocalipsis 22:11).

A partir de ese momento será ya demasiado tarde para procurar el perdón, demasiado tarde para confesar. Incluso los que sean victoriosos sobre la bestia, su imagen y su marca habrán de vivir sin Sumo sacerdote o Intercesor que ruegue por ellos. La razón es sencilla: para entonces el ministerio de Cristo como Sumo sacerdote habrá llegado a su fin. Entonces dejará sus ropajes de Sacerdote para vestirse como Rey de reyes y Señor de señores. Esa es la razón por la que será demasiado tarde para confesar los pecados y obtener perdón, demasiado tarde para que nuestro vestido sea lavado en la sangre del Cordero. ¡El tiempo para esa bendita obra es ahora!

Los que estén vivos sobre la tierra una vez que haya cesado la intercesión de Cristo en el santuario del cielo habrán de permanecer sin mediador ante la vista de un Dios santo. Sus vestidos deberán ser sin mácula; sus caracteres habrán sido purificados de todo pecado mediante la sangre del esparcimiento. Mediante la gracia de Dios y sus propios esfuerzos diligentes habrán de ser vencedores en la batalla contra el mal. Mientras que sigue su curso el juicio investigador en el cielo, mientras los pecados de los creyentes arrepentidos son quitados del santuario, tiene que haber una obra especial de purificación, de abandono del pecado entre el pueblo de Dios en la tierra. Una vez cumplida esa obra, los seguidores de Cristo estarán preparados para su venida. En ese tiempo la iglesia que el Señor ha de recibir para sí en su venida será una iglesia gloriosa, sin mancha ni arruga o cosa semejante.

Capítulo 16—Las Siete Plagas

Apocalipsis 16:1-2*: Entonces oí desde el templo una gran voz que decía a los siete ángeles: "Id y derramad sobre la tierra las siete copas de la ira de Dios". Fue el primero y derramó su copa sobre la tierra, y vino una úlcera maligna y pestilente sobre los hombres que tenían la marca de la bestia y que adoraban su imagen.*

¡El Señor no se ha visto nunca forzado a dar una orden que le desagrade tanto como esta! Él "es paciente para con nosotros, no queriendo que ninguno perezca, sino que todos procedan al arrepentimiento" (2 Pedro 3:9). Declaró hace muchos años: "No quiero la muerte del que muere, dice Jehová, el Señor. ¡Convertíos, pues, y viviréis!" (Ezequiel 18:32). Si el hombre hubiera permitido que se cumpliera la voluntad de Dios, todos serían salvos: "Nuestro Salvador ... quiere que todos los hombres sean salvos y vengan al conocimiento de la verdad" (1 Timoteo 2:3-4). "Él es la propiciación por nuestros pecados, y no solamente por los nuestros, sino también por los de todo el mundo" (1 Juan 2:2). La única razón por la que alguien deba sufrir las siete últimas plagas es por haber resistido y rechazado la salvación que el Salvador le dio ya. Dios ha dado "a cada uno" "la medida de fe" (Romanos 12:3).

Pero por dolorosa que le resulte a Dios esa obra, no tiene otra opción, excepto darle curso. "Meted la hoz, porque la mies está ya madura. Venid, descended, porque el lagar está lleno y rebosan las cubas; porque mucha es la maldad de ellos" (Joel 3:13).

No es la "sangre" de la uva la que va a fluir de ese gran lagar (Apocalipsis 14:20), sino la sangre de maldad. Esta tierra no ha presenciado jamás una escena semejante. Esas plagas literales no han caído todavía, ya que se las presenta como las "plagas postreras" (Apocalipsis 15:1 y 21:9). No pueden derramarse antes que el mundo haya sido advertido y se haya cerrado el tiempo de oportunidad para la salvación. Ese tiempo no terminará mientras quede en alguna parte un ser humano que haya de responder a las buenas nuevas de la gracia de Cristo.

Mientras el Espíritu Santo ha estado obrando en la tierra, los juicios y desastres han llevado a muchos a recapacitar y arrepentirse. Eso ha venido siendo cierto hasta ahora, tal como declara Isaías: "Luego que hay juicios tuyos en la tierra, los moradores del mundo aprenden justicia" (Isaías 26:9). Pero antes que se derramen las siete últimas plagas, finalmente rechazado por los impíos, el Espíritu Santo se habrá retirado de la tierra. Entonces se hará patente que las dificultades tampoco llevaron al arrepentimiento a quienes rechazaron la bondad de Dios, ya que es la "benignidad" de Dios lo que "guía al arrepentimiento" (Romanos 2:4). Apocalipsis informa de que Satanás tendrá para entonces el pleno control de los habitantes de la tierra. "No se arrepintieron" (Apocalipsis 16:9).

Es durante el derramamiento de esas plagas cuando se cumplirán las advertencias dadas en contra de adorar a la bestia y su imagen. Quienes rechazaron la gracia no tendrán entonces "reposo de día ni de noche" (Apocalipsis 14:11). Esas plagas significarán la caída de Babilonia "en un solo día" (Apocalipsis 18:8), que según el principio día-año de interpretación profética bíblica podría significar un año de tiempo literal.

¿Qué sería de este mundo sin el poder restrictivo del Espíritu Santo? Las multitudes no comprenden que deben toda su seguridad y felicidad mientras prevalece en cierta medida la ley y el orden, al bendito ministerio del Espíritu de Dios en la tierra. En el tiempo de esas plagas todos verán claramente que cuando el ser humano se entrega al control de Satanás es capaz de producir por él mismo un infierno aquí, en esta tierra.

La plaga de esa "úlcera maligna y pestilente" caerá sobre los que cedieron a la presión y recibieron la "marca de la bestia", sea de forma sincera —en sus frentes— o no —en sus manos—. Pero el Señor da esta seguridad a su pueblo leal: "No temerás ... a la pestilencia que ande en la oscuridad ... Caerán a tu lado mil y diez mil a tu diestra; mas a ti no llegarán ... ni plaga tocará tu morada" (Salmo 91:5-10).

Apocalipsis 16:3-7*: El segundo ángel derramó su copa sobre el mar, y este se convirtió en sangre como de muerto, y murió todo ser viviente que había en el mar. El tercer ángel derramó su copa sobre los ríos y sobre las fuentes de las aguas, y se convirtieron en sangre. Y oí que el ángel de las aguas decía: "Justo eres tú, Señor, el que eres y que eras, el Santo, porque has juzgado estas cosas. Por cuanto derramaron la sangre de los santos y de los profetas, también tú les has dado a beber sangre, pues se lo merecen". También oí a otro, que desde el altar decía: "¡Ciertamente, Señor Dios Todopoderoso, tus juicios son verdaderos y justos!"*

La segunda y tercera plagas son similares. Una cae en el mar, y la otra en los ríos y las fuentes de las aguas, convirtiéndolos en sangre. No hemos de entender que esas plagas hayan de tener un carácter totalmente universal, en cuyo caso no podría sobrevivir nadie en la tierra. Pero las noticias se extenderán por todo el mundo. Los malvados habrán proclamado un decreto para derramar la sangre del pueblo de Dios (ver Apocalipsis 13:15). Si bien no se les ha permitido llevar a cabo el hecho, su deseo e intención al respecto los hace ante Dios culpables de homicidio (1 Juan 3:15). Eligieron reactivar las persecuciones injustas de la Edad Media. Puesto que se propusieron beber la sangre del pueblo de Dios, el juicio celestial considera apropiado que ahora se les dé a beber sangre.

Pero observa las promesas de Dios a su pueblo: "Los afligidos y necesitados buscan las aguas, pero no las encuentran; seca está de sed su lengua. Yo, Jehová, los oiré; yo, el Dios de Israel, no los desampararé. En las alturas abriré ríos, y fuentes en medio de los valles; abriré en el desierto estanques de aguas y manantiales de aguas en la tierra seca" (Isaías 41:17-18). El pueblo de Dios "habitará en las alturas, fortaleza de rocas será su lugar de refugio, se le dará su pan y sus aguas tendrá seguras" (Isaías 33:16).

Apocalipsis 16:8-9: *El cuarto ángel derramó su copa sobre el sol, al cual le fue permitido quemar a los hombres con fuego. Los hombres fueron quemados con el gran calor, y blasfemaron el nombre de Dios, que tiene poder sobre estas plagas; y no se arrepintieron para darle gloria.*

En los días de Elías, Jezabel indujo a Israel a la adoración a Baal, el dios sol de los fenicios. En justicia Dios permitió que el sol abrasara a Israel por tres año y medio. Un cambio sutil en la atmósfera puede hacer que el sol abrase hoy al hombre de forma similar, ya que los científicos nos advierten que el estilo de vida materialista común en los países desarrollados amenaza ya con agotar la capa de ozono.

Si los impíos humillaran sus corazones y se arrepintieran bajo esta o cualquier otra plaga serían salvos, pero lo cierto es que no se humiollarán, y por consiguiente no pueden arrepentirse. Su sola respuesta es blasfemar el nombre de Dios. El grueso de la humanidad decidirá seguir el camino del gran rebelde y sus malos ángeles.

Será bueno que hagamos aquí una pausa para reflexionar. Ante un contratiempo repentino e inesperado, ¿cuál es mi primera reacción? ¿Estoy inclinado a murmurar? ¿Estoy resentido y blasfemo contra Dios? Mediante nuestra forma cotidiana de reaccionar ante las dificultades estamos decidiendo cuál será nuestro lugar en el tiempo de las siete plagas postreras. Si creemos al evangelio recordaremos que, puesto que "Dios es amor" (1 Juan 4:8), nuestros problemas del presente no pueden separarnos de su cuidado amante. Él se preocupa hasta por la caída en tierra de uno de los pajarillos (Mateo 10:29). Quienes eligen rechazar esa verdad de que "Dios es amor" se están colocando en ese grupo de quienes van a blasfemar a Dios en el tiempo de las plagas finales.

Apocalipsis 16:10-11: *El quinto ángel derramó su copa sobre el trono de la bestia, y su reino se cubrió de tinieblas. La gente se mordía la lengua por causa del dolor, y blasfemaron contra el Dios del cielo por sus dolores y por sus úlceras, y no se arrepintieron de sus obras.*

Quienes sufren bajo la quinta plaga son aparentemente los mismos que sufrieron bajo la primera, ya que la plaga de oscuridad se suma a la miseria de quienes están aún sufriendo por las úlceras malignas y pestilentes. Sin embargo, se especifica que "no se arrepintieron de sus obras". "El trono de la bestia" (ver Apocalipsis 13:2) es la ciudad que muchos consideran "santa".

Apocalipsis 16:12-16: *El sexto ángel derramó su copa sobre el gran río Éufrates, y el agua de este se secó para preparar el camino a los reyes del oriente. Vi salir de la boca del dragón, de la boca de la bestia y de la boca del falso profeta, tres espíritus inmundos semejantes a ranas. Son espíritus de demonios, que hacen señales y van a los reyes de la tierra en todo el mundo para reunirlos para la batalla de aquel gran día del Dios Todopoderoso. "Yo vengo como ladrón. Bienaventurado el que vela y guarda sus vestiduras, no sea que ande desnudo y vean su vergüenza". Y los reunió en el lugar que en hebreo se llama Armagedón.*

La ira de Dios no obedece al capricho o los celos. El mundo ha rechazado la verdad y elegido la falsedad. Se ha rebelado contra los principios mismos de la vida y la justicia. Ahora, durante las plagas, los malvados demuestran a todos haber traspasado los límites de la rebelión, y dan evidencia de que no se arrepentirán en ninguna circunstancia.

Bajo la séptima plaga demuestran ser tan necios como rebeldes. Sin excepción ponen su confianza en los "espíritus de demonios, que hacen señales" (milagros). Ser engañado por el error no es una plaga menor que la de las úlceras malignas. En aquel tiempo sólo quienes estuvieron velando y guardaron sus "vestiduras"; es decir, quienes sintieron la necesidad de que Cristo cubriera su desnudez, estarán seguros contra el triple engaño que procede de la "bestia": el romanismo, del "falso profeta": el protestantismo apóstata que se unirá al romanismo, y del "dragón": un símbolo del paganismo, que incluye —como los dos anteriores— la religión popular espiritista. Todos ellos se habrán intentado unir en una gran confederación o religión mundial: un nuevo orden. El engaño los llevó hasta allí, y los mantendrá allí. Apocalipsis desvela para nosotros cuál es el futuro del ecumenismo al alcanzar su pleno desarrollo.

La argamasa que va a unir finalmente al romanismo, al protestantismo apóstata y a las religiones no cristianas será la influencia de esos malos espíritus, que son ángeles caídos del cielo junto con Satanás. Engañaron a las personas diciéndose espíritus de sus amados amigos y familiares muertos. El pueblo de Dios que creyó el testimonio de la Biblia rehusó ceder a esos engaños y se aferró a la declaración bíblica de que "los muertos nada saben" (ver Eclesiastés 9:5 y 10; Salmo 146:3-4; Job 14:12-22; Juan 11:11-14).

Satanás perfeccionará su arte para engañar hasta el punto de dar un falso "espíritu santo" a los cuerpos religiosos que han rechazado la verdad. Al rechazar el testimonio directo de la Biblia quedaron sin defensa ante las pretensiones de los espíritus malignos. A medida que el espiritismo imita cada vez más el cristianismo nominal de nuestros días, adquiere mayor poder para engañar y entrampar. A decir de las tendencias actuales, el propio Satanás se ha convertido. Aparecerá como ángel de luz. Se realizarán milagros mediante el espiritismo; habrá sanación de enfermos y se realizarán prodigios innegables. Y dado que los espíritus profesarán creer en la Biblia y manifestarán respeto hacia las instituciones eclesiásticas, su obra será aceptada como siendo una manifestación del poder divino.

Quienes rechazaron la verdad imaginarán estar siendo bendecidos por un maravilloso derramamiento del Espíritu Santo de Dios, pero en realidad están siendo alistados y reunidos para el último día de la gran batalla contra el propio Dios. Refiriéndose a esa gente engañada, Jesús declaró en el sermón del monte: "Muchos me dirán en aquel día: Señor, Señor, ¿no profetizamos en tu nombre, y en tu nombre echamos fuera demonios, y en tu nombre hicimos muchos milagros? Y entonces les declararé: Nunca os conocí; apartaos de mí, hacedores de maldad" (Mateo 7:22-23).

Si bien los perdidos se han manifestado en rebeldía contra los principios de la verdad de Dios, hasta entonces no se atrevieron a luchar contra Dios mismo sabiendo que en una batalla como esa no tenían ninguna posibilidad de victoria. Pero ahora esos "espíritus de demonios" los reúnen "para la batalla de aquel gran día del Dios Todopoderoso" "en el lugar que en hebreo se llama Armagedón". ¡Imagina su sorpresa cuando descubran por fin el motivo para el que fueron reunidos!

¿Por qué se llama Armagedón a ese "lugar"? Podemos deducirlo analizando el significado del nombre, dado que los antiguos hebreos tenían un recuerdo bien marcado, estampado en su mente y experiencia desde más de mil años atrás.

"Armagedón" les evocaba inmediatamente el recuerdo de la famosa batalla en la que los ángeles peleaban desde el cielo arrojando grandes bolas de granizo sobre los enemigos de Dios y de su pueblo Israel. El pueblo de Dios se había reunido con la intención de luchar por sus vidas ante la amenaza del rey Sísara y sus huestes en el campo de batalla de Meguido, en tierra de Canaán. El propio Dios descendió a batallar en favor de su pueblo:

"Vinieron reyes y pelearon. Entonces pelearon los reyes de Canaán. En Taanac, junto a las aguas de Meguido... Desde los cielos pelearon las estrellas; desde sus órbitas pelearon contra Sísara. Los barrió el torrente de Cisón, el antiguo torrente, el torrente de Cisón" (Jueces 5:19-21). Tan notable fue la liberación de Israel, que el relato de aquel episodio fue pasando de padres a hijos por generaciones.

Esa batalla decisiva contra Sísara en Meguido es un tipo (precursor o símbolo) de la batalla final en la historia de este mundo. Algunos protestarán hoy diciendo: 'No quiero entregar mi corazón al Señor Jesús ni seguirlo en obediencia, pero hay algo que no haré jamás: luchar contra Dios'. Pero a menos que uno decida seguir a Cristo se encontrará finalmente guerreando contra él. Resultará reunido, conminado, arrastrado bajo el influjo de la sexta plaga cuando Satanás realice sus milagros y prodigios engañosos. No existe un terreno neutral, no hay posibilidad alguna de no estar finalmente alineado en uno u otro bando de la gran batalla entre Cristo y Satanás. La batalla está en marcha y seguirá hasta su conclusión.

La Biblia enseña que somos salvos por la fe, no por obras. Pero esa fe consiste en una respuesta positiva del corazón al amor de Dios revelado en la cruz en la que Cristo entregó su vida. Esa fe "obra por el amor" y afecta a la totalidad de la vida del creyente (ver Gálatas 5:6 y 2 Corintios 5:14-21). Una respuesta negativa al amor de Dios es lo que la Biblia llama "incredulidad". Esa incredulidad no consiste en una actitud meramente pasiva o neutra, una falta de voluntad para implicarse. Cuando se revela el amor de Dios nadie puede permanecer neutral. La incredulidad es un rechazo activo a la gracia de Dios. La batalla de Armagedón es, por consiguiente, la forma en que la Biblia se refiere al resultado final del rechazo activo a la gracia. Se retira por fin el barniz, y se manifiesta abiertamente la "enemistad [humana básica] contra Dios" (ver Romanos 8:7). Se trata del espíritu de Satanás en guerra abierta y final contra Cristo, pero ahora personificado plenamente en la humanidad.

Ahora vemos ya evidencias de esa clase de engaños de Satanás, quien manifiesta su poder para engañar mediante el movimiento de la Nueva Era (en sus facetas multiformes, incluyendo el misticismo oriental, el romanismo medieval y el conglomerado que aglutina el movimiento de la iglesia emergente que es heredero de las anteriores). De forma similar a como las ranas saltan en todas direcciones, de forma que uno es incapaz de predecir hacia dónde darán el salto siguiente, así aparecen los engaños aquí y allá por toda la tierra. Los hombres no se dan cuenta de que las fuerzas que empujan a las naciones hacia el Armagedón se originan en las falsas religiones del mundo. El propósito de Satanás es que cada ser humano en la tierra se aliste junto a él en su guerra desesperada contra Dios. Hasta el momento en que una persona rechaza la verdad que Dios le envía, no puede ser completamente seducido por las mentiras que Satanás le presenta. Pero una vez que rechaza finalmente la verdad queda sin defensa posible contra ellas.

De acuerdo con Apocalipsis, después de un cierto tiempo las naciones de la tierra aprobarán un decreto que autorice a la gente a quitar la vida a los santos. Pero como siempre ha sucedido, Cristo se identifica con su pueblo perseguido. Toma la declaración de guerra contra su pueblo como dirigida hacia él mismo. Cuando la Babilonia mística apruebe ese decreto habrá cometido su último y trágico error, y resultará irremediablemente condenada.

El secamiento del "gran río Éufrates" también evocaba en el pueblo hebreo el recuerdo de otro suceso épico en su historia, que tiene igualmente importancia para nosotros en estos últimos días. Cuando el reino de Babilonia estuvo en su apogeo de gloria y orgullo, el Señor envió a su agente —el rey Ciro—

para derrotarla. Pero la ciudad de Babilonia disponía de tremendas murallas y baluartes. ¿De qué forma podría tomarla Ciro?

Dios había previsto la forma en que Ciro tomara la ciudad. El rey Ciro secó las aguas del río Éufrates que atravesaba Babilonia por su mitad, desviando su cauce hacia un lago cercano. Sus soldados marcharon entonces por el cauce seco del río que discurría bajo las puertas de bronce y tomaron la ciudad (ver Isaías 44:27 al 45:13). Eso ilustra cómo se "secará" el poder de las defensas de la Babilonia mística. La gran ciudad edificada sobre mentiras colapsará sin remedio.

Cada uno de nosotros estará de una parte, o bien de la contraria en esa batalla final. Judas Iscariote nunca imaginó que su incredulidad terminaría en el trágico acto de traicionar a Cristo poniéndolo en las manos de sus enemigos. Su idea al principio era simplemente jugar con el pecado, con la intención de parar antes que fuera demasiado tarde. Pero resultó arrastrado por una marea de maldad irrefrenable hasta llevarlo al hecho terrible que lo ha cubierto de vergüenza a perpetuidad.

Quienes se junten para luchar contra Dios en la batalla de Armagedón repetirán el pecado de Judas y el de los dirigentes judíos que crucificaron a Cristo. De esa forma todo el mundo se condenará a sí mismo, cada uno pronunciará sentencia sobre sí mismo. Cuando Cristo regrese por segunda vez los sorprenderá en el acto mismo de rebelarse de forma abierta y desafiante.

Apocalipsis 16:17-21: *El séptimo ángel derramó su copa por el aire. Y salió una gran voz del santuario del cielo, desde el trono, que decía: "¡Ya está hecho!" [consumado es]. Entonces hubo relámpagos, voces, truenos y un gran temblor de tierra, un* *terremoto tan grande cual no lo hubo jamás desde que los hombres existen sobre la tierra. La gran ciudad se dividió en tres partes, y las ciudades de las naciones cayeron. La gran Babilonia vino en memoria delante de Dios, para darle el cáliz del vino del ardor de su ira. Toda isla huyó, y los montes ya no fueron hallados. Del cielo cayó sobre los hombres un enorme granizo, como del peso de un talento. Y los hombres blasfemaron contra Dios por la plaga del granizo, porque su plaga fue sumamente grande.*

Esta plaga es universal. El séptimo ángel derrama su copa "por el aire", y todo el que respire la sufrirá, a excepción de quienes gocen de la protección del Señor. La batalla de Armagedón será abreviada por la aparición del Rey de reyes con los ejércitos del cielo. Las naciones "pelearán contra el Cordero, y el Cordero los vencerá, porque él es Señor de señores y Rey de reyes" (Apocalipsis 17:14).

Cuando Jesús colgaba de la cruz la gente malvada que lo había crucificado estuvo cerca de colmar la copa de su iniquidad. Cuando siguieron sus pasiones pecaminosas hasta su final homicida contra el Hijo de Dios, Jesús clamó: "Consumado es". Los malvados habitantes de la tierra seguirán en las pisadas de ellos y llenarán la copa de su iniquidad. Una voz procedente del trono declarará entonces: "Hecho está" [consumado es].

Cuando un ángel poderoso se acercó al sepulcro de Cristo en la mañana de su resurrección se produjo un gran terremoto. ¡Imagina qué terremoto habrá cuando todos los ángeles del cielo vengan a esta tierra!

Las grandes ciudades de la tierra, tales como Londres, París, Nueva York o Tokio, caerán. Los edificios colapsarán como la torre de piezas bajo el toque descontrolado del niño que la edificó. Escribió el profeta del Antiguo Testamento: "El Señor ha abierto su arsenal y ha sacado las armas de su indignación" (Jeremías 50:25, LBLA).

Se dice que el peso de un "talento" equivale a casi 23 kg. A pesar de la caída por toda la tierra de ese temible granizo de peso desmesurado, ni uno solo de los malvados se arrepentirá. Al contrario: "Blasfemaron contra Dios por la plaga del granizo".

Las Escrituras describen en muchos lugares estas mismas plagas postreras. "Jehová rugirá desde Sión, dará su voz desde Jerusalén y temblarán los cielos y la tierra; pero Jehová será la esperanza de su pueblo, la fortaleza de los hijos de Israel" (Joel 3:16).

El Señor ha advertido explícitamente al mundo acerca de la llegada de esa plaga: "Ajustaré el juicio a cordel, y a nivel la justicia. El granizo barrerá el refugio de la mentira, y las aguas inundarán el escondrijo" (Isaías 28:17).

El mismo terremoto que pondrá a temblar las ciudades abrirá los sepulcros. "Muchos de los que duermen en el polvo de la tierra serán despertados: unos para vida eterna, otros para vergüenza y confusión perpetua" (Daniel 12:2). Quienes tuvieron parte en la crucifixión literal de Cristo —por ejemplo, Caifás— habrán de tener una resurrección especial para ver a Cristo viniendo en su gloria tal como él les anunció: "Veréis al Hijo del hombre sentado a la diestra del poder de Dios y viniendo en las nubes del cielo" (Mateo 26:64). Caifás clamó: "¡Ha blasfemado!", pero entonces habrá de verlo por contarse entre quienes "lo traspasaron" (Apocalipsis 1:7). Caifás, junto al resto de quienes traspasaron al Señor, han de morir tres veces: la primera cuando fallecieron hace muchos años; una segunda vez tras haber participado de esa resurrección especial en la que verán a Cristo venir en su gloria; y la tercera y definitiva en la "muerte segunda" al final de los mil años (ver Apocalipsis 20:14).

Pero muchos, en esa misma ocasión, resucitarán para experimentar la felicidad eterna: "El Señor mismo, con voz de mando, con voz de arcángel y con trompeta de Dios, descenderá del cielo. Entonces los muertos en Cristo resucitarán primero". Estos, juntamente con los que estén vivos y hayan honrado al Señor durante el tiempo de las siete plagas postreras, serán "arrebatados juntamente con ellos en las nubes para recibir al Señor en el aire" y vivir para siempre (1 Tesalonicenses 4:16-17). De esa forma será librado el pueblo de Dios. Ninguna plaga afectará a sus hogares. Se les promete que ni uno de sus cabellos perecerá.

Cierto habitante rico de Londres quiso ayudar a un joven que aún no se había entregado a Cristo como su Salvador. Una tarde dijo al joven: '¡Cuando regrese Cristo te daré todo mi dinero, mi casa y mi automóvil!'

—'¿De verdad lo hará?', preguntó el joven con interés.

Pero esa noche, mientras el joven pensaba sobre su almohada en aquella oferta, se preguntó: '¿Para qué valdrá todo el dinero, la casa y el automóvil cuando Jesús venga?' Se arrodilló al pie de su cama y entregó su corazón a Cristo.

Antes que Cristo venga habrá perdido absolutamente su valor toda la riqueza de este mundo. "Aquel día arrojará el hombre a los topos y murciélagos sus ídolos de plata y sus ídolos de oro, que le hicieron para que adorara. Se meterá en las hendiduras de las rocas y en las cavernas de las peñas a causa de la presencia formidable de Jehová y del resplandor de su majestad, cuando se levante para castigar la tierra" (Isaías 2:20-21).

El Apocalipsis —o revelación— de Dios nos ha proporcionado un conocimiento previo de ese gran día.

Capítulo 17—El Misterio de La Madre de Las Rameras

Apocalipsis 17:1-5: Vino uno de los siete ángeles que tenían las siete copas y habló conmigo, diciendo: "Ven acá y te mostraré la sentencia contra la gran ramera, la que está sentada sobre muchas aguas. Con ella han fornicado los reyes de la tierra, y los habitantes de la tierra se han embriagado con el vino de su fornicación". Me llevó en el Espíritu al desierto, y vi a una mujer sentada sobre una bestia escarlata llena de nombres de blasfemia, que tenía siete cabezas y diez cuernos. La mujer estaba vestida de púrpura y escarlata, adornada de oro, piedras preciosas y perlas, y tenía en la mano un cáliz de oro lleno de abominaciones y de la inmundicia de su fornicación. En su frente tenía un nombre escrito, un misterio: "Babilonia la grande, la madre de las rameras y de las abominaciones" de la tierra.

El propósito del libro de Apocalipsis no es proporcionarnos un conocimiento exacto de los eventos futuros en cada uno de sus detalles. Algunas cosas no las entenderemos claramente hasta que los acontecimientos finales se desplieguen ante nosotros. No es ahora nuestra prioridad determinar con precisión cada punto en la cronología, sino proclamar el evangelio de la salvación. "Las cosas secretas pertenecen a Jehová nuestro Dios, pero las reveladas son para nosotros y para nuestros hijos para siempre" (Deuteronomio 29:29). Jesús explicó a sus discípulos la razón por la que les había proporcionado cierta información relativa a los eventos futuros:

"Ahora os lo he dicho antes que suceda, para que cuando suceda creáis" (Juan 14:29).

Hay muchos detalles en este capítulo que podemos comprender ahora:

(1) A Juan se le dio esta vista panorámica del juicio final de Babilonia tal como ocurrirá en el tiempo de las últimas siete plagas. Uno de los ángeles que tenía las siete copas de la ira fue enviado para dar una explicación a Juan. Dicho ángel rememora la trayectoria de Babilonia y la enlaza con la profecía de Daniel.

(2) Debido a que en la profecía una mujer simboliza una iglesia, de forma que una mujer pura representa una iglesia pura y una mujer malvada representa una iglesia malvada, la gran "ramera" que se cita aquí simboliza una iglesia que profesa ser cristiana, pero que ha sido infiel a Cristo (ver Jeremías 3:2 y 6:2; 2 Corintios 11:2 y Apocalipsis 12:1 y 17).

(3) La iglesia representada por esa mujer ramera (Babilonia) no se circunscribe a una denominación. El término incluye a sus hijas: iglesias que en cierto tiempo formaron parte de ella, y que posteriormente salieron. El credo del papa Pio IV dice: "Reconozco a la Iglesia católica, apostólica y romana como la madre y señora de todas las iglesias". La palabra "Babilonia" significa confusión (ver comentario sobre Apocalipsis 14:8). "Babilonia la grande", por consiguiente, es un término que Dios aplica a la unión ecuménica de todas esas iglesias del mundo que comparten una apostasía en común respecto a la verdad de Dios, y que finalmente se reunirán junto a "la madre" con el propósito de presionar a las naciones a que se unan en la rebelión contra la verdad de Dios y opriman a su pueblo. Será una reedición de las persecuciones de la Edad Media.

(4) Según Apocalipsis 17:15, las "aguas" sobre las que se sienta la ramera son "pueblos, muchedumbres, naciones y lenguas". La palabra "muchedumbres" indica que se tratará de grandes masas que en los últimos días apoyarán a Babilonia en su rebelión contra Dios. "Muchos pueblos en el valle de la Decisión; porque cercano está el día de Jehová en el valle de la Decisión" (Joel 3:14). La mayoría decidirá su destino en el bando rebelde contra Dios.

(5) Desde que el segundo ángel proclamó su mensaje: "Ha caído, ha caído Babilonia, la gran ciudad, porque ha hecho beber a todas las naciones del vino del furor de su fornicación" (Apocalipsis 14:8), se ha producido un cambio en esas muchedumbres. Ahora el ángel indica a Juan que "los habitantes de la tierra se han embriagado" con ese vino de maldad. La predicación del verdadero evangelio de Jesucristo en su pureza aporta sabiduría y buen juicio a las naciones. Hay progreso cuando se avanza según la verdad de Dios. Pero las falsas doctrinas que enseña Babilonia abren la puerta a las mentiras más engañosas y causantes de confusión enviadas por el propio Satanás. Cuando comiencen a derramarse las siete plagas el Espíritu Santo se habrá retirado de aquellos que lo resistieron por tanto tiempo. Quedan desprovistos de su sano juicio, tal como le sucede al ebrio que no sabe dónde tropieza.

(6) En la profecía, una "bestia" es símbolo de una nación o reino (ver Daniel 7:17 y 23). Las siete cabezas y los diez cuernos identifican de forma evidente a esta bestia con el dragón de Apocalipsis 12, con el leopardo de Apocalipsis 13 y con la cuarta bestia de Daniel 7. Las naciones de este mundo no son intrínsecamente malvadas. Dios "de una sangre ha hecho todo el linaje [naciones] de los hombres ... y les ha

prefijado el orden de los tiempos y los límites de su habitación, para que busquen a Dios" (Hechos 17:26-27).

Dios aprueba la ley, el orden y la prosperidad. Apocalipsis 17 anuncia el tiempo en que las naciones del mundo, simbolizadas por la bestia de color rojo-escarlata, renunciarán al principio de separación de la iglesia y el estado que ha traído progreso a tantas naciones, y apoyarán a la "mujer" ramera. Recurrirán al poder del estado para obligar a la práctica de sus falsas pretensiones religiosas. La unión entre iglesia y estado será tan estrecha, que el símbolo de la ramera cabalgando sobre la bestia tendrá una aplicación plena. Esas medidas desesperadas serán adoptadas sin duda como un esfuerzo por resolver el problema del crimen, la drogadicción y la corrupción en general.

Observa el contraste entre la vestimenta de la "mujer" ramera, y el de la que representa a la iglesia verdadera de Cristo. La "mujer" de Apocalipsis 12:1 es la verdadera iglesia de Dios, y lleva vestiduras blancas. Muchos aprecian en la forma de vestirse de ciertos líderes religiosos una remarcable semejanza con la forma en la que está vestida la mujer ramera en la visión de Juan. Los seguidores de Cristo vestirán con sencillez y sin ostentación, sin oro, plata o joyas (ver 1 Timoteo 2:9-10; 1 Pedro 3:3-5).

Apocalipsis 17:6-7: Vi a la mujer ebria de la sangre de los santos y de la sangre de los mártires de Jesús. Cuando la vi quedé asombrado con gran asombro. El ángel me dijo: "¿Por qué te asombras? Yo te diré el misterio de la mujer y de la bestia que la lleva, la cual tiene siete cabezas y diez cuernos".

"La sangre de los santos" bien puede ser la que se derramó en los 1260 años de la supremacía papal —entre el año 538 y el 1798 de nuestra era—, período durante el cual millares de seguidores de Cristo fueron martirizados por su fe. Puede también referirse a la sangre que la moderna Babilonia espiritual buscará derramar en todos quienes rehúsen recibir la marca de la bestia. Dios no puede permitir que su pueblo sea masacrado por su fe una vez que las siete últimas plagas hayan comenzado, ya que su testimonio y ejemplo como mártires no serviría para dar ánimo a generaciones futuras, tal como sucedió con los mártires del pasado. Se promesa es: "Jehová es tu guardador ... Jehová te guardará de todo mal" (Salmo 121:5-7).

Pero incluso si no se permite a "Babilonia la grande" martirizar a los santos tal como quisiera, Dios la tendrá por responsable debido a su propósito determinado de hacerlo (ver 1 Juan 3:15). Juan se asombró al ver que la práctica totalidad del mundo pudiera repetir ciegamente el pecado de los judíos en su rechazo y crucifixión de Cristo, que en esta ocasión buscarán perpetrar en sus seguidores.

Apocalipsis 17:8-11: *La bestia que has visto era y no es, y está para subir del abismo e ir a perdición. Los habitantes de la tierra, aquellos cuyos nombres no están escritos en el libro de la vida desde la fundación del mundo, se asombrarán viendo la bestia que era y no es, y será. Esto, para la mente que tenga sabiduría: Las siete cabezas son siete montes sobre los cuales se sienta la mujer, y son siete reyes. Cinco de ellos han caído; uno es y el otro aún no ha venido, y cuando venga deberá durar breve tiempo. La bestia que era y no es, es también el octavo, y es uno de los siete y va a la perdición.*

Juan contempla esa "bestia" del poder civil unido a la "ramera", o iglesia apóstata. Esa es la forma en que Babilonia controló a las naciones de Europa durante 1260 años. El ángel indica que "la bestia ... es" durante la Edad Media. Pero justo antes del final de los 1260 años tuvo lugar una rebelión contra el papado en la Revolución francesa. Juan contempló ese misterioso terrorismo simbolizado en "la bestia que sube del abismo" (Apocalipsis 11:7).

Encontramos una expresión similar en Apocalipsis 9:2, que se refiere al terrorismo cruel del Imperio musulmán otomano.

El terrorismo se ha convertido en nuestros días en la oscura sombra que acecha las vidas de todos. El terrorismo internacional, sea comunista, capitalista, irlandés, musulmán, árabe, nazi, israelí, racial o religioso, medra a la sombra entre el secreto y la intriga, que son principios satánicos. Su motivación principal es el miedo. En contraste, el amor es la motivación de Dios.

El libro de Apocalipsis descorre el velo para mostrarnos el verdadero origen de ese fenómeno moderno del terrorismo: la Revolución francesa de la década de 1790. El terrorismo moderno es idéntico en muchos sentidos: implacable, brutal, blasfemo y antirreligioso. Considera a los seres humanos como esclavos que deben ser explotados, y opera desde lo oculto (sin negar que el peor terrorismo que ha conocido la historia no ha tenido un carácter ateo, sino religioso: la persecución papal en la Edad Media, o el terrorismo islámico radical de la actualidad).

Apocalipsis 17 es una continuación del capítulo que lo precede. Es como cuando una cámara hace zoom y pone la atención acercándonos al punto central. Su clímax se encuentra en el versículo 14: "Pelearán contra el Cordero". Tan triste como cierto: la cristiandad apóstata se unirá finalmente con la "bestia que sube del abismo". Rechazar el evangelio de Cristo en su pureza resulta inevitablemente en cooperar con los principios de la Revolución francesa.

En la profecía, el número siete significa plenitud. Los "siete reyes" simbolizan probablemente a todas las naciones del mundo que han prestado su apoyo a la apostasía contra Dios. Si se comprende la explicación de la visión que el ángel da a Juan como aplicada a los días del apóstol, se podría considerar que los "cinco" reinos que "han caído" son Egipto, Asiria, Babilonia, Medo-Persia y Grecia. El "uno" que "es" representaría entonces a Roma pagana: el poder contemporáneo del apóstol. "El otro [que] aún no ha venido" sería el papado, que continuaría por un período "breve" por comparación con la totalidad de la historia del mundo. El "octavo" no sería realmente un reino distinto, ya que "es uno de los siete", siendo la auténtica raíz y autoridad que sustenta a los "siete" a lo largo de toda la historia: Satanás, quien es el poder en la sombra detrás de todos ellos. Al final de la historia manifestará su consumada sagacidad al personificar al propio Jesucristo.

Cuando el futuro se despliegue ante nuestros ojos podremos comprender mejor los detalles. Esa "mujer" ramera es la "madre" de todas las rebeliones en el mundo. Nuestra tarea ahora es asegurarnos de que nuestros nombres permanezcan "escritos en el libro de la vida", siendo así salvados del pecado de seguir junto con "toda la tierra en pos de la bestia" y de la mujer ramera, uniéndonos así en su rebelión contra el Cordero.

Apocalipsis 17:12-13*: Los diez cuernos que has visto son diez reyes que aún no han recibido reino; pero recibirán autoridad como reyes por una hora juntamente con la bestia. Estos tienen un mismo propósito: entregarán su poder y autoridad a la bestia.*

Es posible que esos "diez reyes" correspondan a las diez divisiones del antiguo Imperio romano a partir de las que se formaron los reinos europeos en el tiempo de la supremacía de la Roma papal. La mención de los diez cuernos se repite a menudo en Daniel 7. En los días de Juan no habían "recibido reino" todavía, pero iban a recibir "autoridad como reyes" juntamente con la bestia durante el largo período de la Edad Media, y estuvieron unidos a ella la mayor parte de ese tiempo. La expresión "una hora" se entendía frecuentemente en griego como un período indefinido de tiempo. Las naciones modernas que en todo el mundo procuran el progreso están relacionadas de muchas formas no evidentes con esos "diez reinos" primarios de la antigua Europa.

Dado que los habitantes de la tierra están embriagados por haber bebido el vino de la fornicación de Babilonia (Apocalipsis 17:2; 18:3), carecen de buen juicio, y nuevamente "entregarán su poder y autoridad a la bestia", a Babilonia, y de esta forma cometerán "fornicación" con ella. No es el plan de Dios que el gobierno civil se junte con la iglesia. Su fruto es oprimir y violentar la conciencia.

Apocalipsis 17:14-18*: Pelearán contra el Cordero, y el Cordero los vencerá, porque es Señor de señores y Rey de reyes; y los que están con él son llamados, elegidos y fieles. También me dijo: "Las aguas que has visto, donde se sienta la ramera, son pueblos, muchedumbres, naciones y lenguas. Y los diez cuernos que viste, y la bestia, aborrecerán a la ramera, la dejarán desolada y desnuda, devorarán sus carnes y la quemarán con fuego. Dios ha puesto en sus corazones el ejecutar lo que él quiso: ponerse de acuerdo y dar su reino a la bestia hasta que se hayan cumplido las palabras de Dios. Y la mujer que has visto es la gran ciudad que reina sobre los reyes de la tierra".*

Regresamos aquí a la batalla de Armagedón, en la que los habitantes de un mundo en apostasía "pelearán contra el Cordero". Ese Cordero murió en la cruz a fin de reconciliar al mundo con Dios. El mensaje del Nuevo Testamento es: "Dios estaba en Cristo reconciliando consigo al mundo ... os rogamos en nombre de Cristo: Reconciliaos con Dios" (2 Corintios 5:19-20).

Pero Pablo afirma que "la inclinación de la carne es contraria a Dios" (Romanos 8:7), y todos los seres humanos nacen en el mundo con la misma mente inclinada a lo carnal. Eso significa que a menos que nos convirtamos seremos arrastrados sin remedio por nuestra propia naturaleza a participar en esa guerra contra el Cordero. El libro de Apocalipsis es una revelación profunda de la historia del mundo, que está encapsulada a pequeña escala en cada uno de nosotros individualmente.

Aquellos cuyos nombres están escritos en el libro de la vida son quienes dieron una feliz bienvenida al nuevo nacimiento, son quienes vinieron a ser hijos de Dios (ver Juan 1:12-13). Han entregado sus corazones en plena reconciliación con Dios. Su enemistad natural se ha cambiado por reconciliación con el Cordero que murió por ellos.

Pero quienes rehusaron la cruz de Cristo se han determinado en una actitud de resistencia al Espíritu Santo. Eso los llevará a una plena reconciliación con la filosofía de Satanás, y "pelearán contra el Cordero". ¡Qué final terrible aguarda a los perdidos! ¡Qué vergüenza, luchar contra el Salvador del mundo! El pecado es locura.

"El Cordero los vencerá". Cristo no los vencerá en calidad de un león fiero, sino en su carácter de cordero. Él nunca hizo sus conquistas por la fuerza. En su último gran encuentro con los perdidos, cuando Dios reúna a todo el mundo ante su trono, les presentará como en una pantalla gigantesca las escenas de Cristo en la tierra, su amoroso ministerio, sus milagros de sanación, el rechazo de aquellos a quienes vino a salvar, y su crucifixión en el madero.

Toda alma perdida comprenderá entonces que de forma misteriosa pero totalmente real tomó parte en el asesinato del Hijo de Dios. La cruz será vista entonces como un evento intemporal cargado de significado. Los hombres y mujeres verán que mediante su elección de una vida de pecado se unieron a quienes le clavaron los clavos en sus manos y sus pies. Cada uno comprenderá entonces la verdadera naturaleza de su rebelión de toda una vida contra el Cordero. Verán que mediante una vida consagrada al yo se han alistado finalmente para guerrear contra el Cordero y contra el justo gobierno de Dios.

La visión de la cruz de Cristo en su verdadero significado traerá aguda y dolorosa convicción a los perdidos, quienes se condenarán a ellos mismos. No son capaces de mirar cara a cara al Redentor a quien han despreciado y rechazado, y clamarán a las rocas y a las montañas porque caigan sobre ellos y los escondan "del rostro de aquel que está sentado sobre el trono, y de la ira del Cordero" (Apocalipsis 6:16). El castigo que impone el Amor a quienes lo han rechazado es el más doloroso de todos.

Todos sin excepción han sido "llamados". Dios no quiere "que ninguno perezca, sino que todos procedan al arrepentimiento" (2 Pedro 3:9). El que seamos o no "escogidos" depende de cómo respondamos al llamado. Cristo ha escogido a todos para que a su vez le escojan a él. Nuestra elección no es un accidente misterioso que dependa de un supuesto capricho o determinación divinos.

Un antiguo sabio afirmó que Dios vota a favor nuestro, mientras que Satanás lo hace en nuestra contra. Así, el resultado de las "elecciones" depende de cuál sea el sentido de nuestro voto. Quienes elijan a Cristo resultarán capacitados por su gracia para permanecerle fieles hasta el fin.

Quien sabe positivamente que cierto ladrón ha decidido entrar en su casa una noche y robar sus bienes puede optar por esconderse y permitirle que entre, de forma que pueda sorprenderlo en el acto mismo de robar. Nadie dudará entonces que el ladrón es culpable.

Dios sabe que los malvados tienen la determinación de hacer guerra contra él. Durante el tiempo de las siete plagas postreras les da la oportunidad de consumar su propósito malvado a fin de sorprenderlos en el acto mismo. El universo de Dios no va a tener la menor duda respecto a la justicia de Dios o respecto a la culpabilidad de los malvados. Es en ese sentido en el que "Dios ha puesto en sus corazones el ejecutar lo que él quiso... hasta que se hayan cumplido las palabras de Dios".

Capítulo 18—La Caída de Babilonia

Apocalipsis 18:1-3: Después de esto vi otro ángel que descendía del cielo con gran poder, y la tierra fue alumbrada con su gloria. Clamó con voz potente, diciendo: "¡Ha caído, ha caído la gran Babilonia! Se ha convertido en habitación de demonios, en guarida de todo espíritu inmundo y en albergue de toda ave inmunda y aborrecible, porque todas las naciones han bebido del vino del furor de su fornicación. Los reyes de la tierra han fornicado con ella y los mercaderes de la tierra se han enriquecido con el poder de sus lujos sensuales".

El capítulo precedente terminó con el relato del final de la historia humana. Vimos al mundo engañado por Satanás y juntándose con él en una guerra desesperada contra Dios. ¿Permitirá Dios que los habitantes del mundo caigan en ese engaño sin darles una advertencia adecuada? No. Su amor no permitirá tal cosa. Antes tiene que suceder algo prodigioso.

Juan contempla a un ángel poderoso descendiendo del cielo, y se despliega ante él la visión del mundo desde el punto de vista de un ángel del cielo. El mundo entero está circundado de la luz gloriosa reflejada por ese mensaje especial del ángel.

Jamás con anterioridad un mensaje de Dios penetró el mundo con una intensidad comparable. Después de la ascensión de Cristo los apóstoles predicaron a todo el mundo conocido, con grandes resultados (ver Colosenses 1:6). Pero el mundo habitado es hoy mucho mayor, y la población actual multiplica a la de entonces. La obra de ese "ángel" poderoso sobrepasará con creces a la que conoció la iglesia temprana del Nuevo Testamento.

En las tierras bíblicas los agricultores hacían la siembra a tiempo para la "lluvia temprana", que descendía oportunamente para hacer germinar la simiente. Hacia el final de la estación, cuando el cereal se acercaba al tiempo de su maduración tenía lugar la "lluvia tardía", que propiciaba la maduración del grano para la cosecha.

La Biblia compara el derramamiento del Espíritu Santo sobre los apóstoles en el día de Pentecostés con la "lluvia temprana" del evangelio, y la "lluvia tardía" es la que viene antes de la gran "cosecha" de la tierra (Joel 2:23-32). Ese derramamiento final del Espíritu de Dios es la obra del "ángel que descendía del cielo con gran poder", tal como leemos en Apocalipsis 18:1.

Dios no es injusto para traer los juicios sobre la gran Babilonia sin haberle dado la advertencia final. Hasta aquí ha venido siendo difícil llamar la atención de las multitudes. Pero el Espíritu Santo va a proporcionar a sus siervos poder para presentar la verdad de forma tan clara y convincente como para hacer que la luz brille en el corazón de cada ser humano. Toda nación, ciudad, pueblo e incluso cada familia oirá la voz de advertencia. Se desvanecerán los prejuicios y los malentendidos que impidieron a muchos tomar en consideración el último mensaje de verdad de Dios al mundo, y Cristo y su verdad serán exaltados y glorificados.

El mensaje del segundo ángel proclamó: "Ha caído Babilonia" (ver Apocalipsis 14:8). Desde que se dio ese mensaje por primera vez Babilonia ha continuado profundizando en su caída. Su continua resistencia a la verdad del cielo ha propiciado que se convierta en habitación de todo "espíritu inmundo". Aunque no ha llegado aún al final de su caída, se acerca el tiempo en que le será plenamente aplicable el mensaje contundente de ese poderoso ángel.

La forma más efectiva en que un criminal puede envenenar a su víctima no es suministrándole una dosis letal, sino mezclando astutamente pequeñas dosis de veneno en la comida diaria. Ese es el método que Satanás emplea para seducir al mundo.

Es terrible que en un mundo azotado por el hambre las superpotencias estén gastando en armamento un millón de dólares cada minuto. Alguien que nos visitara desde otro planeta pensaría sin duda que estamos locos. Cristo vino al mundo como el "Príncipe de paz". Lo que ocasiona la guerra no es la aceptación de su mensaje, sino su rechazo. Y para asegurarse de tal rechazo, Satanás inventó la confusión de Babilonia. Lenin se confundió por no comprender el libro de Apocalipsis: el "opio del pueblo" no es la verdadera religión, sino la perversión sutil perpetrada por "Babilonia la grande".

¿Cuál es el "vino del furor" de las falsas enseñanzas de Babilonia? Esa enseñanza es la responsable indirecta del crimen y la violencia presentes hoy en el mundo:

(1) Los guías religiosos proclaman que la ley de Dios ya no está vigente, o bien que no es posible obedecerla. Eso lleva irremisiblemente a la ilegalidad.

(2) Se exalta un falso sábado manufacturado por el hombre —quien lo importó de la adoración al sol—, en lugar del sábado del séptimo día del Señor (el día que sigue al viernes). Eso desprecia igualmente la ley de Dios.

(3) Junto al rechazo del verdadero sábado se rechaza también la enseñanza bíblica de la creación. Es el caso de la

mayoría de las iglesias modernas que se llaman cristianas. Ya no creen que el hombre haya sido creado "a imagen de Dios", tal como afirma el libro de Génesis. Lo que queda entonces es la ley de la selva: la supervivencia de los mejor adaptados o de los mejores, el devorarse unos a otros.

(4) Mientras que la Biblia enseña claramente que el bautismo es la señal que simboliza la muerte, entierro y resurrección de Cristo reeditadas en la experiencia del creyente, muchas iglesias enseñan que es suficiente con asperjar una pequeña cantidad de agua en la cabeza de un bebé que carece de la capacidad para creer. Se menoscaba de ese modo una disposición importante de Cristo. Esa comprensión errada del bautismo esconde la verdad de que el yo debe resultar crucificado y enterrado con Cristo, y que el alma debe renacer a una novedad radical de vida en Cristo.

(5) Muy rara vez se oyen predicaciones centradas en Cristo en las iglesias populares del presente. "Escudriñad las Escrituras" ha dejado de ser una práctica común entre los que profesan seguir a Jesús. Las profecías de Daniel y Apocalipsis son objeto especial de desprecio. Queda silenciada la única verdad capaz de vencer efectivamente la sensualidad y el materialismo.

(6) La preciosa verdad del santuario celestial en el que Cristo está ahora ministrando como nuestro Sumo Sacerdote en la obra final de la expiación se ha perdido de vista completamente en las iglesias que forman parte de Babilonia. El resultado es que desconocen la obra crucial en la que Cristo está empeñado hoy. Se han descalificado con ello para seguirlo por la fe en su obra de preparar a los creyentes para su segunda venida.

(7) Mientras que los apóstoles enseñaron a los seguidores de Cristo "no améis al mundo ni las cosas que están en el mundo" (1 Juan 2:15), el orgullo, el lujo y la ostentación son comunes entre las iglesias profesas de Cristo, que han descendido al mismo nivel del propio mundo incrédulo. "En los últimos días ... habrá hombres amadores de sí mismos ... amadores de los deleites más que de Dios, que tendrán apariencia de piedad, pero negarán la eficacia de ella" (2 Timoteo 3:1-5).

(8) La Escritura enseña: "Si, pues, coméis o bebéis o hacéis otra cosa, hacedlo todo para la gloria de Dios" (1 Corintios 10:31). Sin embargo, las iglesias que constituyen Babilonia han dejado casi por completo de dar cualquier tipo de instrucción relativa a un estilo saludable de vida y control del apetito. No se hace distinción alguna entre las carnes "limpias" y las "inmundas" (ver Levítico 11), ni se da instrucción relativa a los efectos negativos en la salud física y moral del consumo de tabaco, bebidas alcohólicas y otras sustancias dañinas.

(9) La doctrina según la cual los perdidos habrán de abrasarse por la eternidad en el fuego del infierno ha llevado a muchas personas reflexivas al aborrecimiento de Dios a la vista de una crueldad e injusticia como la que implica esa falsa enseñanza. Muchos profesos cristianos que siguen asistiendo a la iglesia tienen grandes dudas respecto a la Biblia, suponiendo que esta enseña una doctrina tan obviamente cruel e irrazonable. Ese error descansa a su vez en otro error:

(10) La primera mentira que Satanás dijo en el jardín del Edén fue: "No moriréis" (Génesis 3:4). Las antiguas religiones paganas incorporaban sin excepción esa mentira, y enseñaban que los muertos en realidad siguen vivos. Esa doctrina falsa pasó a las iglesias populares hasta el día de hoy. Si los muertos

siguen vivos, ¿acaso el siguiente paso lógico no es que vengan a comunicarse con los que aún no murieron? Se trata del espiritismo, que es una de las doctrinas falsas más peligrosas de Babilonia, y la dará a beber finalmente a todas las naciones hasta que terminen "ebrias". Malos ángeles que cayeron del cielo junto a Satanás pretenderán ser espíritus de fallecidos. De esa forma se harán con el control total de las mentes de quienes no conocen la verdad.

Ideas erróneas sin base bíblica, relativas a la moderna nación de Israel "emborrachan" también a las naciones. Oriente Medio es una mecha chisporroteante del polvorín de la guerra mundial. Ideas erróneas relativas a Israel en la profecía contribuyen a esa confusión.

Apocalipsis 18:4-8: *Oí otra voz del cielo, que decía: "¡Salid de ella, pueblo mío, para que no seáis partícipes de sus pecados ni recibáis parte de sus plagas!, porque sus pecados han llegado hasta el cielo y Dios se ha acordado de sus maldades. Dadle a ella tal como ella os ha dado, y pagadle el doble según sus obras. En el cáliz en que ella preparó bebida, preparadle el doble a ella. Cuanto ella se ha glorificado y ha vivido en deleites, tanto dadle de tormento y llanto, porque dice en su corazón: 'Yo estoy sentada como una reina, no soy viuda y no veré llanto'". Por lo cual, en un solo día vendrán sus plagas: muerte, llanto y hambre, y será quemada con fuego, porque poderoso es Dios el Señor, que la juzga.*

La voz del Espíritu Santo llama al pueblo de Dios a que despierte de su sueño. Sus seguidores fieles deben separarse de esas iglesias que van a sufrir pronto la justa recompensa de su apostasía.

A pesar de las tinieblas espirituales y la alienación de Dios propias de las iglesias que constituyen Babilonia, la gran masa de los verdaderos seguidores de Cristo se encuentra aún en ella. Muchos de sus miembros no han visto nunca las verdades especiales para este tiempo. No pocos entre ellos se sienten insatisfechos con su condición y están deseosos de mayor luz. Buscan en vano la imagen de Cristo en las iglesias con las que están relacionados. A medida que dichas iglesias se van apartando cada vez más de la verdad para acercarse al mundo, se ampliará la diferencia entre ambas clases, y resultará finalmente en la separación. Llegará el tiempo en que aquellos que aman a Dios por encima de todo no podrán seguir conectados con los que son "amadores de los deleites más que de Dios, que tendrán apariencia de piedad, pero negarán la eficacia de ella" (2 Timoteo 3:4-5).

¿Oirán los hijos de Dios esa voz y saldrán de Babilonia? —Sí. ¡Todos y cada uno de ellos! Jesús afirmó: "Mis ovejas oyen mi voz y yo las conozco, y me siguen" (Juan 10:27). Los constituyentes del pueblo de Dios serán como Mateo cuando estaba sentado a la mesa cobrando los tributos. Cuando pasó Jesús y le dijo: "—Sígueme. Él, dejándolo todo, se levantó y lo siguió" (Lucas 5:27-28).

Apocalipsis 18:9-13*: Los reyes de la tierra que han fornicado con ella y con ella han vivido en deleites, llorarán y harán lamentación sobre ella cuando vean el humo de su incendio. Poniéndose lejos por el temor de su tormento, dirán: "¡Ay, ay de la gran ciudad, de Babilonia, la ciudad fuerte!, porque en una sola hora vino tu juicio". Los mercaderes de la tierra lloran y hacen lamentación sobre ella, porque ninguno compra más sus mercaderías: mercadería de oro y plata; de piedras preciosas y perlas; de lino fino, púrpura, seda y escarlata; de toda madera olorosa, todo objeto de marfil y todo objeto de madera preciosa; de cobre, hierro y mármol; canela y especias aromáticas;*

incienso, mirra y olíbano; vino y aceite; flor de harina y trigo; bestias y ovejas; caballos y carros; esclavos y almas de hombres.

Juan vio la caída simbólica de Babilonia como si se tratara literalmente de una ciudad portuaria en llamas. Los "mercaderes" desde sus barcos y los reyes desde el mar la miran a la distancia, lamentando la pérdida de la ciudad con la que habrían querido continuar sus negocios lucrativos. Algunos de esos "mercaderes de la tierra" son hombres de negocios que se han enriquecido con su comercio bajo el auspicio de Babilonia. Otros entre los "mercaderes" pueden ser curas, prelados, cardenales y pastores de quienes tantas multitudes han "comprado" sus falsas doctrinas. Esas enseñanzas falsas del purgatorio, por ejemplo, han aterrado a muchos llevándolos a pagar grandes sumas de dinero en la esperanza de que sus seres amados torturados en el purgatorio puedan salir de él. Ese dinero ha ido a los bolsillos de "mercaderes de la tierra".

El pecado de Babilonia ha consistido en el orgullo debido a su riqueza y a su acrecentado egoísmo. Dios dijo a la antigua Jerusalén: "Esta fue la maldad de Sodoma, tu hermana: soberbia, pan de sobra y abundancia de ocio tuvieron ella y sus hijas; y no fortaleció la mano del afligido y del necesitado. Se llenaron de soberbia" (Ezequiel 16:49-50).

La egoísta naturaleza humana ha venido siendo consentida desde hace siglos, y ahora caen sobre ese orgullo los juicios finales. Apocalipsis 18 es el comentario divino pronunciado sobre el materialismo rampante de nuestro moderno mundo "civilizado". El mismo pecado se está dando en el tercer mundo y en cualquier otra parte del planeta, y recibirá los mismos juicios que en los "mercaderes" de las naciones más ricas.

***Apocalipsis 18:14-19**: Los frutos codiciados por tu alma se apartaron de ti, y todas las cosas exquisitas y espléndidas te han faltado y nunca más las hallarás. Los mercaderes de estas cosas, que se han enriquecido a costa de ella, se pondrán lejos por el temor de su tormento, llorando y lamentando, diciendo: "¡Ay, ay de la gran ciudad, que estaba vestida de lino fino, púrpura y escarlata, y estaba adornada de oro, piedras preciosas y perlas!, porque en una sola hora han sido consumidas tantas riquezas". Todo piloto y todos los que viajan en naves, los marineros y todos los que trabajan en el mar, se pusieron lejos, y viendo el humo de su incendio dieron voces, diciendo: "¿Qué ciudad era semejante a esta gran ciudad?" Y echaron polvo sobre sus cabezas y dieron voces, llorando y lamentando, diciendo: "¡Ay, ay de la gran ciudad, en la cual todos los que tenían naves en el mar se habían enriquecido de sus riquezas! ¡En una sola hora ha sido desolada!"*

Se diría que están destruidos los fundamentos mismos de la civilización. La economía hace falla más allá de toda posible recuperación. Todo lo que se dijo que hacía la vida digna de ser vivida se acerca a su final. "En una sola hora han sido consumidas tantas riquezas". Se describe en el lenguaje de los días de Juan, pero las figuras empleadas incluyen todas las maravillas materiales de nuestro día con las que Juan no pudo soñar. De haber vivido hoy, probablemente Juan habría descrito las aerolíneas con sus pasajeros. Los mercaderes y otros que lamentan la caída de Babilonia se dan cuenta de que pronto compartirán la misma suerte que ella.

Por alguna importante razón el Señor consagró todo este capítulo 18 a la descripción conmovedora de la ruina económica y financiera de las civilizaciones más prósperas de todos los tiempos. Podemos destacar dos lecciones importantes: (a) Esa ruina sigue rápidamente al abandono nacional de los principios de la libertad religiosa que hicieron posible para las naciones el progreso, la prosperidad y la seguridad. (b) La seguridad económica y cultural de las que hoy disfrutamos dependen de la continua bendición de Dios, quien mantiene a raya ese tornado de pasiones simbolizado por los "cuatro vientos" desatados. Ciertamente ninguno de nosotros poseemos un solo centavo con seguridad. Somos simples administradores a quienes se ha encomendado de forma temporal la riqueza que actualmente administramos, y pronto habremos de rendir cuentas ante el juicio divino respecto a cómo hemos administrado aquello que la cruz de Cristo demuestra no pertenecernos realmente.

Sigue a continuación el triste relato del fin de toda navidad, del fin de las compras, de las factorías de automóviles, de la televisión y el internet, de la práctica de los deportes, de los bares, de las bodas, de los conciertos sinfónicos, de la música popular, etc.

Apocalipsis 18:20-24: *"Alégrate sobre ella, cielo, y vosotros santos, apóstoles y profetas, porque Dios os ha hecho justicia en ella". Un ángel poderoso tomó una piedra, como una gran piedra de molino, y la arrojó en el mar, diciendo: "Con el mismo ímpetu será derribada Babilonia, la gran ciudad, y nunca más será hallada. Voz de arpistas, músicos, flautistas y trompetistas no se oirá más de ti. Ni se hallará más en ti artífice de oficio alguno, ni ruido de molinos se oirá más en ti. Luz de lámpara no alumbrará más en ti, ni voz de esposo y esposa se oirá más en ti, porque tus mercaderes eran los grandes de la tierra y por tus hechicerías fueron engañadas todas las naciones.*

Babilonia ha sido siempre la enemiga de la verdad de Dios y de su pueblo. No es un partidismo mezquino ni un afán egoísta de venganza lo que ocasiona que los habitantes del cielo se alegren por su caída. Todo ser humano con una mente clara y una percepción moral correcta se alegra cuando los malhechores son llevados a comparecer finalmente ante la justicia y prevalece el derecho.

No es posible imaginar una representación más vívida que la de un ángel tomando una piedra de molino y arrojándola al mar. Ya no se va a oír la música de sus coros y órganos de tubos en sus edificios gigantescos y lujosos. Se terminó la saga de artesanos maestros en el arte de construir y decorar las catedrales. Terminó también la pompa y esplendor de las bodas extravagantes que allí se dieron. Tampoco volverán a brillar las titilantes velas entre las sombras misteriosas de sus altares idolátricos.

Apocalipsis 18:24: *En ella se halló la sangre de los profetas y de los santos y de todos los que han sido muertos en la tierra.*

¡Qué sorprendente revelación! Babilonia ha sido la fuente de toda la maldad existente en el mundo. La religión falsa es "la abominación desoladora" para el corazón humano (ver Daniel 11:31 y 12:11). Satanás ha realizado su obra más exitosa presentándose como "ángel de luz", esforzándose por representar falsamente e incluso personarse como el propio Cristo. La vasta mayoría de los habitantes de la tierra van a caer en la confusión de dar la bienvenida a Satanás convencidos de que es Dios. ¿Qué los llevará a tomar esa trágica decisión? El amor al yo.

Sólo a la luz de la cruz puede el hombre aprender qué es lo que debe hacer con el egoísmo que arrastra de forma natural desde el nacimiento. Sólo la fe permite que el yo sea crucificado con Cristo. Pero debido a que Babilonia ha profesado honrar la señal de la cruz mientras que niega la verdad que encierra, el mundo habrá sido engañado para su ruina eterna. Así, Apocalipsis describe la gran batalla entre los principios de su Héroe: el "Cordero", y los principios del héroe del mundo: Satanás.

Capítulo 19—Las Bodas del Cordero

Apocalipsis 19:1-4: *Después de esto oí una gran voz como de una gran multitud en el cielo, que decía: "¡Aleluya! Salvación, honra, gloria y poder son del Señor Dios nuestro, porque sus juicios son verdaderos y justos, pues ha juzgado a la gran ramera que corrompía la tierra con su fornicación, y ha vengado la sangre de sus siervos de la mano de ella". Otra vez dijeron: "¡Aleluya! El humo de ella ha de subir por los siglos de los siglos". Entonces los veinticuatro ancianos y los cuatro seres vivientes se postraron en tierra y adoraron a Dios, que estaba sentado en el trono. Decían: "¡Amén! ¡Aleluya!".*

Podrías tener la impresión de que eres el único seguidor de Cristo en tu familia o vecindario. Si es así, aquí tienes un motivo de ánimo. Aunque pueda parecer que el pueblo de Dios en la tierra es una exigua minoría, hay una "gran multitud" en el universo de Dios, una inmensa mayoría que le es fiel. Las naciones envían sus embajadores a las capitales de otras naciones. El embajador, junto a su equipo, es allí una minoría; no obstante, no puede olvidar la grande y poderosa nación que representa y que está detrás de él. Como seguidores de Cristo, somos sus embajadores en este mundo.

La palabra hebrea "aleluya" significa "Alabado sea el Señor". No es porque haya conquistado mediante la fuerza de las armas, por lo que la "gran multitud" el cielo alaba al Cordero victorioso. Venció mediante la verdad y la justicia. Esa gloriosa victoria fue ganada cuando Jesús murió en la cruz y resucitó después. Así, ese cántico de alabanza no se eleva del modo en que los mezquinos aduladores alaban a un gobernante o tirano terrenal a fin de obtener sus favores, sino en total sinceridad. La gloria y el honor pertenecen a Aquel cuyo amor abnegado hacia los pecadores se ha elevado como el más sublime y sorprendente sacrificio de la eternidad.

¿Por qué razón, desde que Jesús murió por los pecados del mundo, este no ha mejorado, sino que ha ido a peor? ¿Por qué sucede que la inmensa mayoría de los habitantes de la tierra no han sido cambiados por Cristo?

La religión de Cristo podría haber salvado el mundo entero de no ser por la obra de un astuto enemigo que se interpuso y obstaculizó su obra. La Biblia se refiere a ese enemigo por el nombre de "anticristo": aquel que lucha contra Cristo de la forma más malvada y engañosa posible, que es pretendiendo ocupar el lugar de Cristo (1 Juan 4:1-3). La peor forma en que un enemigo puede perjudicar a alguien es suplantándolo y escribiendo cartas maliciosas en su nombre. ¡Hasta el mejor de sus amigos tendría dificultades para mantener su fe en él!

La "gran ramera", Babilonia, ha hecho eso mismo. Satanás ha hablado mediante ella en nombre de Cristo, e incontables millones de personas desinformadas han caído en el engaño. Muchos han rechazado abiertamente a Cristo debido a que Babilonia lo ha representado falsamente, y millones de otras personas suponen que están siguiendo a Cristo, cuando en realidad están siendo llevados a luchar contra él al estar alistados con el anticristo. Esa es la razón por la que leemos en Apocalipsis que es Babilonia la que "corrompía la tierra con su fornicación".

La expresión: "El humo de ella ha de subir por los siglos de los siglos" es una cita de Isaías 34:10, donde esa misma expresión se refiere a la destrucción de Idumea, ocurrida hace muchos años: "Por siempre subirá su humo". Aunque ese territorio permanece desolado hasta hoy, no existe allí un humo literal. Esa expresión hebrea denota finalidad. La misma escritura dice: "De generación en generación quedará desolada y nunca jamás pasará nadie por ella".

Así, "por los siglos de los siglos" significa que la destrucción de Babilonia será completa y final.

Apocalipsis 19:5-6: *Y del trono salió una voz que decía: "Alabad a nuestro Dios todos sus siervos y los que lo teméis, así pequeños como grandes". Y oí como la voz de una gran multitud, como el estruendo de muchas aguas y como la voz de grandes truenos, que decía: "¡Aleluya!, porque el Señor, nuestro Dios Todopoderoso, reina".*

¿De quién procede esa voz salida del trono? Es la voz de Cristo, quien llama a sus siervos a que alaben a Dios. Aunque la resurrección de los muertos demostró que Cristo es el Hijo de Dios (Romanos 1:4), él sigue considerándose nuestro Hermano. Después de su resurrección dijo a María: "Subo a mi Padre y a vuestro Padre, a mi Dios y a vuestro Dios" (Juan 20:17). Jesús no nos separa del Padre, sino que nos lleva a él.

Apocalipsis 19:7-9: *"Gocémonos, alegrémonos y démosle gloria, porque han llegado las bodas del Cordero y su esposa se ha preparado. Y a ella se le ha concedido que se vista de lino fino, limpio y resplandeciente, pues el lino fino significa las acciones justas de los santos". El ángel me dijo: Escribe: "Bienaventurados los que son llamados a la cena de las bodas del Cordero". Y me dijo: "Estas son palabras verdaderas".*

¿Sabías que el Cordero se ha de casar? Su matrimonio es el gran evento que se ha ido acercando por miles de años. Está solitario sin su esposa. No pocos desinformados se han preguntado por qué está incluido en la Biblia El Cantar de los Cantares. Ahora podemos ver por qué. Es un canto que expresa el amor de Cristo por su iglesia, y la respuesta de ella a ese amor.

¿Quién es la esposa del Cordero? Apocalipsis 21:9-10 nos dice que es "la gran ciudad, la santa Jerusalén". ¿Cuál es la santa Jerusalén, esa nueva Jerusalén que desciende del cielo? ¿Se trata simplemente de calles de oro, de palacios con paredes de piedras preciosas y de puertas de perla? Cuando Jesús estuvo en la colina contemplando la antigua Jerusalén y clamó: "¡Jerusalén, Jerusalén… ¡Cuántas veces quise juntar a tus hijos como la gallina junta sus polluelos debajo de las alas, pero no quisiste!" (Mateo 23:37), ¿se estaba dirigiendo a los ladrillos, a las piedras y a las maderas de la ciudad? Entendemos que se refería a sus habitantes.

De igual forma, la nueva Jerusalén ha de incluir a sus habitantes. Difícilmente se puede aplicar a la ciudad material de oro y perlas la expresión "se ha preparado", o "se le ha concedido que se vista de lino fino, limpio y resplandeciente, pues el lino fino significa las acciones justas de los santos".

Es evidente que la "ciudad" que Jesús ama consiste en el pueblo redimido que la habita. Encontró por fin una comunidad de santos que crecieron hasta "la medida de la estatura de la plenitud de Cristo" (Efesios 4:13). Por fin lo comprenden y lo aprecian por lo que él es, no por la recompensa que desean obtener para ellos mismos. Esa es la razón por la que se presenta a la "esposa" del Cordero vestida de ese ropaje esplendoroso.

La justicia de Cristo no les ha sido meramente imputada, sino que les ha sido impartida, comunicada tan plenamente mediante su fe en Cristo, que ha venido a ser parte de ellos mismos, y de ahí la expresión: "las acciones justas de los santos".

Si la esposa se hubiera "preparado" antes, "las bodas del Cordero" habrían tenido lugar antes. El Esposo siempre ha estado preparado. La causa de la demora en el retorno de Cristo no es que él se haya retardado, sino que su "esposa" ha tardado en estar preparada. En ese sentido tiene la clave para el cumplimiento final de las maravillosas profecías del libro de Apocalipsis.

Apocalipsis 19:10*: Yo me postré a sus pies para adorarlo, pero él me dijo: "¡Mira, no lo hagas! Yo soy consiervo tuyo y de tus hermanos que tienen el testimonio de Jesús. ¡Adora a Dios!" El testimonio de Jesús es el espíritu de la profecía.*

Aunque los ángeles son seres gloriosos no debemos adorarlos. Tampoco debemos adorar ni alabar a ningún ser humano. El ángel dijo de sí mismo que era un "consiervo" nuestro, un "cautivo" también del amor de Cristo. El ángel se siente feliz por pertenecer al mismo grupo que Juan: el de los que "tienen el testimonio de Jesús". Te sentirías bien si mantuvieras una relación de confianza con el primer ministro o presidente de tu país. Quienes tienen el "testimonio de Jesús" son aquellos que tienen con él una relación de confianza. Juan era profeta, como Isaías, Jeremías, Daniel y muchos otros. Todos los profetas tienen el testimonio de Jesús, ya que "el testimonio de Jesús es el espíritu de la profecía".

Alguien puede preguntar: '¿Por qué no oigo a Dios hablándome? Cuando empleo el teléfono no sólo me oye el amigo con quien hablo, sino que también le oigo a él hablarme. ¿Por qué no puedo oír a Dios dando una respuesta hablada a mis oraciones?'

Hace muchos años, en el jardín del Edén, Adán y Eva hablaban con Dios cara a cara de la forma en que un niño escolarizado habla con su maestro. Pero cuando entró el pecado, nuestros primeros padres "se escondieron de la presencia de Jehová Dios entre los árboles del huerto" (Génesis 3:8). Desde entonces no había forma en que Dios pudiera hablarles, excepto a través del ministerio especial de aquellos a quienes él llamara para ser sus profetas. "Jehová les dijo: Oíd ahora mis palabras. Cuando haya entre vosotros un profeta de Jehová, me apareceré a él en visión, en sueños le hablaré" (Números 12:5-6).

Cuando nos hemos de comunicar con alguien que desconoce nuestro idioma recurrimos a un traductor que permite la comunicación. El profeta es como el traductor que recibe el mensaje que Dios nos quiere comunicar y nos lo entrega a nosotros. La Biblia es el mensaje que Dios nos ha enviado por medio de profetas desde la antigüedad. "Nunca la profecía fue traída por voluntad humana, sino que los santos hombres de Dios hablaron siendo inspirados por el Espíritu Santo" (2 Pedro 1:21).

¿Hubo profetas en el Nuevo Testamento, y los hay en nuestros días? Jesús prometió el don del Espíritu Santo a su iglesia también después que hubiera ascendido al cielo: "Subiendo a lo alto, llevó cautiva la cautividad y dio dones a los hombres... Y él mismo constituyó a unos, apóstoles; a otros, profetas... hasta que todos lleguemos a la unidad de la fe y del conocimiento del Hijo de Dios, al hombre perfecto, a la medida de la estatura de la plenitud de Cristo" (Efesios 4:8-13).

Dios compara su iglesia con un cuerpo humano compuesto de diferentes miembros, cada uno de ellos con una función específica. El profeta constituye los "ojos" de la iglesia:

"Vosotros, pues, sois el cuerpo de Cristo y miembros cada uno en particular. Y a unos puso Dios en la iglesia, primeramente apóstoles, luego profetas" (1 Corintios 12:27-28). Los ojos indican al cuerpo dónde se está dirigiendo. Así, la obra de un profeta, el "espíritu de profecía", da luz a la iglesia para que comprenda el camino que debe seguir, guiándola por sendas seguras.

El don de profecía ha de permanecer en la iglesia hasta el momento en que Jesús regrese: "El testimonio acerca de Cristo ha sido confirmado entre vosotros, de tal manera que nada os falta en ningún don mientras esperáis la manifestación de nuestro Señor Jesucristo" (1 Corintios 1:6-7). Por consiguiente, el espíritu de profecía es uno de los dones que distingue y señala a la verdadera iglesia de Cristo, llamada "el resto" —o remanente— en Apocalipsis 12:17. Quien cree y sigue ese "testimonio de Jesús" es honrado y reconocido por el cielo como uno de los consiervos de Juan y del ángel que le transmitió el mensaje de Dios.

Apocalipsis 19:11-16: Entonces vi el cielo abierto, y había un caballo blanco. El que lo montaba se llamaba Fiel y Verdadero, y con justicia juzga y pelea. Sus ojos eran como llama de fuego, en su cabeza tenía muchas diademas y tenía escrito un nombre que ninguno conocía sino él mismo. Estaba vestido de una ropa teñida en sangre y su nombre es: La Palabra de Dios. Los ejércitos celestiales, vestidos de lino finísimo, blanco y limpio, lo seguían en caballos blancos. De su boca sale una espada aguda para herir con ella a las naciones, y él las regirá con vara de hierro. Él pisa el lagar del vino del furor y de la ira del Dios Todopoderoso. En su vestidura y en su muslo tiene escrito este nombre: Rey de reyes y Señor de señores.

Rey De Reyes Y Señor De Señores

Estamos de nuevo ante la batalla de Armagedón. En Apocalipsis 16:12-16 vimos a los habitantes del mundo reuniéndose para luchar contra el Cordero. Ahora vemos las preparaciones que tienen lugar en el cielo: Cristo cabalgando sobre un "caballo blanco" en señal de victoria gloriosa. Sus ojos son como llama de fuego, dado que el suyo es un carácter de amor. El amor es el mayor poder del universo, pero su rechazo conlleva el más temible de los juicios. Su nombre, que sólo él mismo conoce, procede de la experiencia por la que pasó en la cruz. Es una experiencia que nadie —ni siquiera los ángeles del cielo— puede apreciar en su plenitud. Su "ropa teñida de sangre" es su manto de justicia, que fue sumergido en la sangre de su sacrificio en la cruz.

Ese gran ejército del cielo dobla en número al de los que cayeron con Lucifer. Su victoria está asegurada.

¿Deberíamos temer ser adoradores de Aquel que está por encima de todo poder terrenal? El que es Rey de reyes y Señor de señores es más que capaz de rescatar aun al más débil de sus seguidores. Pon en él tu confianza y no permitas que Satanás te aterrorice.

Hace años, en un país de África infestado de leones, los granjeros mantenían a sus ganados encerrados en corrales vallados con maderas a fin de protegerlos de los leones. La valla tenía la consistencia necesaria para que ningún león la pudiera derribar. No obstante, cuando la temible bestia rugía en la noche, se venía abajo la confianza del ganado en la protección de la valla. Aterrorizados, corrían en una estampida que derribaba su propia protección. Rugir es todo cuanto tenía que hacer el león.

Si ponemos en el Cordero nuestra confianza nos sabremos rodeados por su amor. No debemos permitir que el miedo nos lleve a derribar esa valla de protección. El alcance de la victoria de Cristo no tiene parangón.

Apocalipsis 19:17-21: *Vi un ángel que estaba de pie en el sol, y clamó a gran voz diciendo a todas las aves que vuelan en medio del cielo: "¡Venid y congregaos a la gran cena de Dios! Para que comáis carnes de reyes y capitanes y carnes de fuertes; carnes de caballos y de sus jinetes; carnes de todos, libres y esclavos, pequeños y grandes". Vi a la bestia y a los reyes de la tierra y sus ejércitos reunidos para guerrear contra el que montaba el caballo, y contra su ejército. La bestia fue apresada, y con ella el falso profeta que había hecho delante de ella las señales con las cuales había engañado a los que recibieron la marca de la bestia y habían adorado su imagen. Estos dos fueron lanzados vivos dentro de un lago de fuego que arde con azufre. Los demás fueron muertos con la espada que salía de la boca del que montaba el caballo, y todas las aves se saciaron de las carnes de ellos.*

El ángel que se describe como estando de pie en el sol ocupa el lugar más próximo a Cristo. Es algo parecido a un escudero. A todos esos "capitanes", a esos "fuertes" y a todos, libres y esclavos, grandes y pequeños, se les ha extendido la invitación llena de gracia para que asistan como huéspedes honrados a la cena de bodas del Cordero. "Pero ellos, sin hacer caso, se fueron: uno a su labranza, otro a sus negocios; y otros, tomando a los siervos [que les habían transmitido la invitación], los golpearon y los mataron" (Mateo 22:5-6). Habiendo rehusado la invitación a la cena de bodas del Cordero, tienen que asistir ahora a otro evento muy distinto: la fiesta sangrienta en la que su propia carne va a ser la comida para "todas las aves que vuelan en medio del cielo". Por supuesto, se trata de lenguaje simbólico. Expresa el juicio de destrucción completa y final de todos quienes se han alistado con Satanás en su rebelión contra Dios.

Pero la "bestia", los reyes de la tierra y sus ejércitos ignoran que al reunirse con el propósito de hacer guerra "contra el que montaba el caballo" —al que se llama "el Verbo de Dios"— se están aproximando a la carnicería más tremenda que este mundo ha presenciado y presenciará. Se reserva un castigo especial para la "bestia" y el "falso profeta que había hecho delante de ella las señales con las cuales había engañado a los que recibieron la marca de la bestia y habían adorado su imagen".

Eso implica que los reyes de la tierra y sus ejércitos no son comparativamente menos culpables que aquellos dirigentes religiosos que los engañaron. El "falso profeta" es la bestia de dos cuernos identificada en Apocalipsis 13:11 y siguientes versículos: el protestantismo caído de Estados Unidos, que habla a modo de "profeta" o portavoz de la "bestia" y seduce "a los habitantes de la tierra [a] que le hagan una imagen a la bestia" (Apocalipsis 13:14). La bestia y el falso profeta son sorprendidos y apresados en el acto mismo de hacer guerra contra el Cordero. Han engañado al mundo en su pretensión de representar a Cristo.

¿Por qué muestran los habitantes del cielo ese fervor y devoción entusiasta hacia el Cordero? ¡Hay algo en su magnífico logro, que les produce una alegría sobrecogedora! ¿Por qué aquí, en esta tierra, somos tan indiferentes al respecto? La razón es que los habitantes del cielo ven algo que nosotros estamos aún pendientes de descubrir: "la anchura, la longitud, la profundidad y la altura [del] amor de Cristo, que excede a todo conocimiento" (Efesios 3:18-19)

A fin de participar de esa alegría inmensa del Cielo es imperativo comprender la idea que expone claramente el Nuevo Testamento sobre la justicia por la fe. Ciertamente podemos comenzar a participar ahora y aquí de esa tremenda alegría, ya que "el amor de Cristo nos constriñe, pensando esto: que si uno murió por todos, luego todos murieron; y él por todos murió, para que los que viven ya no vivan para sí, sino para aquel que murió y resucitó por ellos" (2 Corintios 5:14-15). Si creemos al evangelio ¡es imposible seguir viviendo vidas egoístas! El gran tema de Apocalipsis es la gloria de la cruz. Eso lo significaba todo para el apóstol Juan, ya que afirma: "En esto se mostró el amor de Dios para con nosotros: en que Dios envió a su Hijo unigénito al mundo para que vivamos por él. En esto consiste el amor: no en que nosotros hayamos amado a Dios, sino en que él nos amó a nosotros y envió a su Hijo en propiciación por nuestros pecados" (1 Juan 4:9-10).

Las escenas que presenta Apocalipsis 19 no tienen tanto el propósito de proporcionarnos una ordenación cronológica exacta de los acontecimientos, como el de mostrar su significado profundo. Cristo se hizo merecedor de su título de Conquistador Todopoderoso y Rey de reyes en virtud de su muerte en sacrificio voluntario. Finalmente, todo el mundo y el universo habrán de verlo en su verdadera luz, algunos para alegrarse eternamente en su gloria; otros que lo despreciaron para sufrir la vergüenza más penosa y descarnada que se pueda experimentar.

Juntamente con la "gran multitud en el cielo", con "los veinticuatro ancianos y los cuatro seres vivientes" que se postraron en tierra, y con los ejércitos del cielo que siguen a

Cristo en caballos blancos, cantamos en alabanza: "¡Aleluya! Salvación, honra, gloria y poder son del Señor Dios nuestro".

Capítulo 20—Satanás Encadenado Mil Años

Apocalipsis 20:1-3: Vi un ángel que descendía del cielo con la llave del abismo y una gran cadena en la mano. Prendió al dragón, la serpiente antigua, que es el Diablo y Satanás, y lo ató por mil años. Lo arrojó al abismo, lo encerró y puso un sello sobre él para que no engañara más a las naciones hasta que fueran cumplidos mil años. Después de esto debe ser desatado por un poco de tiempo.

Mil años literales son los que pasará Satanás atado con cadenas. La razón por la que Juan tuvo que emplear símbolos hasta este punto, es para evitar que hombres malvados destruyeran su libro en caso de que comprendieran su significado al identificarlos a ellos y a sus reinos. Pero a partir del capítulo 20 Juan describe eventos que se han de dar con posterioridad a la batalla de Armagedón, y ya no es más necesario emplear lenguaje simbólico.

Demasiado a menudo amantes de las armas disparan a gente inocente en locos arrebatos de odio. En ocasiones los cuerpos de seguridad son capaces de apresarlos vivos y encarcelarlos. Este capítulo trata de varias cuestiones: ¿Por qué no ata Dios ya al diablo ahora? ¿Acaso la gente mala no se volvería buena una vez que Satanás estuviera encadenado de forma segura? Si a quienes eligieron la iniquidad se les diera otra oportunidad más, ¿no pudiera ser que escogieran la salvación? ¿Les va a dar Dios esa otra oportunidad? ¿Se va a convertir finalmente Satanás?

Muchos culpabilizan a Satanás como siendo el único responsable de su mala conducta. Pero si Dios atara al diablo hoy, ¿se convertirían de repente en buenos mañana? Santiago afirma:

"Cada uno es tentado, cuando de su propia pasión es atraído y seducido" (Santiago 1:14). Eso indicaría que es nuestra atracción y seducción desde el interior la que nos causa el problema, no necesariamente el diablo desde el exterior.

En este capítulo veremos que si se diera una última oportunidad más a los perdidos volverían de nuevo a escoger continuar en su camino de rebelión contra Dios y contra todo lo que es bueno. ¡No nos atreveremos a demorar nuestra entrega a Dios hasta que el ángel comisionado encadene a Satanás!

¿Qué significa el "abismo"? En la versión griega del Antiguo Testamento (LXX) se trata de la misma palabra que encontramos en Jeremías 4:23-27. El antiguo profeta describe la situación de la tierra en ese mismo período de tiempo: "Miré a la tierra, y vi que estaba desordenada y vacía [abyssos: abismo]; y a los cielos, y no había luz en ellos... Miré, y vi que el campo fértil era un desierto, y todas sus ciudades estaban asoladas delante de Jehová, delante del ardor de su ira. Así dijo Jehová: Toda la tierra será asolada".

Recordemos que al ser derramada la séptima plaga todas las ciudades del mundo son destruidas por un granizo de tamaño gigantesco. Esta tierra, en su condición ruinosa tras la segunda venida de Cristo, es precisamente el "abismo" en el que el ángel va a confinar a Satanás durante los mil años.

¿Cuál es esa "gran cadena" con la que el ángel ata a Satanás? Jeremías declara, refiriéndose a ese mismo tiempo: "Por esto se enlutará la tierra, y los cielos arriba se oscurecerán" (Jeremías 4:28). Dicho de otro modo: durante los mil años no brillará el sol, la luna ni las estrellas. Cuando uno es puesto en un entorno de oscuridad completa, viene a resultar confinado tan eficazmente como si hubiera sido encadenado. Pedro escribió que Dios entregaría a Satanás y sus ángeles "a prisiones de oscuridad" (2 Pedro 2:4).

¿Por qué razón Satanás ya no puede seguir engañando a las naciones hasta que se cumplan los mil años? Todos los que guerrearon contra Cristo en aquella batalla de Armagedón han sido destruidos por el resplandor de Jesús en su venida. Declaró Jeremías: "Yacerán los muertos de Jehová en aquel día desde un extremo de la tierra hasta el otro; no se hará lamentación, ni se recogerán ni serán enterrados, sino que como estiércol quedarán sobre la faz de la tierra" (Jeremías 25:33).

Tampoco a los salvos puede ahora engañar, ya que fueron llevados al cielo al venir Cristo: "El Señor mismo, con voz de mando, con voz de arcángel y con trompeta de Dios, descenderá del cielo. Entonces, los muertos en Cristo resucitarán primero. Luego nosotros, los que vivimos, los que hayamos quedado, seremos arrebatados juntamente con ellos en las nubes para recibir al Señor en el aire, y así estaremos siempre con el Señor" (1 Tesalonicenses 4:16-17). Estando muertos los impíos, y estando los redimidos en el cielo a salvo de Satanás, ¿a quién podría tentar?

Apocalipsis 20:4-6*: Vi tronos, y se sentaron sobre ellos los que recibieron facultad de juzgar. Y vi las almas de los decapitados por causa del testimonio de Jesús y por la palabra de Dios, los que no habían adorado a la bestia ni a su imagen, ni recibieron la marca en sus frentes ni en sus manos; y vivieron y* *reinaron con Cristo mil años. Pero los otros muertos no volvieron a vivir hasta que se cumplieron mil años. Esta es la primera resurrección. Bienaventurado y santo el que tiene parte en la primera resurrección; la segunda muerte no tiene poder sobre estos, sino que serán sacerdotes de Dios y de Cristo y reinarán con él mil años.*

¿Cuándo comienzan esos mil años? Juan aclara categóricamente que el comienzo de los mil años tendrá lugar al darse la "primera resurrección" de los que murieron en Cristo, y que la segunda resurrección —la de los impíos— ocurrirá al final de los mil años. Dijo Jesús: "Llegará la hora cuando todos los que están en los sepulcros oirán su voz; y los que hicieron lo bueno saldrán a resurrección de vida; pero los que hicieron lo malo, a resurrección de condenación" (Juan 5:28-29).

"Bienaventurado" significa "afortunado", "feliz". Será el caso de quienes oigan la voz del arcángel y la trompeta de Dios cuando Jesús regrese por segunda vez. Tal como sucede a quienes han sido inoculados con un remedio preventivo contra una enfermedad (por ejemplo, la difteria), estos habrán resultado "inmunizados" contra los horrores de la segunda muerte, de forma que "la segunda muerte no tiene poder sobre estos".

¡Imagina la situación de quienes no oigan la voz de Jesús en su segunda venida! Es como aquel que planea tomar un avión para una cita importante, y al llegar el día no escucha la alarma- despertador y pierde el vuelo. ¿Puedes imaginar algo peor que seguir "durmiendo" en el tiempo de la primera resurrección?

¿Qué hará el pueblo de Dios en el cielo durante los mil años? Muchos buscarán a amigos y seres queridos a quienes esperarían ver salvos, tal como sucede a los que sobreviven a un terremoto o inundación. Podrían no estar allí algunos de los que esperarían encontrar. ¡Con cuánta ansiedad querrán conocer los redimidos la causa por la que algunos no están entre los resucitados en la primera resurrección!

Para darles satisfacción, y a fin de responder a todo cuestionamiento por siempre, Jesús abrirá los libros del cielo y les permitirá leer por ellos mismos los registros de las vidas de los perdidos. De ese modo, tal como Juan afirma, "recibieron facultad de juzgar". Pablo dijo a los corintios: "¿No sabéis que los santos han de juzgar al mundo? Y si el mundo ha de ser juzgado por vosotros, ¿sois indignos de juzgar asuntos tan pequeños? ¿No sabéis que hemos de juzgar a los ángeles? ¿Cuánto más las cosas de esta vida?" (1 Corintios 6:2-3). Al llegar a su fin los mil años, esa gran obra de juicio respecto a los perdidos habrá convencido a todos de la justicia y misericordia de Dios.

Hubo muchos en la historia que fueron decapitados por permanecer fieles a la verdad de Cristo. Aunque perdieron toda posesión terrenal y hasta la propia vida, ellos no se perdieron. En la crisis que pronto va a sorprendernos, muchos en el pueblo de Dios perderán sus posesiones y amigos, y en algunos casos también sus vidas. Pero quienes se nieguen a adorar a la "bestia" o a su "imagen" y rehúsen recibir la "marca" de la bestia en sus frentes o en sus manos no se perderán eternamente.

Con total seguridad, los primeros cinco minutos que puedan pasar en la presencia del Señor les convencerán de que valió la pena mil veces ser leales a él y a su verdad. "Esta leve tribulación momentánea produce en nosotros un cada vez más excelente y eterno peso de gloria... pues las cosas que se ven son temporales, pero las que no se ven son eternas" (2 Corintios 4:17-18).

Apocalipsis 20:7-9*: Cuando los mil años se cumplan, Satanás será suelto de su prisión y saldrá a engañar a las naciones que están en los cuatro ángulos de la tierra, a Gog y a Magog, a fin de reunirlos para la batalla. Su número es como la arena del mar. Subieron por la anchura de la tierra y rodearon el campamento de los santos y la ciudad amada; pero de Dios descendió fuego del cielo y los consumió.*

Satanás es liberado de su prisión por el hecho de que los impíos son resucitados de sus tumbas (es la segunda resurrección). Entonces puede reanudar esa labor que tan bien conoce: la de engañar a los demás. Los perdidos no resucitan en la plenitud de la salud y el vigor, tal como fue el caso de los justos que resucitaron en la primera resurrección, sino llevando aún las marcas del pecado y la maldición. Miran a su alrededor y contemplan su mundo en un estado de ruina. Saben que la destrucción tuvo lugar debido a su propia maldad al seguir los caminos de Satanás.

Todos en el cielo observan ahora atentamente qué es lo que van a hacer. ¿Aprendieron la lección? Durante esos mil años en los que Satanás no tuvo nada que hacer excepto recapacitar, ¿decidió arrepentirse? ¿Experimentó su corazón un cambio?

Dios ha tenido a bien darle esa oportunidad, de forma que todos puedan ver que su carácter es rematadamente malvado y sin esperanza de cambio. Nunca dice: "Lo siento, Señor. Ahora me arrepiento". Todos hemos sabido de criminales que salen de la cárcel solamente para repetir los mismos crímenes por los que fueron encarcelados. Todos los inicuos que salen de sus tumbas en esa segunda resurrección vuelven a elegir los engaños de Satanás. Siguen amando la mentira (ver 2

Tesalonicenses 2:9-12). Confirman que no hay esperanza alguna para ellos.

Observa cuán nutrido será el grupo de los perdidos. "Su número es como la arena del mar". Jesús nos advirtió que debemos guardarnos de seguir a las grandes multitudes o a las mayorías en cuestiones de fe: "Entrad por la puerta angosta, porque ancha es la puerta y espacioso el camino que lleva a la perdición, y muchos son los que entran por ella; pero angosta es la puerta y angosto el camino que lleva a la vida, y pocos son los que la hallan" (Mateo 7:13-14). Esa es la razón por la que al mirar al mundo de nuestros días vemos tan pocos transitando el camino angosto que lleva a la vida eterna.

La forma en que Satanás engaña a sus seguidores puede parecernos insensata, pero haremos bien en recordar que el pecado es una insensatez. Logra que las mentes de sus súbditos abracen la idea desesperada de que son capaces de tomar la santa ciudad de Dios, la Nueva Jerusalén, que ha descendido de Dios desde el cielo para establecerse en la tierra (ver Apocalipsis 21:2). Los inicuos imaginan que debido al hecho de ser tan numerosos van a ser capaces de vencer a Cristo y a sus santos. Pero ¿cómo podría prosperar ese plan?

Aunque Satanás ha dispuesto de tiempo sobrado para considerar los resultados de su rebelión, sigue odiando a Dios y a su pueblo. Si lograra entrar en la ciudad santa podría desalojar a Dios de su trono y proclamarse rey. Los ángeles santos y los redimidos observan. "Es suficiente", declaran, "ahora vemos el resultado inevitable y final del pecado. Que se haga justicia".

Apocalipsis 20:10-15*: El diablo, que los engañaba, fue lanzado en el lago de fuego y azufre donde estaban la bestia y el falso profeta; y serán atormentados día y noche por los siglos de* *los siglos. Vi un gran trono blanco y al que estaba sentado en él, de delante del cual huyeron la tierra y el cielo y ningún lugar se halló ya para ellos. Y vi los muertos, grandes y pequeños, de pie ante Dios. Los libros fueron abiertos, y otro libro fue abierto, el cual es el libro de la vida. Y fueron juzgados los muertos por las cosas que estaban escritas en los libros, según sus obras. El mar entregó los muertos que había en él, y la muerte y el Hades entregaron los muertos que había en ellos, y fueron juzgados cada uno según sus obras. La muerte y el Hades fueron lanzados al lago de fuego. Esta es la muerte segunda.*

El que no se halló inscrito en el libro de la vida fue lanzado al lago de fuego.

La gran hueste hace una pausa mientras se reúne alrededor de la Nueva Jerusalén. Muy por encima de la ciudad aparece un gran trono blanco. Sentado en él está el Hijo de Dios con toda la gloria de su Padre. Los malvados tienen ahora la oportunidad de considerar sus vidas pasadas. Como en una gran pantalla panorámica contemplan los eventos de la vida de Cristo, su rechazo y crucifixión. Cada uno ve la parte que desempeñó en una vida dedicada a guerrear contra el Cordero. Cada pensamiento de sus mentes malvadas, cada palabra y cada hecho es ahora apreciado en su terrible realidad de rebeldía contra Dios y su verdad.

Entienden por fin su pecado. Ven que han estado constantemente resistiendo los ruegos del Espíritu Santo y han rechazado sus advertencias. Han pisoteado su misericordia con terquedad y han despreciado a sus fieles mensajeros. Comprenden que han estado crucificando diariamente a Cristo de nuevo. Los sobrecoge la vergüenza y el remordimiento. Se sienten abrumados por la realidad de su propia culpa.

Ni siquiera Satanás puede mirar hacia otro lado. Ve cómo un ángel —que sabe que habría podido ser él— coloca a Cristo una brillante corona en la cabeza. La multitud observa sobrecogida. Los malvados comprenden ahora el valor de la recompensa eterna que despreciaron y rechazaron mediante su obstinada negativa a arrepentirse. Satanás y la gran hueste de los perdidos doblan sus rodillas ante Dios y confiesan la justicia de su sentencia, reconociendo su absoluta descalificación para entrar en el cielo. Se cumplirán así las palabras de Pablo: "Para que en el nombre de Jesús se doble toda rodilla de los que están en los cielos, en la tierra y debajo de la tierra; y toda lengua confiese que Jesucristo es el Señor, para gloria de Dios Padre" (Filipenses 2:10-11. Ver también Isaías 45:23).

Observa que ninguno de ellos es juzgado por su fe. ¡No guardaron la fe! Son juzgados solamente por sus obras, todas ellas motivadas de alguna forma por su amor al yo.

El fuego no cae del cielo porque Dios odie a esos pobres perdidos. El fuego viene porque la presencia misma de "nuestro Dios es fuego consumidor" (Hebreos 12:29). Dado que los perdidos han elegido aferrase a su pecado tal como la viña se aferra al árbol hasta confundirse con él, ambos han de ser destruidos por el fuego que fue dispuesto solamente para consumir el pecado. Por otra parte, puesto que los redimidos se han entregado al amor de Cristo y se han arrepentido, han confesado y abandonado sus pecados, "la segunda muerte no tiene poder sobre estos" (Apocalipsis 20:6). El amor —agape— les ha librado del temor (1 Juan 4:17-18).

Dios jamás quiso que un solo ser humano pereciera en ese fuego, que fue solamente preparado para el diablo y sus ángeles (Mateo 25:41). ¿Por qué debería cualquiera de nosotros tomar la elección de compartir esa suerte siniestra?

El libro de la vida está todavía abierto delante de Dios, y ahora nuestros nombres pueden ser retenidos en él. Pero no habrá una segunda oportunidad una vez que hayan comenzado los mil años. Hoy, ahora, es nuestra oportunidad; y podría ser la última. Gracias sean dadas a Dios porque su Espíritu Santo está continuamente a la labor de atraernos. Jesús declaró: "Yo, cuando sea levantado de la tierra, a todos atraeré a mí mismo" (Juan 12:32). Su amor es tan activo y persistente, que solamente quienes lo resistan podrán perderse finalmente junto a Satanás.

Apocalipsis es el libro de la revelación de Jesús. Contiene el "evangelio eterno" (capítulo 14:6), y el evangelio son siempre buenas nuevas. Dios ha hecho fácil la salvación, y difícil la perdición. El libro de Apocalipsis nos enseña que sólo se perderán aquellos que "pelearán contra el Cordero" (Apocalipsis 17:14), pero haremos bien en recordar que mediante nuestra actitud ante los ruegos del Espíritu Santo a nuestros corazones, estamos ahora mismo decidiendo de qué parte estaremos.

Capítulo 21—Tu Hogar en la Nueva Jerusalén

Apocalipsis 21:1-4*: Entonces vi un cielo nuevo y una tierra nueva, porque el primer cielo y la primera tierra habían pasado y el mar ya no existía más. Y yo, Juan, vi la santa ciudad, la nueva Jerusalén, descender del cielo de parte de Dios, ataviada como una esposa hermoseada para su esposo. Y oí una gran voz del cielo, que decía: "El tabernáculo de Dios está ahora con los hombres. Él morará con ellos, ellos serán su pueblo y Dios mismo estará con ellos como su Dios. Enjugará Dios toda lágrima de los ojos de ellos; y ya no habrá más muerte, ni habrá más llanto ni clamor ni dolor, porque las primeras cosas ya pasaron".*

Los primeros tres capítulos de la Biblia hablan de un nuevo mundo creado para nuestra felicidad. En los primeros dos capítulos no hay pecado. Dios y el ser humano caminaban juntos en el jardín de Edén hablándose cara a cara. El capítulo tercero nos informa acerca de cómo entró la tragedia del pecado.

El antepenúltimo capítulo de la biblia —que acabamos de estudiar— trata de la destrucción final del pecado. En él hasta la propia "muerte y el Hades fueron lanzados al lago de fuego". Así, toda la Biblia, desde su tercer capítulo desde el inicio, hasta el tercero desde el final, habla del relato de los siete mil años de conflicto con el pecado, y de su derrota eterna y final. Los últimos dos capítulos de la Biblia, lo mismo que los dos primeros, vuelven a llevar nuestra atención a "un cielo nuevo y una tierra nueva" libres de la maldición del pecado, el dolor y las lágrimas.

El propósito original de Dios al crear la tierra se va a cumplir: "Él es Dios, el que formó la tierra, el que la hizo y la compuso. No la creó en vano, sino para que fuera habitada la creó" (Isaías 45:18). Tal como hemos visto, los impíos reciben su recompensa final aquí en esta tierra; y ahora aprendemos que también los justos reciben aquí su recompensa: "Ciertamente el justo recibe su paga en la tierra, ¡cuánto más el malvado y el pecador!" (Proverbios 11:31). "Los mansos heredarán la tierra y se recrearán con abundancia de paz" (Salmo 37:11; ver también Mateo 5:5). "Jehová será rey sobre toda la tierra... morarán en ella y no habrá nunca más maldición" (Zacarías 14:9-11).

La idea que muchos tienen sobre la recompensa de los santos consiste en que se sentarán en una nube dedicados por siempre a poco más que tocar sus arpas. Nadie en su sano juicio se sentiría feliz sin hacer nada por siempre. La escena que presenta la Biblia del hogar de los salvos es entrañable: "Yo crearé nuevos cielos y nueva tierra... Edificarán casas y morarán en ellas; plantarán viñas y comerán el fruto de ellas. No edificarán para que otro habite ni plantarán para que otro coma; porque según los días de los árboles serán los días de mi pueblo, y mis escogidos disfrutarán la obra de sus manos" (Isaías 65:17 y 21-22).

¿Por qué ya no habrá mar? La superficie de nuestro globo terráqueo es actualmente agua en sus tres quintas partes. Los vastos océanos que conocemos son restos del diluvio, episodio en el que "fueron rotas todas las fuentes del gran abismo y abiertas las cataratas de los cielos" (Génesis 7:11). Sobre nuestra tierra pesa hoy una triple maldición: (a) fue maldita cuando el hombre pecó, y comenzó a producir "espinas y cardos" (Génesis 3:17-18); (b) después que se cometió el primer homicidio, la tierra recibió una segunda maldición (Génesis 4:11-12); (c) la tercera maldición fue el gran diluvio, tras el cual Dios dijo: "No tornaré más á maldecir la tierra por causa del hombre" (Génesis 8:21). "El mundo de entonces pereció anegado en agua" (2 Pedro 3:6). Pero en la nueva tierra "no habrá más maldición" (Apocalipsis 22:3).

No es solamente que Jesús murió para redimir a la humanidad. Lo hizo también para redimir a esta tierra arruinada. La sangre manó de sus heridas, discurriendo por el madero hasta la tierra a la que redimió. ¡El suelo mismo que pisamos es la compra de su sacrificio! Desde su lugar actual en el cielo, Dios va a trasladar su trono y su capital a esta tierra redimida. Allí donde se elevó la cruz en la que fue clavado su Hijo amado, establecerá su reino eterno.

Apocalipsis 21:5-8*: El que estaba sentado en el trono dijo: "Yo hago nuevas todas las cosas". Me dijo: "Escribe, porque estas palabras son fieles y verdaderas". Y me dijo: "Hecho está. Yo soy el Alfa y la Omega, el principio y el fin. Al que tiene sed, le daré gratuitamente de la fuente del agua de vida. El vencedor heredará todas las cosas, y yo seré su Dios y él será mi hijo. Pero los cobardes e incrédulos, los abominables y homicidas, los fornicarios y hechiceros, los idólatras y todos los mentirosos tendrán su parte en el lago que arde con fuego y azufre, que es la muerte segunda".*

¿Has tenido alguna vez el sentimiento inquietante de que no vas a entrar en la tierra nueva? Observa detenidamente que el Señor dará "gratuitamente ... el agua de vida" "al que tiene sed". Son únicamente quienes no tienen sed, los que quedarán privados de beber de esa fuente inagotable: "Bienaventurados los que tienen hambre y sed de justicia, porque serán saciados"

(Mateo 5:6). Tener hambre del pan de vida y sed del agua de vida es un don que sólo el Espíritu Santo puede otorgar.

¿A qué dedicas tu tiempo libre? Si te conformas con no leer la Palabra de Dios, con no estudiarla y con no buscar la verdad, eso pone en evidencia que no tienes hambre y sed de justicia. Una vez estés convertido buscarás de todo corazón el reino de Dios.

Podría ser que todavía no estés sintiendo hambre por la Palabra de Dios. Esa ha sido la experiencia común a todos, ya que inicialmente nuestro corazón es carnal, y según leemos, estábamos "muertos en ... delitos y pecados" (Efesios 2:1). Todas las promesas de la Escritura van dirigidas "al que venciere". Dios dará esa bendita hambre y sed de justicia a todo el que se la pida. ¡Y con la justicia viene la salvación!

¿Quiénes son los "cobardes e incrédulos" que van a tener su parte en el lago de fuego y azufre? Como alguien escribió:

Los que están fuera de la ciudad se cuentan entre los más confiados, jactanciosos y aparentemente entre los más celosos. Amaron de palabra, pero no de hecho ni en verdad. Sus corazones no están en armonía con Dios. No tienen el temor de Dios. Los temerosos e incrédulos, que serán castigados con la muerte segunda, pertenecen a esa clase que se avergüenza de Cristo en este mundo. Temen obrar lo correcto y seguir a Cristo debido a las pérdidas materiales que les podría suponer. Son negligentes en su deber a fin de evitar el reproche y las dificultades, y a fin de evitar los peligros. Quienes no se atreven a obrar el bien debido a que en tal caso se expondrían a pruebas y persecución, a pérdidas y al sufrimiento, son cobardes, y junto con los idólatras, mentirosos y resto de pecadores están madurando para la segunda muerte.

Los "incrédulos" se niegan a humillar sus corazones hasta el punto de apreciar el sacrificio de Cristo en la cruz. La incredulidad no radica en una incapacidad de la mente, sino en una elección del corazón. Si uno decide no apreciar ese gran amor de Dios, está ya perdido. Los "abominables" son aquellos cuyo "dios es el vientre, su gloria es aquello que debería avergonzarlos" (Filipenses 3:19). Rechazando a Cristo, rebelándose contra el amor, caen en "pasiones vergonzosas" y están desprovistos de "afecto natural" (Romanos 1:26-32). El corazón que desprecia la pureza aprende a amar la depravación. Dios nunca hace "abominable" a nadie. Hacerse abominable es la obra de todo el que resiste a las buenas nuevas del amor de Dios.

Los "fornicarios" figuran en la lista junto a los "homicidas". ¿Por qué considera Dios la inmoralidad sexual como algo tan terrible? ¿Por qué desearán estar fuera de la ciudad? ¿Acaso le resulta a Dios molesto que las personas experimenten placer? No. Él quiere la felicidad para todos, pero sabe que la inmoralidad sexual no trae felicidad a nadie. Trae lamento, remordimiento y desesperación a quienes se entregan a ella, y hiere a muchas personas inocentes a su alrededor.

¿Por qué recibe la misma consideración que el homicidio? "Ninguno de nosotros vive para sí y ninguno muere para sí" (Romanos 14:7). Todo el que se ama a sí mismo hiere a su prójimo. "El amor no hace mal al prójimo; así que el cumplimiento de la Ley es el amor" (Romanos 13:10). Solamente quienes aprendieron a amar a su prójimo como a ellos mismos pueden ser felices dentro de la Ciudad. El amor respeta la individualidad de la otra persona, y no la rebaja hasta convertirla en un instrumento de su pasión. El verdadero amor no es un sentimiento pasajero y caprichoso, sino un principio que "nunca deja de ser" (1 Corintios 13:8).

En el viaje de nuestra vida, o bien edificamos, o bien perjudicamos a nuestros semejantes. La inmoralidad sexual siempre causa el derribo de alguien. Dios nunca evita la felicidad de nadie, sino que él es la única fuente de felicidad. Sólo el matrimonio puede santificar el sexo. Cristo salva al creyente del pecado del sexo ilícito. "La boca de la adúltera [o adúltero] es una fosa profunda; en ella caerá quien esté bajo la ira del Señor" (Proverbios 22:14, NVI).

El séptimo mandamiento se convierte en una promesa divina para quien aprecia lo que le costó al Salvador redimirnos. No importa cuán seductora pueda ser la tentación, "no cometerás adulterio" (Éxodo 20:14). El creyente que permite que el Espíritu Santo lo lleve de la mano, no satisfará "los deseos de la carne, porque el deseo de la carne es contra el Espíritu, y el del Espíritu es contra la carne; y estos se oponen entre sí" (Gálatas 5:16-17). Si, la "carne" nos tentará, ¡pero el Espíritu nos guardará!

"Hechiceros" son quienes emplean los poderes del mal para obtener ventaja de los demás. Se los agrupa junto a los mentirosos, ya que recurren al engaño. "Idólatras" son aquellos que convierten las cosas de este mundo en objeto de devoción, dándoles preferencia respecto a Dios. Aunque han sabido que "Dios es Espíritu" (Juan 4:24) y que "Dios es amor" (1 Juan 4:8), rehúsan inclinarse ante él, a quien no pueden ver. Los objetos, las cosas, la posesión y riqueza material, el placer sensual, es lo que ellos adoran. Su error consiste en negarse a creer la verdad que no pueden "ver". Comienzan siendo "incrédulos" y terminan siendo "idólatras".

Los "mentirosos", sea en palabra o en acción, actúan movidos por su amor al yo. Toda mentira tiene su raíz en la procura de la propia satisfacción. Inclusive la verdad que retenemos cuando decirla sería de ayuda para alguien mancha nuestra conciencia como siendo equivalente a decir una mentira. "Mentiras piadosas", "mentiras comerciales", "mentiras sociales" y "mentiras diplomáticas", son todas ellas propias de los "mentirosos". Con la excepción de Cristo, no hay otro ser humano que haya sido honesto desde el nacimiento. Pero todos podemos serlo. "Tú amas la verdad en lo íntimo". "¡Crea en mí, Dios, un corazón limpio, y renueva un espíritu recto dentro de mí!" (Salmo 51:6 y 10).

Apocalipsis 21:9-13: *Entonces vino a mí uno de los siete ángeles que tenían las siete copas llenas de las siete plagas postreras y habló conmigo, diciendo: "Ven acá, te mostraré la desposada, la esposa del Cordero". Me llevó en el Espíritu a un monte grande y alto y me mostró la gran ciudad, la santa Jerusalén, que descendía del cielo de parte de Dios. Tenía la gloria de Dios y su fulgor era semejante al de una piedra preciosísima, como piedra de jaspe, diáfana como el cristal. Tenía un muro grande y alto, con doce puertas, y en las puertas doce ángeles, y nombres inscritos, que son los de las doce tribus de los hijos de Israel. Tres puertas al oriente, tres puertas al norte, tres puertas al sur, tres puertas al occidente.*

Cuando se casa un hombre, el objeto de su amor no es la casa o el apartamento, sino su esposa. Ciertamente Jesús no es idólatra como para amar la ciudad en su estructura material. Son sus habitantes a quienes ama. Una ciudad sin habitantes sería un lugar desolador.

El mundo no ha conocido una ciudad como la nueva Jerusalén, sin criminales, barrios marginales ni policía. Se dice de ella que es "la esposa del Cordero", y es el hogar perfecto para quienes "siguen al Cordero por dondequiera que va" (Apocalipsis 14:4). Es una ciudad real, literal, habitada por personas igualmente reales. Significará el cumplimiento de los anhelos de Abraham, quien "esperaba la ciudad que tiene fundamentos, cuyo arquitecto y constructor es Dios ... por lo cual Dios no se avergüenza de llamarse Dios de ellos, porque les ha preparado una ciudad" (Hebreos 11:10 y 16). Ninguna de las ciudades que este mundo conoce tiene "fundamentos", ya que todas ellas dejarán de ser, tal como sucedió a todas las ciudades del tiempo de Abraham.

Todo el que entre en la nueva Jerusalén lo hará a través de una de las doce puertas que llevan inscritos los nombres de las doce tribus de los hijos de Israel (Apocalipsis 21:12). Si alguien pensara 'no quiero saber nada relacionado con Israel, ya que Cristo nos ha librado de todo lo judío', es evidente que tendrá que quedar fuera de la ciudad. Santiago dirigió su epístola "a las doce tribus que están en la dispersión" (Santiago 1:1). El propio Jesús fue judío, y declaró: "No soy enviado sino a las ovejas perdidas de la casa de Israel" (Mateo 15:24). Recuerda: "Si vosotros sois de Cristo, ciertamente descendientes de Abraham sois, y herederos según la promesa" (Gálatas 3:29).

***Apocalipsis 21:14-21**: El muro de la ciudad tenía doce cimientos y sobre ellos los doce nombres de los doce apóstoles del Cordero. El que hablaba conmigo tenía una caña de medir, de oro, para medir la ciudad, sus puertas y su muro. La ciudad se halla establecida como un cuadrado: su longitud es igual a su anchura. Con la caña midió la ciudad: doce mil estadios. La longitud, la altura y la anchura de ella son iguales. Y midió su muro: ciento cuarenta y cuatro codos, según medida de hombre, la cual era la del ángel. El material de su muro era de jaspe, pero* *la ciudad era de oro puro, semejante al vidrio limpio. Los cimientos del muro de la ciudad estaban adornados con toda clase de piedras preciosas. El primer cimiento era de jaspe, el segundo de zafiro, el tercero de ágata, el cuarto de esmeralda, el quinto de ónice, el sexto de cornalina, el séptimo de crisólito, el octavo de berilo, el noveno de topacio, el décimo de crisopraso, el undécimo de jacinto y el duodécimo de amatista. Las doce puertas eran doce perlas; cada una de las puertas era una perla. Y la calle de la ciudad era de oro puro, como vidrio transparente.*

Podríamos dedicar años a la descripción y estudio de los pormenores de esta descripción, pero tenemos una labor importante por hacer aquí en la tierra precisamente ahora: hay almas a las que ganar para el Cordero, y batallas que luchar para su honor. Aceptamos con gozo cada palabra escrita como siendo verdadera, pero dejamos gustosamente el disfrute de su realidad para el glorioso futuro.

Un estadio equivale a 184,6 metros; por lo tanto, 12.000 estadios equivalen a 553,6 kilómetros (cada uno de sus cuatro lados). Quizá el punto principal de esa descripción es darnos la seguridad de que hay espacio abundante para todo aquel que quiera entrar. "Iguales" implica proporcionalidad, agradable a la vista en sus dimensiones.

Muchos han arruinado su felicidad en esta vida en su búsqueda febril del oro. Si hubieran sabido que lo hay en abundancia en la nueva Jerusalén habrían podido esperar pacientemente. Cuando Jesús estuvo en esta tierra no poseía oro; no obstante, poseía aquello que la gente supone que el oro puede comprar: la auténtica felicidad.

La mayoría de nosotros hemos contemplado en muy rara ocasión piedras preciosas comparables a las de la santa ciudad. Tampoco hemos visto muchas perlas. Simplemente, podemos confiar en que las palabras de Juan en esa descripción son verdaderas. No obstante, sabemos que las perlas surgen a partir del sufrimiento. Cuando un grano de arena entra en el interior de la ostra, la paciente criatura construye a su alrededor una bella perla a fin de recubrir el objeto irritante. Todo aquel que entre en la nueva Jerusalén lo hará a través de puertas de perla: un símbolo del sufrimiento que experimentaron por causa de Cristo. ¿Ha permitido el Señor que te sobrevenga alguna situación de prueba y dolor? Si es así puedes alegrarte porque se te dio la experiencia que acrecentará tu felicidad al pasar por esas puertas de perla.

***Apocalipsis 21:22-27:** En ella no vi templo, porque el Señor Dios Todopoderoso es su templo, y el Cordero. La ciudad no tiene necesidad de sol ni de luna que brillen en ella, porque la gloria de Dios la ilumina y el Cordero es su lumbrera. Las naciones que hayan sido salvas andarán a la luz de ella, y los reyes de la tierra traerán su gloria y su honor a ella. Sus puertas nunca serán cerradas de día, pues allí no habrá noche. Llevarán a ella la gloria y el honor de las naciones. No entrará en ella ninguna cosa impura o que haga abominación y mentira, sino solamente los que están inscritos en el libro de la vida del Cordero.*

En ausencia de uno de nuestros amigos nos solemos comunicar mediante mensajes telemáticos de texto o de voz, pero cuando recuperamos su presencia ya no necesitamos la mensajería. En este mundo de pecado no podemos ver el rostro del Padre, y hemos de depender de la fe y la adoración para mantenernos comunicados con él. Pero debido a que el propio Dios morará con nosotros en la santa ciudad, no habrá allí necesidad de "templo".

Ese texto hace claro que en la tierra nueva los dones y habilidades de sus habitantes serán multiformes y variados, tal como sucede aquí. Habrá "reyes" que "traerán su gloria y su honor" a la santa ciudad. Los que forman parte del pueblo de Dios tendrán sus moradas afuera, en la tierra nueva. Y cada sábado y cada mes vendrán a la ciudad a adorar. Isaías declara: "Como los cielos nuevos y la nueva tierra que yo hago permanecerán delante de mí, dice Jehová, así permanecerá vuestra descendencia y vuestro nombre. Y de mes en mes y de sábado en sábado vendrán todos a adorar delante de mí, dice Jehová" (Isaías 66:22-23).

En la tierra renovada habrá "naciones", pero jamás luchas o enemistades entre ellas, tal como sucede aquí. Todos los habitantes de la ciudad habrán aprendido de Cristo el espíritu de amor desinteresado y abnegado, que se da a los demás. ¿Estás aprendiéndolo ahora?

Como seres humanos redimidos individualmente disfrutaremos de los talentos concedidos y de nuestra personalidad. Cada uno podrá desarrollar libre y plenamente sus habilidades.

Capítulo 22—Estás invitado: ¡Ven!

Apocalipsis 22:1-5: Después me mostró un río limpio, de agua de vida, resplandeciente como cristal, que fluía del trono de Dios y del Cordero. En medio de la calle de la ciudad y a uno y otro lado del río estaba el árbol de la vida, que produce doce frutos, dando cada mes su fruto; y las hojas del árbol eran para la sanidad de las naciones. Y no habrá más maldición. El trono de Dios y del Cordero estará en ella, sus siervos lo servirán, verán su rostro y su nombre estará en sus frentes. Allí no habrá más noche; y no tienen necesidad de luz de lámpara ni de luz del sol, porque Dios el Señor los iluminará y reinarán por los siglos de los siglos.

Estos dos últimos capítulos de la Biblia han venido siendo de consuelo constante para quienes "experimentaron oprobios, azotes y, a más de esto, prisiones y cárceles", para quienes "anduvieron errantes por los desiertos, por los montes, por las cuevas y por las cavernas de la tierra" (Hebreos 11:36 y 38).

El agua que mana del trono de Dios y del Cordero es la que Jesús prometió a la mujer junto al pozo de Samaria, cuando le dijo: "Si conocieras el don de Dios, y quién es el que te dice: 'Dame de beber', tú le pedirías, y él te daría agua viva" (Juan 4:10). Zacarías profetizó: "En aquel día saldrán de Jerusalén aguas vivas" (Zacarías 14:8), y Jeremías identificó la fuente de esa agua: "Jehová, manantial de aguas vivas" (Jeremías 17:13). A Ezequiel se le mostró que esas aguas conformaban un río que llevaba la vida allá donde iba, y "las aguas habían crecido de manera que el río no se podía pasar sino a nado": tal era su caudal (Ezequiel 47:5). Se trata de la vida eterna que fluye desde la cruz de Cristo. Podemos gustarla aquí y ahora al recibir el don del Espíritu Santo.

Aparentemente el "árbol de la vida" es semejante al Gran Banyan, que se expande multiplicando sus troncos. En este caso posee dos troncos en su base que surgen desde cada una de ambas márgenes del río, y que se unen en la parte superior. Ezequiel lo contempló en visión: "Junto al río, en la ribera, a uno y otro lado, crecerá toda clase de árboles frutales; sus hojas nunca caerán ni faltará su fruto. A su tiempo madurará, porque sus aguas salen del santuario. Su fruto será para alimento y su hoja para medicina" (Ezequiel 47:12). La fruta procedente de los árboles de esta tierra —bajo la maldición del pecado— sólo puede dar vida por unos pocos años. Carece en ella misma de auténtica vida. Pero el fruto de ese árbol singular provee ambas cosas: sanación y vida eterna. Será tan delicioso como satisfactorio. ¡Y habrá libre acceso a él!

¿Cuál es la razón por la que sus "hojas" son necesarias "para la sanidad de las naciones"? ¿Necesitarán quienes hayan vuelto a la vida en la primera resurrección ser sanados o crecer? El Señor afirma: "A vosotros los que teméis mi nombre, nacerá el Sol de justicia, y en sus alas traerá salud; y saldréis y saltaréis como becerros de la manada" (Malaquías 4:2). Fue el pecado el que trajo sobre este mundo la maldición de las inundaciones, la sequía, los terremotos, los mares salados, los pantanos, los desiertos, las montañas desprovistas de vegetación, las enfermedades mortales, la ferocidad en los animales, el lamento, el miedo y las lágrimas. Todo eso resume la maldición que tan bien conocemos.

De igual forma en que fue introducido un "árbol" en las aguas insalubres —malditas— de Mara, que resultaron entonces potabilizadas (Éxodo 15:23-25), así también quita la maldición el "árbol" sobre el que fue crucificado el Cordero de Dios cuando murió por nosotros.

Una vez retirada la maldición, ningún temor nos llevará a escondernos de Dios tal como hizo Adán en el Edén tras haber pecado. Caín clamó con amargura: "Habré de esconderme de tu presencia" (Génesis 4:14). A lo largo de los salmos y a modo de suspiro, se percibe la súplica: "No escondas de tu siervo tu rostro" (Salmo 69:17). Hasta el propio Cristo olvidó en la cruz el dolor de los clavos que lo atravesaban, cuando sintió que se ocultaba el rostro de su Padre: "Dios mío, Dios mío, ¿por qué me has desamparado" (Mateo 27:46). Esta es la bendición más dulce y entrañable en toda la Biblia: "Jehová haga resplandecer su rostro sobre ti y tenga de ti misericordia; Jehová alce sobre ti su rostro y ponga en ti paz" (Números 6:25-26). Los hijos de Dios podrán mirar de nuevo a su rostro sin miedo y con alegría.

Las buenas personas siempre han amado la luz del día, y han percibido la noche como el refugio de los enemigos, de las agencias del mal. Ahora, habiendo desaparecido el pecado y el miedo, "no habrá más noche".

Apocalipsis 22:6-7*: Me dijo: "Estas palabras son fieles y verdaderas. El Señor, el Dios de los espíritus de los profetas, ha enviado su ángel para mostrar a sus siervos las cosas que deben suceder pronto. ¡Vengo pronto! Bienaventurado el que guarda las palabras de la profecía de este libro".*

El ángel parece temer que Juan no pueda creer que todo ese futuro glorioso sea real. Pero podemos tener la seguridad de que "estas palabras son fieles y verdaderas", ya que la fe en Cristo ha instalado en nuestros corazones "la convicción de lo que no se ve" (Hebreos 11:1). El hecho de que Dios haya otorgado a nuestros corazones humanos un lugar para el amor y la gratitud, que sólo vienen por la fe, es evidencia de que nos dará también todo el resto de dones.

Una cosa es leer apresuradamente el Apocalipsis; otra bien distinta es guardar "las palabras de la profecía de este libro". El que "guarda las cosas en ella escritas" significa aquí el que las aprecia tal como haría con un tesoro. ¿Tienes el deseo de poseer una mente más capacitada para comprender la verdad, y para retenerla? Si es así, procura grabar en tu memoria "las palabras de la profecía de este libro". La recompensa será el enriquecimiento de tu vida, ya que tu mente será fortalecida y tu espíritu renovado. Pero por encima de todo permite que tu corazón aprenda a amar esas palabras inspiradas.

A medida que aprendemos a amar el Apocalipsis aumentará nuestro amor por Cristo, de quien el libro es una revelación, y desearemos que él regrese pronto.

Apocalipsis 22:8-9: *Yo, Juan, soy el que oyó y vio estas cosas. Después que las hube oído y visto, me postré a los pies del ángel que me mostraba estas cosas, para adorarlo. Pero él me dijo: "¡Mira, no lo hagas!, pues yo soy consiervo tuyo, de tus hermanos los profetas y de los que guardan las palabras de este libro. ¡Adora a Dios!"*

Un ángel es un ser maravilloso, pero de ninguna forma desea ser adorado. Aun sabiendo que no lo merecía, el rey Herodes aceptó orgullosamente la adoración de las multitudes cuando gritaban: "¡Voz de un dios, y no de un hombre!" (Hechos 12:22-23). El ángel hizo que Juan se levantara inmediatamente y le aseguró que él mismo no era más que un "consiervo" con él.

El ángel nada sabía del orgullo que albergaba Herodes. ¡Qué desgracia, cuando un hombre, dirigente o no, codicia la adoración de sus semejantes! Pocos son tan humildes como ese ángel que atribuyó toda la gloria a Dios. Nadie que quiera ser alabado o adorado podrá disfrutar del respeto de los demás.

Todos "los que guardan las palabras de este libro" participan del gozo que han de experimentar Juan y sus consiervos los profetas. Dios es generoso en sus recompensas. Hasta incluso "el que recibe a un profeta por cuanto es profeta, recompensa de profeta recibirá" (Mateo 10:41). Recibir a un profeta significa recibir los mensajes del Espíritu de profecía, darles una calurosa bienvenida, atesorarlos en el corazón y vivir en su luz.

Apocalipsis 22:10: *Me dijo: "No selles las palabras de la profecía de este libro, porque el tiempo está cerca".*

Para nosotros el tiempo de entender este libro siempre ha estado "cerca". Es el privilegio hasta de la persona más débil e indigna orar humilde y fervientemente en procura de luz, y Dios enviará inmediatamente mensajeros que le instruyan en su significado. Pero nadie piense que es más sabio de lo que en realidad es. Pida ayuda con lágrimas, pues es con lágrimas como Juan escribió el libro, y le serán revelados sus secretos.

Hay una razón por la que Dios dio esta instrucción a Juan: "No selles las palabras de la profecía de este libro". Al profeta Daniel se le dijo: "Cierra las palabras y sella el libro hasta el tiempo del fin" (Daniel 12:4). Gracias a Dios Apocalipsis nunca ha sido sellado. Pero paradójicamente, de entre todos los libros de la Biblia, este es el que muchos que se interesan en la religión consideran como si hubiera sido sellado.

Por largos años Cristo ha llevado adelante su obra de cambiar a los seres humanos haciendo de ellos nuevas criaturas limpias de pecado. Los injustos se han hecho justos, y los sucios limpios. A nadie que lo pidiera se le negó la bendición. Pero cuando el gran Sumo Sacerdote complete su obra en el lugar santísimo del santuario celestial, hará una pausa mientras abandona el templo para pronunciar estas palabras solemnes que fijarán para siempre el carácter de cada uno, quedando entonces su suerte fijada por la eternidad:

Apocalipsis 22:11-12: *El que es injusto, sea injusto todavía; el que es impuro, sea impuro todavía; el que es justo, practique la justicia todavía, y el que es santo, santifíquese más todavía. "¡Vengo pronto!, y mi galardón conmigo, para recompensar a cada uno según sea su obra".*

¿Cuándo se va a pronuncias ese decreto? Tan pronto como se refleje en su pueblo la semejanza del carácter de Cristo, de la forma en que el sol se refleja en un espejo. Entonces habrá terminado el día cósmico de la expiación, y se habrá cerrado la puerta de la misericordia que por tanto tiempo permaneció abierta para que los pecadores se arrepintieran. Nadie la podrá abrir una vez cerrada. El Espíritu Santo no suplicará más, tal como hizo hasta entonces con el culpable: "Si oís hoy su voz, no endurezcáis vuestros corazones" (Hebreos 3:7-8). El prolongado y misericordioso "hoy" habrá terminado por siempre.

¿Has aprendido ya a creer que Cristo te ama y que es tu Salvador? ¿Has cedido a su amor que "constriñe" —motiva— a la obediencia de todos sus mandamientos? Algunos tendrán este libro en sus manos justo momentos antes de que Jesús pronuncie esas palabras finales.

Cada uno puede tener exactamente lo que quiere por encima de todo. Si quiere permanecer tal como es por siempre, tendrá lo que desea su corazón. ¡Pero cuánto mejor pedir ser convertido! El Señor dijo a su pueblo hace muchos años: "Efraín es dado a ídolos, ¡déjalo!" (Oseas 4:17). Esas palabras están entre las más tristes que cabe oír.

El Salvador se refirió a nuestro tiempo cuando dijo: "Mirad también por vosotros mismos, que vuestros corazones no se carguen de glotonería y de embriaguez y de las preocupaciones de esta vida, y venga de repente sobre vosotros aquel día, porque como un lazo vendrá sobre todos los que habitan sobre la faz de la tierra" (Lucas 21:34-35).

Una vez se haya terminado el tiempo de prueba, quienes hayan enviado de antemano sus pecados al juicio ya no caerán jamás (ver 1 Timoteo 5:24), ya que sus pecados habrán sido eternamente borrados de los libros del cielo, y su nombre no será borrado del libro de la vida (ver Hechos 3:19 y Apocalipsis 3:5).

¿Dónde se habrá determinado el "galardón" para "recompensar a cada uno" antes que Cristo venga? En el juicio "investigador" previo al regreso de Cristo. Buenas personas que pasaron al descanso hace muchos años jamás soñaron con el buen fruto que continuaría creciendo y multiplicándose a partir de las semillas que plantaron. ¡Qué abundante cosecha encontrarán el día de la resurrección! Imagina la sorpresa del mártir Esteban al descubrir que en el libro de Hechos de los apóstoles quedó preservado el discurso por el que fue apedreado, y que el apóstol Pablo se convirtió a la fe de Cristo influenciado por su testimonio. Cada uno recibirá la recompensa "según sea su obra" en su pleno desarrollo. ¡Qué alegría, poder dedicar nuestra vida a servir al Señor y a su pueblo, de forma que una vez terminado nuestro viaje podamos mirarlo retrospectivamente con agradecimiento debido a la gracia del Señor manifestada en nuestras vidas!

Apocalipsis 22:13-16: *Yo soy el Alfa y la Omega, el principio y el fin, el primero y el último. Bienaventurados los que lavan sus ropas para tener derecho al árbol de la vida y para entrar por las puertas en la ciudad. Pero los perros estarán afuera, y los hechiceros, los fornicarios, los homicidas, los idólatras y todo aquel que ama y practica la mentira. Yo, Jesús, he enviado mi ángel para daros testimonio de estas cosas en las iglesias. Yo soy la raíz y el linaje de David, la estrella resplandeciente de la mañana.*

El "tercer ángel" proclama: "Aquí está la perseverancia de los santos, los que guardan los mandamientos de Dios y la fe de Jesús" (Apocalipsis 14:12). La verdadera iglesia remanente de Jesucristo ("el resto") se distingue así: "Entonces el dragón se llenó de ira contra la mujer y se fue a hacer la guerra contra el resto de la descendencia de ella, contra los que guardan los mandamientos de Dios y tienen el testimonio de Jesucristo" (Apocalipsis 12:17). Muchos viven en el engaño de pensar que la observancia de los mandamientos de Dios está superada por ser inservible. Pero a quien recibe a Cristo como su Salvador le resulta imposible dejar de guardarlos, ya que está "bajo la gracia" (Romanos 6:14) y por consiguiente no puede invalidar la ley, sino al contrario: la confirma en su experiencia (Romanos 3:31).

Los "perros" que estarán fuera son un símbolo de quienes se hayan aferrado a su carácter sucio, reprobable. Pedro escribió en referencia a cierta clase de personas que "después de haber conocido el camino de justicia" se volvieron "atrás del santo mandamiento que les fue dado". A estos "les ha acontecido lo que con verdad dice el proverbio: 'El perro vuelve a su vómito'" (2 Pedro 2:21-22). ¿Puedes imaginar mayor miseria que la de alguien que recuerde por fin que en el pasado estuvo en el camino que lleva a la santa ciudad, pero que eligió volverse al "vómito" de los caminos egoístas y vanos del mundo?

Incluidos en ese grupo estarán algunos que educaron su mente en la ficción, en las lecturas o en la contemplación de escenas que fomentan la impureza en la imaginación, hallando deleite en esa falsedad como si no hubiera la suficiente en el mundo real. "Todo aquel que ama y practica la mentira" jamás conocerá la felicidad.

Apocalipsis 22:17-19: *El Espíritu y la Esposa dicen: "¡Ven!". El que oye, diga: "¡Ven!". Y el que tiene sed, venga. El que quiera, tome gratuitamente del agua de la vida. Yo advierto a todo aquel que oye las palabras de la profecía de este libro: Si alguno añade a estas cosas, Dios traerá sobre él las plagas que están escritas en este libro. Y si alguno quita de las palabras del libro de esta profecía, Dios quitará su parte del libro de la vida y de la santa ciudad y de las cosas que están escritas en este libro.*

Nadie que realmente desee beber del agua de vida será rechazado. Era una costumbre árabe, cuando las caravanas de camellos recorrían los desiertos, que al avistar la existencia de agua el primero en la comitiva levantara los brazos y gritara: "¡Agua! ¡Venid!" Entonces, el que lo seguía hacía lo mismo, y así sucesivamente los siguientes, de forma que todos conocieran las alegres nuevas. Al acercarnos al final de libro se nos urge a que pasemos esa invitación a todo "el que quiera" oírla.

"Añade" "a las palabras de la profecía de este libro" quien presenta doctrinas falsas originadas en el paganismo o en Babilonia, haciéndolas pasar como si fueran la enseñanza de

Cristo. Muchos confían en que lo que deciden los concilios eclesiásticos, lo que dictaminan los grandes hombres de renombre o lo que deciden las mayorías ha de ser la verdad. Dios se apiada de su ignorancia, y esa es la razón por la que envía este importante mensaje de advertencia.

Quienes añaden enseñanzas que no están en la Biblia, de forma inevitable sustraerán también "de las palabras del libro de esta profecía". Sólo así pueden acomodar las falsas doctrinas. La advertencia que nos transmite Juan puede parecer extremadamente severa, pero el Señor no la enviaría si no fuera necesaria.

Apocalipsis 22:20 *(primera parte): El que da testimonio de estas cosas dice: "Ciertamente vengo en breve". ¡Amén!*

Mientras estaba escribiendo este último capítulo del libro sucedió algo en mi familia que permitió que esas palabras hicieran una especial impresión en nuestras mentes. Llevábamos una semana esperando la visita de una delegación importante. Un amigo nos anunció que vendrían "mañana". 'Bien —pensamos—, tenemos un "mañana" para preparar la casa'. Pero inesperadamente oímos llamar a la puerta. En lugar de mañana, ¡habían decidido venir hoy, ahora!

Jesús anunció a Juan hace unos dos mil años que vendría "pronto". Pero aún no ha regresado. ¿Se está demorando?

Unos amigos preguntaron a cierta dama cuándo regresaría su esposo. Ella respondió: "No lo sé. ¡Ojalá tarde en volver!" No es difícil sospechar que algo estaba mal en su actitud.

Jesús está listo para regresar. La única razón por la que aún no lo ha hecho, es porque su pueblo no está listo para recibirle. No es él quien ha demorado su venida, sino nosotros. Los enfermos incurables que reciben sus últimos tratamientos están deseosos de que Jesús regrese. Pero los que se encuentran bien, los que tienen prosperidad material, salud y diversión, los que disfrutan de las cosas de este mundo, rara vez tienen el deseo ferviente de que Jesús regrese.

Estar preparado para la venida de Jesús conlleva el deseo profundo de que vuelva, tal como la esposa fiel y amante desea que regrese su esposo. Debido a que lo ama, olvidó a todos los demás, y sólo desea verlo a él y estar con él.

Jesús regresará cuando su pueblo realmente desee que vuelva. Es debido a que su pueblo aún ama este mundo, por lo que tiene todavía este mundo. Cuando ame realmente la aparición de Jesús, ¡la tendrá!

Los objetos materiales: casas, tierras, automóviles, mobiliario, vestimenta, etc., pierden su atractivo ante la gloria de la cruz de Cristo. Lo mismo sucede con el placer sensual y el apego a la vida placentera. Pablo escribió: "Lejos esté de mí gloriarme, sino en la cruz de nuestro Señor Jesucristo, por quien el mundo ha sido crucificado para mí y yo para el mundo" (Gálatas 6:14). Cuando vemos su cruz captamos la realidad de la vida. Entonces nos apercibimos de que no hay nada que sea nuestro por derecho, "pensando esto: que si uno murió por todos, luego todos murieron" (2 Corintios 5:14). Si Cristo no hubiera muerto, tú y yo no estaríamos vivos; por consiguiente, nuestras vidas no son nuestras. Vivimos bajo la deuda de agradecimiento que "impone" la gracia.

El que lo comprende y lo cree, ya no puede seguir viviendo para las cosas de este mundo, pues interioriza que Cristo murió en su lugar. A partir de entonces "con Cristo estoy juntamente crucificado, y ya no vivo yo, mas vive Cristo en mí" (Gálatas 2:20). Y es así como "el amor de Cristo nos constriñe" (2 Corintios 5:14), de forma que vivir para él viene a ser el summum de la felicidad. Todo aquel que crea, orará de corazón tal como lo hizo Juan:

Apocalipsis 22:20 *(última parte): ¡Amén! ¡Ven, Señor Jesús!*

Habiendo llegado casi al final de Apocalipsis, nos queda un solo versículo por comentar, y contiene la suficiente verdad del evangelio como para que seamos salvos aunque no dispusiéramos de todo el resto del libro. Para todo aquel que diga "¡Amén!" de corazón, no importa cuán gran pecador haya sido, se cumplirán eternamente las palabras:

Apocalipsis 22:21: *La gracia de nuestro Señor Jesucristo sea con todos vosotros. Amén.*

Mi oración:

Amante Padre celestial: al principio del estudio de este libro de Apocalipsis te pedimos la bienaventuranza que tú prometes "al que lee" (Apocalipsis 1:3). Ahora hacemos una pausa para agradecerte por haber cumplido tu promesa. Tu libro ha quedado abierto ante nosotros, y hemos comenzado a ver los misterios que estaban velados. Comprendemos que lo que nos ha sido revelado es precisamente Cristo. Padre amante, danos el privilegio de ver pronto cómo recibe nuestro Salvador su corona de victoria, y haz que vivamos desde ahora para su gloria y honor. Te lo pedimos en su nombre. Amén.

Apéndice

*Notas para quienes desean estudiar en mayor detalle el Apocalipsis.

¿Quién escribió el libro de Apocalipsis?

La práctica totalidad de los autores cristianos de los primeros siglos de nuestra era creyeron que lo escribió el mismo Juan del cuarto evangelio, el "discípulo a quien Jesús amaba" especialmente (Juan 21:7). Dionisio, obispo de Alejandría (siglo III DC), fue el primero en cuestionarlo. Su principal motivo fue que el lenguaje y redacción de Apocalipsis difieren de los del evangelio de Juan. El evangelio está escrito en una gramática griega impecable, mientras que en Apocalipsis se encuentran expresiones inusuales e incluso gramaticalmente incorrectas. Además, se escribieron de forma distinta algunas palabras que se encuentran en ambos.

Es cierto que el estilo literario del evangelio de Juan y de Apocalipsis son diferentes, pero eso no descarta que el querido apóstol sea el autor de ambos:

(a) El evangelio que lleva el nombre de Juan pudo haber sido redactado o editado gramaticalmente por otros con posterioridad al Apocalipsis. Él escribió el evangelio siendo ya anciano. Es posible que lo dictara. Al final leemos una anota que parece ser una adición de sus secretarios y asistentes: "Este es el discípulo que da testimonio de estas cosas, y escribió estas cosas; y sabemos que su testimonio es verdadero" (Juan 21:24). Es lógico que el escribano corrigiese idiomáticamente la escritura griega, siendo que Juan era pescador de profesión, y no se le supone una especial habilidad literaria; por lo tanto, no es probable que él mismo escribiera el evangelio en un griego impecable tal como nos ha llegado a nosotros.

(b) El autor de Apocalipsis nos informa de que cuando tuvo las visiones estaba en el exilio en la isla de Patmos (Apocalipsis 1:9). No es probable que en aquella circunstancia dispusiera de un redactor o corrector al transcribir sus visiones, que debió escribir él mismo. No es, pues, sorprendente que el estilo literario fuese diferente en un caso y en el otro. Eso podría perfectamente explicar que hubiera escrito "Jerusalén" de forma diferente, tal como es el caso.

(c) Los primeros escritores cristianos del Nuevo Testamento confirman que el evangelio y Apocalipsis fueron escritos en condiciones diferentes, e incluso llegan a sugerir que el evangelio fue escrito por dictado de Juan.

(d) Hay coincidencias en el contenido del evangelio y de Apocalipsis, que sugieren un autor común: la expresión frecuente "agua de vida", "agua de la vida", "el que tiene sed, venga" y "si alguien tiene sed, venga a mí y beba" (ver Apocalipsis 22:17 y Juan 7:37). La palabra "apariencia" o "rostro" (traducida de opsis) se encuentra únicamente en el evangelio de Juan (7:24) y en Apocalipsis (4:3), como también la expresión "guarda mi palabra" (Juan 8:52 y Apocalipsis 3:8). Tanto el evangelio de Juan como Apocalipsis presentan a Cristo como al "Cordero", pero no lo hace ningún otro libro del Nuevo Testamento, excepto que esté citando al Antiguo Testamento.

(e) El autor de Apocalipsis se presenta simplemente como "Juan". No dice una sola palabra respecto a qué Juan era el aludido. El Juan del Nuevo Testamento es el apóstol. Todos sabían quién era.

(f) Los primeros cristianos del Nuevo Testamento vieron en Apocalipsis el cumplimiento de la promesa de Jesús relativa a su venida para consolarlos y manifestárseles (Juan 14:18 y 21). Para ellos era natural ver en Apocalipsis el cumplimiento de esa promesa, ya que Juan escribió que estaba "en el Espíritu en el día del Señor" (Apocalipsis 1:10), y percibieron esa visión del cielo como "las cosas que deben suceder pronto" (Apocalipsis 1:1). ¿Quién podría ser más adecuado para recibir y compartir esas nuevas de la visión, excepto el "discípulo a quien Jesús amaba", el más próximo a él de entre los doce?

¿Cuál es el método correcto de interpretar Apocalipsis?

Todas las interpretaciones de Apocalipsis siguen uno de estos tres métodos:

(1) Preterista (2) Futurista (3) Historicista

(1) El MÉTODO PRETERISTA considera que la profecía se refiere a acontecimientos que tuvieron lugar en el tiempo del autor. Se trata de una aplicación puramente local, contemporánea respecto al tiempo en que se dio la profecía. Según este método, el dragón y la bestia serían emperadores notables de Roma en los días de Juan, por ejemplo, Nerón. Este método no acepta que Apocalipsis sea una profecía respecto al futuro. De hecho, los preteristas en general creen que la verdadera profecía es imposible (tampoco aceptan los milagros registrados en la Biblia como siendo genuinos). La mayor parte de quienes pertenecen a la corriente criticista ("alta crítica") adoptan las interpretaciones preteristas.

El impacto práctico del método preterista consiste en relegar al sótano el libro de Apocalipsis. Si se refiere solamente a eventos acaecidos hace unos dos mil años, ¿por qué deberíamos estudiarlos hoy? La bienaventuranza especial pronunciada sobre quienes leen y oyen las palabras del libro de Apocalipsis se vuelve entonces irrelevante, ya que carece de significado para nosotros.

El jesuita español Luis de Alcázar introdujo este método preterista a partir del año 1569, en un intento por oponerse al empuje de la Reforma protestante. Muchos protestantes que hoy abrazan ese método no son conscientes de estar siguiendo la política anti- protestante de la Iglesia católica romana en su procura de escapar a la identificación que hace de ella la profecía de Apocalipsis relativa a la "bestia" (que simboliza el papado).

(2) El MÉTODO FUTURISTA es casi exactamente lo opuesto al anterior (aunque persigue el mismo fin). Según este método, la profecía hace referencia a un futuro distante al final del tiempo. Algunos futuristas de cada generación han ido "encontrando" aplicaciones de la profecía que hacen encajar con sus contemporáneos notorios, como Hitler o Stalin, o cualquier otro al que se considere el villano del momento. Los que están inclinados al sensacionalismo se acogen con avidez a esas interpretaciones ingeniosas, pero la excitación pronto se desvanece hasta que entra en escena otra nueva aplicación. Naturalmente, esas suposiciones aventuradas apartan a las personas de un estudio serio del Apocalipsis. También en este caso queda anulada la bienaventuranza pronunciada en el libro sobre aquellos que lo estudian.

La autoría de la interpretación futurista recae en gran medida en otro jesuita español: Francisco de Ribera (1585), y el también jesuita cardenal Bellarmine. Estos consideraron que el preterismo era demasiado disparatado como para poder oponerse conseriedad a la interpretación profética de la Reforma protestante (historicista). Lo mismo que la interpretación preterista, el propósito de la futurista fue también salvaguardar al papado de resultar identificado en las profecías relativas al anticristo. La mayoría de protestantes evangélicos sostiene hoy la postura del cardenal Bellarmine y de Ribera, inconscientes de su origen católico anti-protestante.

(3) El MÉTODO HISTORICISTA de interpretación ve "la revelación de Jesucristo" continuamente a lo largo de la historia, desde los días de Juan hasta el fin del mundo. Ve a Cristo revelándose a sí mismo mediante el Espíritu Santo en los grandes movimientos históricos que son significativos respecto a la preparación de un pueblo para encontrarse con Cristo en su segunda venida. Reconoce en la historia el desarrollo del gran conflicto entre Cristo y Satanás.

El Apocalipsis tuvo así sentido, y fue una fuente de ánimo para los cristianos del tiempo de Juan, ayudándoles a comprender la gran lucha que habría de venir antes de la segunda venida de Cristo. Llamó a sus seguidores en cada generación a través de la historia, y tiene un significado muy especial para quienes vivimos en el tiempo del fin. Fija la identidad del anticristo con precisión matemática e ilumina la que de otra forma es una misteriosa confusión que impregna el cristianismo moderno.

Apocalipsis representa para el Nuevo Testamento lo que Daniel es para el Antiguo. La mayoría de lo que fue sellado en Daniel resulta revelado en Apocalipsis. El libro de Apocalipsis contiene unas 500 referencias o alusiones a libros del Antiguo Testamento. Sobreedifica a partir del libro de Daniel, comenzando con el cuarto Imperio: Roma, de la que Juan fue contemporáneo. Confirma así y complementa nuestra comprensión de Daniel.

El método historicista de interpretación fue el que sostuvieron los reformadores protestantes. De hecho, fue precisamente el reconocimiento del papado como el anticristo lo que proporcionó a Lutero el ímpetu para su ruptura con Roma, y el establecimiento del protestantismo. Eruditos reflexivos en todas las épocas se han atenido a la interpretación historicista, mientras que tanto el preterismo como el futurismo son de introducción relativamente reciente (alrededor del concilio de Trento, o anti-Reforma).

Eruditos bíblicos en el pasado se han atenido al historicismo. Son incontables los que han comprendido que los 1260 días son años, y llegan hasta alrededor del año 1800. Tan pronto como en 1639, Thomas Goodwin reconoció a Francia como a la "décima parte" de la "ciudad" que sufriría la revolución (Apocalipsis 11:13). En 1755 Thomas Prentice dijo que el terremoto de Lisboa de aquel año inauguraba lo profetizado en el sexto sello (Apocalipsis 6:12). Las interpretaciones proféticas en este libro armonizan con las de los eruditos más capaces durante siglos. Su verdad puede ser comprobada por la investigación que se atiene al sentido común. Este libro sigue la comprensión historicista de la profecía.

¿Copió Juan en Apocalipsis porciones de otros libros?

Hay eruditos que han encontrado semejanzas con algunas de las ideas en afirmaciones contenidas en el pseudoepigráfico (significa "falsamente titulado") libro de Enoc, que estuvo en circulación unos 150 años antes de que Juan escribiera. Las semejanzas incluyen referencias a una multitud que no se podía contar, a una estrella que cayó del cielo, el primer cielo desapareciendo a la vez que surgía un cielo nuevo, a caballos avanzando entre la sangre de pecadores que les llegaba hasta el nivel del cuerpo, y también a nombres siendo borrados del libro de la vida.

Lo anterior no significa que Juan dependiera del así llamado libro de Enoc. El contenido de las visiones de Juan es original. La semejanza se encuentra solamente en las expresiones o frases empleadas para describir lo que vio. Si el libro de Enoc estuvo en circulación en los días de Juan, lo que parece probable, es factible que Juan empleara ciertas expresiones o frases bien conocidas en su día. También empleó frases y alusiones al Antiguo Testamento en número de unas 500.

Los escritores bíblicos emplearon en ocasiones frases y expresiones conocidas o usadas por otros escritores, sin que tal cosa comprometa la integridad de la inspiración divina (que no es verbal, sino conceptual).

Apocalipsis 1:1-3, 3:11

¿Prometió el libro de Apocalipsis que Cristo regresaría en los días de la generación que lo leyó por primera vez? Debido a que el libro habla de "las cosas que deben suceder pronto", "el tiempo está cerca", "vengo pronto", etc., algunos han asumido que está virtualmente clamando: '¡El lobo! ¡Que viene el lobo!' Por consiguiente, sería imposible hacerse una idea respecto a la cercanía de la segunda venida de Cristo. Si Dios inspiró a Juan a decir a la gente de sus días que estaba cerca la venida de Cristo, ¿acaso no los habría estado engañando con falsas esperanzas? ¿Sería posible que se refiriera a mil o dos mil años después?

Hay siete declaraciones que de una forma superficial se ha asumido que indican que Cristo regresaría en el tiempo de Juan. Pero al leerlas en su contexto y comprenderlas por lo que realmente dicen podemos ver que el Señor ciertamente no estaba confundiendo a su pueblo:

Apocalipsis 1:1: "Cosas que deben suceder pronto". Cuando el libro de Apocalipsis se comprende según la interpretación historicista, este dicho significa que los eventos anunciados se van a cumplir "pronto", o que van a comenzar inmediatamente a desplegarse en el devenir de la historia. Tal es el caso, por ejemplo, de las siete iglesias, los siete sellos, etc.

Apocalipsis 1:3: "El tiempo está cerca". El tiempo para esos eventos es ahora, y continúa hasta el fin (ver versículo 19, en el que el Señor instruye a Juan a que escriba respecto a cosas "que han de ser después de estas").

Apocalipsis 3:11; 22:6, 7, 12 y 20: "Vengo pronto", etc. Hacia el final del libro, en el capítulo 22, hay cuatro afirmaciones como esa. Cualquier lector de los primeros siglos que comprendiera el progreso histórico del cumplimiento de esas profecías en los capítulos uno al dieciocho, entendería fácilmente que la venida del Señor tendría "pronto" lugar cuando los eventos allí predichos se hubieran cumplido en la historia. Las profecías de Daniel son la clave para comprender las de Apocalipsis. Los primeros cristianos comprendieron que los eventos predichos por Daniel tardarían siglos en cumplirse. Por consiguiente, la venida de Cristo no podría tener lugar hasta que hubieran sucedido los eventos anunciados, por ejemplo, los 1260 años de supremacía del papado, representado por el "cuerno pequeño". El apóstol Pablo vio eso claramente, ya que advirtió a la iglesia que le era contemporánea a que no esperara el retorno del Señor en sus días (2 Tesalonicenses 2:1-8).

La cercanía del retorno del Señor comenzó a ser reconocida de forma general y amplia en la primera mitad del siglo XIX, al iniciarse el "tiempo del fin" señalado por Daniel (ver Apocalipsis 11:3-11 y Daniel 12:4).

Desde entonces es pertinente contemplar la venida del Señor como siendo siempre "pronto", ya que es inminente. El propósito de Dios e que Cristo venga pronto, y ciertamente así lo quiere también Cristo. Pero el amor de Dios requiere que primeramente haya llegado el mensaje del evangelio a todo el mundo. Sólo "entonces vendrá el fin" (Mateo 24:14).

Apocalipsis 1:10

Cuando Juan afirma que estaba "en el Espíritu en el día del Señor", ¿pudo estar refiriéndose al domingo?, ¿o bien se trataba de que en aquella visión fue transportado hasta el día del juicio final, el "día del Señor"?

Muchos años después de los días de los apóstoles, algunos de los conocidos como "padres" de la iglesia comenzaron a referirse al domingo como día del Señor. Hoy muchos cristianos asumen que el domingo es el día del Señor. Pero como dijo un antiguo granjero, llamar "pata" al rabo de una oveja no lo convierte en pata. La Biblia no habla nunca del primer día de la semana como "día del Señor".

Dado que la Biblia se refiere consistentemente al sábado como el "día del Señor", y que el propio Cristo enfatizó eso mismo (Isaías 58:13-14; Mateo 12:8), los apóstoles nunca habrían osado referirse a ningún otro día de la semana como siendo el día del Señor.

El futurismo asume que "el día del Señor" es una referencia a un día de juicio en el futuro distante. Pero eso está en manifiesta contradicción con el contexto. Lo que se le mostró a Juan en la visión del capítulo primero no son eventos del futuro distante, sino la posición exaltada que ocupa hoy Cristo como nuestro Sacerdote en el santuario celestial, no en el día del juicio final, sino antes de él (ver versículos 12-18).

Cuando el Nuevo Testamento habla del día del juicio como siendo "el día del Señor", el original griego dice hemera tou kuriou o hemera kuriou; pero en Apocalipsis 1:10 dice kuriake hemera (comparar con 1 Corintios 5:5; 2 Corintios 1:14; 1 Tesalonicenses 5:2 y 2 Pedro 3:10). Eso significa que "día del Señor" no puede ser aquí interpretado como el día del juicio final.

Apocalipsis 2 y 3

¿Es posible establecer las fechas correspondientes a los siete períodos de las cartas a las siete iglesias? No de una forma exacta, ya que los acontecimientos significativos que definen los tiempos rara vez se pueden asignar a una fecha puntual y concreta en el desarrollo de la historia. Los eruditos que identifican las siete iglesias como siete grandes periodos sucesivos difieren en ocasiones respecto a los momentos exactos de la transición entre un período y el siguiente. De la misma forma en que los colores del arco iris se funden y emergen sin discontinuidad tras los que les son adyacentes, también los tiempos de las siete iglesias se suceden sin una demarcación concreta. No obstante, sus rasgos característicos son inconfundiblemente fáciles de reconocer. Desde la perspectiva privilegiada de quienes vivimos en "el tiempo del fin" es posible discernir la línea de tiempo general de esos siete períodos como el cumplimiento de la profecía de Juan.

Apocalipsis 3:5

Aquí se presenta tan claramente la realidad de un juicio "investigador" previo a la venida de Cristo, que es pertinente volver a prestarle atención. Algunos que se oponen a ese juicio de investigación afirman que es innecesario, puesto que "conoce el Señor a los que son suyos" (2 Timoteo 2:19). Ciertamente la omnisciencia de Dios hace innecesaria una investigación en lo que a él respecta. El juicio investigador no es un tiempo para que el Señor pueda decidir a quién va a salvar. Es el tiempo en que él va a defender las decisiones que ya ha tomado, y convencer al mundo y al universo de que es justo y recto en lo que decidió.

Además, las siete promesas de Cristo "al vencedor" significan que la ideología de "una vez salvo, siempre salvo" es una asunción basada en la arrogancia espiritual. No comprende las Escrituras quien pretende que una vez que el pecador profesa fe en Cristo, ya ha sido juzgado en el sentido de una absolución final e irreversible. Eso es sólo cierto en un sentido puramente legal, y es cierto en lo que al deseo e intención de Dios respecta, pero si el creyente abandona su fe y se resiste al ministerio del Espíritu Santo para vencer al pecado, está frustrando efectivamente la gracia de Cristo y está escogiendo que su nombre sea borrado del libro de la vida.

Ese texto indica que existe una investigación divina del carácter de cada ser humano a fin de determinar si ha continuado creyendo y viviendo según el poder de Dios para vencer al pecado. El tiempo presente que emplea el verbo en Juan 3:16 enfatiza ese proceso continuo: "De tal manera amó Dios al mundo, que ha dado a su Hijo unigénito, para que todo aquel que en él cree* no se pierda, sino que tenga vida eterna" (Juan 3:16). * El original griego expresa una acción continuada: "Quien está creyendo en él" (YLT, LSV).

Apocalipsis 3:14

¿Qué significa "el Principio de la creación de Dios"? ¿Es posible que Cristo fuera un ser creado? La palabra griega para "origen" (arche) puede tener un significado activo o pasivo dependiendo del contexto. Se puede referir a quien es pasivamente creado, o bien al agente que causal de la creación.

Apocalipsis define claramente el significado: Cristo es el que crea. Se presenta como el alfa y la omega, como el primero y el último (1:8). Juan afirmó en su evangelio: "En el principio era el Verbo, el Verbo estaba con Dios y el Verbo era Dios ... estaba en el principio con Dios". "En él estaba la vida, y la vida era la luz de los hombres". "Todas las cosas por medio de él fueron hechas, y sin él nada de lo que ha sido hecho fue hecho" (Juan 1:1-10). Es imposible que en Apocalipsis se contradijera, afirmando que el propio Cristo "fue hecho" (creado).

Pablo dice de él: "Por él fueron creadas todas las cosas ... todo fue creado por él y para él". "Él es antes que todas las cosas, y todas las cosas en él subsisten" (Colosenses 1:16-17).

Por consiguiente, la única forma en que arche puede ser aquí interpretado de acuerdo con las Escrituras, es en sentido activo. Cristo es el Principio de la creación de Dios, el agente activo en toda la creación.

Apocalipsis 3:16

Algunas versiones de la Biblia lo traducen como "te vomitaré de mi boca". ¿Se trata de una promesa de su parte, al efecto de que nos va a vomitar de su boca? ¿Deberían los cristianos individuales en Laodicea retroceder a Filadelfia?

La expresión griega es mello se emesai: "estoy a punto de vomitarte de mi boca", o bien "me produces náuseas". La palabra mello tiene el sentido de intención, de estar a punto de hacer algo, es indicativa de designio (W.E. Vine, Expository Dictionary of New Testament Words, pp. 15, 48, 266). Conlleva la idea de condicionalidad, de la intención de efectuar algo que no es todavía inevitable. En Juan 4:47 se emplea la misma palabra para expresar que el hijo del oficial del rey "estaba a punto de morir", pero no murió. Así también el significado de nuestro pasaje es "estoy por vomitarte de mi boca" (NVI), pero el resultado final depende de si Laodicea rechaza definitivamente el llamado divino: "Arrepiéntete" (Apocalipsis 3:19). De forma alguna debe considerarse la condenación de Laodicea como una fatalidad inevitable.

Tampoco Cristo invita en modo alguno a los cristianos que componen Laodicea a que se trasladen a otra iglesia. Su llamado es a arrepentirse en Laodicea. Aunque los principios presentados en cada una de las seis iglesias se aplican también a la última, Filadelfia no existe contemporáneamente a Laodicea más de lo que lo hacen Tiatira o Éfeso, excepto que pierda todo el significado la sucesión histórica de los períodos representados en esas iglesias.

El antiguo Israel estuvo frecuentemente en una terrible condición de apostasía, pero el Señor jamás llamó a su pueblo a que saliera de Israel para ir a alguna otra tierra o nación. El llamado de Dios mediante sus profetas ha sido siempre: "Arrepiéntete". Tanto el antiguo Israel como la iglesia de hoy constituyen un cuerpo. Cuando un cuerpo está enfermo, la solución no es que el miembro individual abandone el cuerpo para irse a otra parte, sino al contrario: que coopere en promover la curación del cuerpo entero. Los miembros de Laodicea sólo pueden hacer tal cosa si adoptan la actitud que tuvo Daniel, según se puede leer en el capítulo 9: confesar los pecados del pueblo como siendo los suyos propios, y promover así un arrepentimiento que permee y se extienda al cuerpo de la iglesia.

Filadelfia es uno de los siete estadios en el desarrollo de la iglesia a medida que va creciendo en Cristo en preparación para su segunda venida. El estadio final va a ser la victoria y arrepentimiento de Laodicea, que va a estar preparada al ser el pueblo que permanecerá como esposa del Cordero. El mensaje de Cristo a Laodicea forma parte de las buenas nuevas del evangelio, si se arrepiente. Sólo el enemigo de Cristo distorsionará el mensaje, convirtiéndolo en las malas nuevas de una condenación final.

Apocalipsis 6 y 7

¿Guardan los siete sellos paralelismo con las siete iglesias? ¿Cubren los dos mil años de la era cristiana?

Desde los primeros siglos la mayoría de los estudiosos han comprendido los sellos como extendiéndose desde la iglesia de los apóstoles hasta el tiempo de la segunda venida de Cristo. Entre ellos se incluyen Tertuliano y Marco Victorino en el siglo III, Andrés de Cesárea en el VII, Beda el Venerable en el VIII, Bruno de Segni en el XII, Joaquín de Fiore en el XIII, los Lolardos en el XV (movimiento de Wycliffe precursor de la Reforma), y ciertamente muchos de los reformadores en el XVI. Procurando oponerse a la Reforma protestante, los católicos futuristas lo situaron todo en un futuro distante, mientras que su colega Ribera lo relegó al pasado anterior a la destrucción de Jerusalén en el año 70 DC.

Vemos una vez más que tanto el futurismo como el preterismo son invenciones relativamente nuevas, que caen ambas en la categoría de "interpretación privada" (2 Pedro 1:20) que se aparta de la interpretación mantenida por siglos. Los sellos carecen de sentido en la interpretación preterista, y en la futurista son cuestión de mera especulación. En la interpretación historicista la serie de los sellos se corresponde perfectamente con la de las iglesias.

Apocalipsis 8 y 9: Las trompetas

Durante quince siglos los estudiosos de la Biblia han visto las siete trompetas como siete períodos de agitación y crisis en la era cristiana, desde el tiempo de Juan hasta el fin. Las siete iglesias y los siete sellos se aplicaron casi unánimemente a la era cristiana como un todo. Es razonable hacer lo mismo con la serie de las trompetas. Por supuesto, el hecho de que muchos estudiosos hayan visto así las trompetas no demuestra que esa posición sea necesariamente la correcta, pero ciertamente no debiera descartarse a la ligera, excepto que haya una evidencia firme que así lo requiera.

Desde el siglo VIII en adelante vemos a concienzudos estudiosos de la Biblia identificar la quinta trompeta con los sarracenos. Ya en el siglo XVIII, John Foxe comprendió los "cinco meses" como una alusión a 150 años literales, seguidos por los 391 años de Apocalipsis 9:15. Lutero vio a los turcos en la quinta y sexta trompetas. Thomas Goodwin, presidente del Magdalen College (Oxford), vio en 1654 que la sexta trompeta se inició el año 1453. Estudiosos de la Biblia representando a muchas denominaciones pusieron el fundamento para la posición que expresa este libro. Es razonable que Apocalipsis incluya una exposición relevante del surgimiento y progreso del islam. Dios previó que la atención del mundo se enfocaría en Oriente Medio.

Un gran número de eruditos, a lo largo de siglos, ha comprendido Apocalipsis 9:15: "la hora, día, mes y año" como un concepto "lineal" en el que cada día representa un año, tratándose por tanto de 391 años literales. En tiempo reciente algunos han sugerido que la expresión se debiera comprender de modo "puntual": un momento definido en el tiempo, la hora del día, del mes y del año. Pero eso no es lo que indica el lenguaje original griego en que se escribió Apocalipsis. Se trataría de una expresión bien rara y peculiar, algo que no se emplea en ninguna otra parte de la Escritura. Ciertamente se trata de un lenguaje tan simbólico como el de las propias trompetas.

La sintaxis griega apoya una comprensión lineal. El artículo definido tó aparece una sola vez al principio de la expresión a fin de que se pueda aplicar a toda ella: hora, día, mes y año. Si la intención hubiera sido que se comprendiera de forma puntual, el artículo se debiera haber incluido antes de cada una de las magnitudes de tiempo.

Si esa peculiar expresión de tiempo tiene un carácter puntual, nadie ha encontrado el supuesto cumplimiento que le sea apropiado. Por contraste, al aplicarla con un criterio lineal ofrece un remarcable cumplimiento de la profecía en la historia.

Una hueste innumerable de expositores de la Biblia preparó el camino para que Josías Litch, basándose en la profecía, predijera en 1838 la caída del Imperio otomano en el año 1840. En julio de ese mismo año dio un paso más y afirmó que la "hora" correspondía a 15 días literales. Así, concretó el 11 de agosto de 1840 como la fecha en que caería el Imperio otomano. El evento que efectivamente ocurrió el 11 de agosto de aquel año fue reconocido ampliamente como el cumplimiento de esa profecía. Ese fue un paso importante en una serie de eventos que socavaron progresivamente la independencia otomana, reproduciendo en orden inverso los acontecimientos que llevaron a su surgimiento y gloria 391 años antes.

Apocalipsis 11:3-13

En 1698, Drue Cressener (clérigo inglés del este de Inglaterra, educado en Cambridge y famoso por sus estudios de Daniel y Apocalipsis) dató los 1260 años desde Justiniano hasta "un poco antes del año 1800". No identificó a Francia como siendo la "décima parte" de la "ciudad" que caería, pero comprendió este pasaje como describiendo la revolución en Europa, seguida de "un reavivamiento de la verdadera religión" hacia el año 1800. Thomas Goodwin (también un teólogo inglés), en 1639 afirmó que Francia era la nación donde se daría la revolución. Otros en América sostuvieron esa misma posición: John Cotton e Increase Mather, en 1655 y 1708 respectivamente, y en la propia Francia algunos de los hugonotes también la sostuvieron.

Décadas antes que ocurriera, eruditos ingleses y escoceses predijeron la Revolución francesa basándose en esa profecía. Cuando estalló la Revolución, un nutrido grupo de eruditos la reconocieron unánimemente en sus rasgos principales tal como se han presentado en este libro.

Apocalipsis 12:7

Hay dos puntos que son dignos de consideración más detallada: ¿en qué consiste "el testimonio de Jesucristo"?, y ¿qué es el "resto" (remanente) de la "descendencia" (simiente) de la mujer?

Algunas versiones modernas de la Biblia traducen así "el testimonio de Jesucristo": "la verdad revelada por Jesús" (GNB), "el testimonio de ellos respecto a Jesús" (NEB), "dan testimonio de Jesús" (RSV). El genitivo empleado en griego admite estas dos posibles traducciones: (a) el testimonio que los cristianos dan sobre Cristo, o (b) el testimonio que Jesús da a su pueblo. El contexto debe decidir cuál de las dos es la correcta.

La versión King James y sus derivadas, así como Reina Valera en sus revisiones sucesivas —también 'La Biblia de las Américas'—, son fieles al contexto en la traducción del pasaje: "el testimonio de Jesucristo"; es decir, el testimonio que Jesús da a su pueblo.

En otro lugar el propio Apocalipsis resuelve a duda. Un ángel proporciona a Juan la definición de esa expresión en términos inconfundibles: "El testimonio de Jesús es el espíritu de la profecía" (19:10). Eso es precisamente lo que dice el original griego. En Apocalipsis 19:10 el ángel advierte a Juan en contra de adorarle: "Mira que no lo hagas: yo soy siervo contigo, y con tus hermanos que tienen EL TESTIMONIO DE JESÚS". En el pasaje paralelo de Apocalipsis 22:9 leemos: "Mira que no lo hagas: porque yo soy siervo contigo, y con tus hermanos LOS PROFETAS". En otras palabras: "el testimonio de Jesús" es la obra de los profetas, o "el espíritu de la profecía".

Nada en la Biblia da la impresión de que el don divino de la profecía haya de cesar con los autores inspirados del Nuevo Testamento. Deberá permanecer activo en la iglesia "hasta que todos lleguemos a la unidad de la fe y del conocimiento del Hijo de Dios, al hombre perfecto, a la medida de la estatura de la plenitud de Cristo" (Efesios 4:8-13). La iglesia que espera el regreso de Cristo no puede tener ninguna carencia o "falta en ningún don mientras esperáis la manifestación de nuestro Señor Jesucristo" (1 Corintios 1:7).

Por supuesto, debemos esperar que Satanás envíe sus falsos profetas para confundir y engañar, pero eso no significa que Dios no vaya a enviar profetas verdaderos. Los hemos de probar, examinar, rechazando a los falsos y aceptando a los verdaderos (1 Juan 4:1; Mateo 24:11 y 24; 1 Tesalonicenses 5:19-21). Dios posee el derecho de escoger a quién da el don de profecía, sea hombre o mujer (ver 2 Samuel 7:2; 1 Crónicas 29:29; Hechos 11:27-28 y 21:10; Jueces 4:4; 2 Crónicas 34:22; Hechos 21:9). En ese listado parcial aparecen algunos profetas cuyos escritos no forman parte del canon bíblico, así como también profetisas.

Así, de acuerdo con Apocalipsis 12:17 hemos de esperar la manifestación del don de profecía en el seno del pueblo de Dios en el tiempo del fin.

La palabra "resto" (remanente) en ese texto significa "los que han quedado". En griego es lipoi. Hay otra palabra griega que en Romanos 11:5 se ha traducido como "remanente": leimma en griego. Ambas palabras son virtualmente sinónimas. El concepto neotestamentario de "remanente" es una extensión de la frecuentemente repetida idea del Antiguo Testamento de resto o remanente: los supervivientes, la parte del pueblo de Dios que sobrevivió a la terrible oposición satánica desde el exterior, y también a su obra corrosiva desde el interior. La familia de Jacob, que fue preservada en Egipto, fue un remanente (Génesis 45:7). Los siete mil fieles que no doblaron su rodilla a Baal en tiempos de Elías son un remanente (1 Reyes 18:22 y 19:18). Senaquerib conquistó toda Judá con excepción de Jerusalén, que fue el remanente (2 Reyes 19:4). De la cautividad regresaría un remanente (Isaías 11:11-13). Después de muchos siglos, sólo un remanente recibiría al Mesías (Isaías 4:2-3; Jeremías 23:3-6; Miqueas 4:7; Sofonías 3:1 y 3:13).

Esa es la idea que expresa Apocalipsis 12:17. Lo mismo que en el antiguo Israel, la gran apostasía secular infiltraría las masas de profesos cristianos, de forma que solamente quedaría un remanente. El texto que estudiamos los categoriza según ciertos criterios: sufren la ira del dragón; preservan la fe pura de la iglesia apostólica (representada en la mujer vestida con el sol, y la luna bajo sus pies), ya que son los descendientes espirituales que guardan los mandamientos de Dios: una distinción notable respecto a la masa de los profesos seguidores de Cristo que no los guardan; y tienen una comunicación directa con Jesucristo mediante el testimonio vivo del don de profecía.

Ese pueblo singular y "diferente" es identificado en Apocalipsis 14:12 como "los santos".

Apocalipsis 13

Se dice que una imagen vale más que mil palabras. En su sabiduría, Dios ha dotado de un significado profundo al libro de Apocalipsis mediante sus imágenes simbólicas. Basta con que uno preste atención a sus detalles proféticos y los compare con el cumplimiento evidenciado en la historia.

Por más de mil años gran cantidad de estudiosos de la Biblia han sostenido la posición que toma este libro, consistente en que la primera bestia descrita en Apocalipsis 13 es el papado. Hacia el siglo XIII el coro de voces que proclamaba que aquella bestia simbolizaba el papado estaba tan extendido, que el papa Inocencio III procuró detener el empuje de ese reconocimiento al sugerir que esa bestia representaba al islam. Wycliffe, Huss y la mayor parte de los reformadores proclamaron valientemente que esa bestia representaba al papado. Esa era la posición protestante generalizada. Ningún otro poder cumple los detalles de esa profecía.

La identificación de la segunda bestia depende de la identificación de la primera. Thomas Goodwin, en el siglo XVII, fue probablemente el primero en declarar que esa segunda bestia sería una imagen protestante de la primera (del papado). Cuando el tiempo avanzó y el crecimiento fenomenal de los Estados Unidos de América la convirtió en el prodigio del siglo XIX muchos eruditos la reconocieron como el cumplimiento de la segunda parte del capítulo 13. Habiéndose entregado a una loca carrera armamentística, al materialismo rampante, al crimen, al terrorismo y a la violencia, especialmente desde la segunda parte del siglo XX, el carácter predicho para Norteamérica, que pronto "hablará como un dragón", cumple cada vez más la descripción profética.

Desde los tiempos de Tertuliano (siglo II), la cifra 666 se ha venido comprendiendo como una identificación numérica del anticristo. Ya en los primeros siglos, estudiosos de la Biblia aplicaron la cifra a títulos llevados por personalidades papales que representaban de alguna forma la apostasía. Andreas Helwig publicó en 1612 un libro al que tituló 'Antichristus Romanus' (anticristo romano), en el que afirmaba que el título 'Vicarius Filii Dei' dado al papa era la base para computar la cifra 666. Es bien conocido que la pretensión papal de autoridad está basada en presentarse como el "vicario" del Hijo de Dios. La frase exacta 'Vicarius Filii Dei' aparece en la venerada "Donación de Constantino".

Ha habido una tendencia a identificar a tiranos contemporáneos con el número 666. Es un craso error, ya que la profecía especifica que ese número pertenece en exclusiva a la bestia. Miles de personas tienen nombres cuya suma termina en 666, lo que es un hecho irrelevante. Para tener validez, el nombre debe estar escrito en el lenguaje que emplea las letras como números: el latín. Es absurdo tomar nombres escritos en inglés o en cualquier otro idioma moderno y atribuir a sus letras el valor que habrían tenido si hubieran sido escritas en latín. El número 666 es solamente uno de los muchos y precisos criterios que identifican el poder representado por la primera bestia de Apocalipsis 13. Es evidente que la palabra griega "lateinos" (latino) es irrelevante al respecto, ya que no "es número de hombre" (de un hombre específico), sino que se refiere a la antigua comunidad de los que hablaban latín. Tampoco 666 puede referirse al nombre concreto de ningún individuo, ya que la bestia es un poder que existe durante muchas y sucesivas generaciones, ostentando el poder absoluto durante 1260 años.

Apocalipsis 14:11

¿Enseña este pasaje que los perdidos serán inmortales y sufrirán una tortura que nunca acabará? ¿No morirán los impíos la segunda muerte?

En el original la expresión es eis aionas aionon, literalmente "edades multiplicadas", lo que en la Escritura implica siempre finalidad. Cuando la expresión se emplea en referencia a Dios o a Cristo significa inmortalidad, ya que sólo Dios es inmortal. Cuando la expresión se emplea referida a seres mortales significa hasta el final de sus vidas, su final completo y definitivo.

Apocalipsis cita con frecuencia pasajes del Antiguo Testamento. La figura del humo está tomada de Isaías 34:10, donde se describe la condenación de Edom, de la que se dice: "por siempre subirá su humo". No obstante, es un hecho conocido que Edom no ha estado ardiendo literalmente desde entonces. La expresión significa entera destrucción, tal como expresan los versículos que siguen al citado, que hablan de desolación y de que Edom se convertiría en morada de animales silvestres.

No se debe procurar que la Biblia se contradiga a sí misma. "Los impíos perecerán, los enemigos de Jehová serán consumidos; como la grasa de los carneros, se disiparán como el humo" (Salmo 37:20).

Sodoma y Gomorra "sufrieron el castigo del fuego eterno", sin embargo no están hoy ardiendo de forma literal (Judas 1:7). El fuego era eterno en su finalidad. Esas ciudades fueron destruidas totalmente y de forma definitiva. "Todos los soberbios y todos los que hacen maldad serán estopa. Aquel día que vendrá los abrasará, dice Jehová de los ejércitos, y no les dejará ni raíz ni rama" (Malaquías 4:1).

Es una enseñanza bíblica consistente que el hombre caído es mortal, sujeto a la muerte. Sólo en Cristo tenemos inmortalidad. ¿Cómo podría haber un solo ser eternamente feliz —Dios incluido— sabiendo que incontables millones de personas están sufriendo una tortura infinitamente peor que la que infligieron los nazis a sus víctimas, y además durando por siempre y sin esperanza o solución que le ponga fin? "De tal manera amó Dios al mundo, que ha dado a su Hijo unigénito para que todo aquel que en él cree no se pierda, sino que tenga vida eterna" (Juan 3:16). "La paga del pecado es muerte", "la segunda muerte" (Romanos 6:23; Apocalipsis 2:11 y 20:14).

Apocalipsis 14:15-18

El pasaje indica que el tiempo para la segunda venida de Cristo depende de que la "mies de la tierra" esté "madura", en griego xeraino: "estar seco", en referencia al grano estando listo para la cosecha. Jesús explicó el símbolo en una parábola: "De por sí lleva fruto la tierra: primero hierba, luego espiga, después grano lleno en la espiga; y cuando el fruto está maduro, en seguida se mete la hoz, porque la siega ha llegado" (Marcos 4:28-29).

Sin duda el tiempo en que la mies va a estar madura es conocido del Padre. Sólo él conoce el día y la hora del regreso de Jesús (Marcos 13:32). Pero ese conocimiento del Padre no significa su predeterminación, o que no tengamos responsabilidad en el asunto como creyentes en Cristo. Pedro afirma que los creyentes pueden apresurar la venida de Jesús: "Esperando y apresurando la venida del día de Dios" (2 Pedro 3:12, LBLA); "Esperando y acelerando la venida del día de Dios" (NRV 2000).

Una vez que la "mies de la tierra" (los creyentes en Cristo) ha sido cosechada, viene la segunda cosecha: la vendimia de los racimos de la tierra, que será echada "en el gran lagar de la ira de Dios". Es la suerte de quienes han escogido la rebelión contra el gobierno de Dios. Su maldad se ha desarrollado al mismo tiempo que lo hace la fe pura de los creyentes, de forma que ambas cosechas son simultáneas.

Apocalipsis 16:12-16

En el pasado ha habido estudiosos de la Biblia que vieron la batalla de Armagedón como una guerra literal reñida por los ejércitos de Oriente y de Occidente enfrentándose militarmente en Palestina. En opinión de ellos la primera y segunda guerra mundial fueron pasos hacia el Armagedón. Proponen que el río Éufrates es un símbolo del poder político del islam, y que se secará en el tiempo de la sexta plaga. Los "reyes del oriente" son según ellos las naciones de Oriente movilizadas contra las de Occidente.

Si bien me inclino por la interpretación que he expuesto en los comentarios de este libro sobre el pasaje, considero que no sería sabio ridiculizar la posición que acabo de mencionar, que fue mantenida por muchos en el pasado. Ese pasaje está pendiente de su cumplimiento, ya que las siete plagas postreras todavía no han sido derramadas. Haremos bien en no ser dogmáticos respecto a la comprensión de profecías cuyo cumplimiento está aún en el futuro.

Dejando que el libro de Apocalipsis se explique a sí mismo, parece que el Éufrates es realmente un símbolo del islam, ya que se lo presenta de ese modo en el capítulo nueve (versículo 14). De forma sorprendente para muchos la crisis de los hidrocarburos ha catapultado en nuestro tiempo al islam hacia una posición de influencia sin precedentes. Los seguidores de esa religión se han sentido impulsados a emprender una nueva yihad que les permita dominar el mundo e imponer el islam como la única forma de vivir para todos. Cuando hubo un secuestro de americanos en Irán en 1979, los estudiantes universitarios —y militantes islamistas— de Teherán declararon que "el islam representa la única respuesta posible a Occidente" (Mohamed Heikal, Nairobi Standard, 16 agosto 1981). Un redactor de Sacramento Bee escribió en un artículo publicado el 9 de mayo de 1989: "Tras sufrir por la degeneración moral, Occidente está ahora hambriento de verdad". Después de siglos de esfuerzos misioneros hemos de admitir que la fe de Cristo ha hecho avances mínimos entre los millones de la comunidad islámica.

Una vez más, si permitimos que Apocalipsis se interprete a sí mismo, parece que los "reyes del oriente" guardan una relación con el "ángel que subía desde donde sale el sol" [oriente] (Apocalipsis 9:2), que es el ángel que trae consigo el sello de Dios. De acuerdo con Apocalipsis 9:4, el islam ha tenido siempre un respeto innato hacia el sello de Dios (entendido en su sentido amplio como una señal de aprobación divina respecto a un carácter recto). Lo que ha enfervorizado al islam moderno a emprender una yihad indignada contra la cristiandad no es la verdad del cristianismo, sino la perversión de ella: la perversión babilónica, de forma que la ética "cristiana" les parece más inmoral e impía que el propio paganismo. En consecuencia, el islam se siente destinado a salvar al mundo de la corrupción del cristianismo apóstata. Ya evocó ese asunto desde el inicio.

¿Podría ese pasaje de Apocalipsis presagiar un surgimiento del verdadero cristianismo libre de corrupción, capaz de penetrar en el islam? El tiempo de los verbos griegos de Apocalipsis 16:12-13 se puede comprender como delineando eventos que llevan al acontecimiento culminante de la reunión de las naciones para el Armagedón (versículo 14). Los "tres espíritus inmundos semejantes a ranas" obviamente han estado obrando previamente al derramamiento de la sexta copa. De igual forma, el secamiento del Éufrates y la venida de los "reyes del oriente" se podrían ver aquí como la señal profética preparatoria para el evento final de esa reunión "en el lugar que en hebreo se llama Armagedón".

Puesto que este evangelio del reino ha de ser proclamado "en todo el mundo para testimonio a todas las naciones" (Mateo 24:14), evidentemente ha de llegar también a los millones que conforman el moderno islam. Quizá la cosecha de la tierra incluya una parte generosa procedente de las filas del islam, que responda al mensaje del sello del Dios viviente. Podría haber innumerables personas en el islam hartas de la violencia y del fanatismo que son el azote de una buena parte de su militancia moderna. Podrían estar receptivos a un reavivamiento de la fe apostólica en su pureza. El proceso de la maduración del grano para la cosecha incluye una mirada retrospectiva a la historia que traiga por fin la verdad al centro del escenario. Quizá los poderes fanáticos que ahora se oponen a la proclamación del evangelio en áreas del islam puedan "secarse" por providencia divina, de forma que aquellos que quieran puedan recibir las buenas nuevas del sello de Dios preparatorio para la venida de Cristo.

Apocalipsis 17:8-9

Muchos eruditos capaces han examinado esos detalles, llegando a conclusiones contradictorias respecto a algunos asuntos de importancia menor. Aparentemente el Señor no ha querido que se comprenda todavía plenamente en todos sus detalles. Hasta que seamos capaces de ver las cosas más perfectamente, haremos bien en apoyarnos en estas sabias palabras: "Las cosas secretas pertenecen a Jehová, nuestro Dios, pero las reveladas son para nosotros y para nuestros hijos para siempre, a fin de que cumplamos todas las palabras de esta Ley" (Deuteronomio 29:29). En lugar de lanzarnos con avidez a descifrar asuntos que el Señor aún no ha revelado, ¡debiéramos concentrar nuestra atención en hacer un buen uso de la luz que ya brilla a nuestra disposición!

Hasta que la luz sea completa, mantengámonos en los sólidos principios básicos que evitarán nuestro extravío en los laberintos de la especulación.

(a) Debemos permitir a la Biblia que se interprete a sí misma.

(b) Ninguna escritura es de "interpretación privada" (2 Pedro 1:20), es decir: no es objeto de especulación.

(c) Se debe tener siempre presente el gran propósito de la revelación profética, que está enfocada a la resolución del conflicto causado por la rebelión contra Cristo.

(d) No debemos ignorar el tiempo en que fue escrito ese pasaje. El ángel está hablando a Juan, y tanto el pasado como el presente y el futuro han de estar implicados en el mensaje.

(e) Las expresiones "breve tiempo" y "una hora" pueden ser períodos indefinidos (breves) de tiempo, con el significado de "por un tiempo", o "por poco tiempo".

Debemos abstenernos de forzar la profecía abstrayéndola de su gran motivo subyacente, que es el conflicto secular, para intentar llevarla a episodios menores a los que nuestra vista miope puede atribuir una importancia desproporcionada.

El renacimiento del papado en tiempos modernos es la escena que se destaca y enfoca en los acontecimientos actuales. Es también evidente el cumplimiento actual de la unión del protestantismo con la institución papal. En una de las visitas (entre 1979 y 1999) del papa Juan Pablo II a América del Norte, innumerables líderes protestantes le dieron la bienvenida y lo alabaron como siendo "el líder moral del mundo". Cuando visitó Kenia en 1980, líderes protestantes lo aclamaron, afirmando que era "también nuestro papa". Por vez primera desde tiempos de Enrique VIII, un católico romano ofició en la catedral de san Pablo de Londres en la boda del entonces príncipe Carlos de Gales. El sínodo general de la Iglesia de Inglaterra pidió a los anglicanos que oraran con los católico- romanos a fin de que hubiera "un avance del movimiento de ambas iglesias hacia una unidad visible". Roma tiene su vista puesta en "una sola iglesia" y en una "unidad orgánica" de todos los protestantes bajo ella. Está establecido el escenario para el tiempo señalado por la profecía. "Toda la tierra se maravilló en pos de la bestia" (Apocalipsis 13:3) y de la mujer sentada sobre la bestia escarlata.

Apocalipsis 20

Si permitimos al capítulo expresar su mensaje al margen de toda especulación, no habrá confusión en su significado. Debemos estudiar la Palabra permitiéndole que nos indique su enseñanza obvia y clara. Los siguientes principios bíblicos básicos serán de ayuda para establecer la verdad acerca de los mil años:

(1) Las promesas divinas de restaurar la gloria y el poder al antiguo Israel eran condicionales: "Si dais oído a mi voz y guardáis mi pacto, vosotros seréis mi especial tesoro sobre todos los pueblos" (Éxodo 19:5; Deuteronomio 7, 8 y 27-30; Jeremías 18:6-10).

(2) El antiguo Israel fracasó repetidamente en cumplir las condiciones estipuladas y rechazó al Mesías, el Hijo de Dios (ver Mateo 21:43; 23:38; 27:25 y Juan 19:15).

(3) Quienes creen en Cristo vienen a constituir el verdadero Israel (ver Gálatas 3:16 y 26-29; Romanos 2:28-29; Hechos 2:16-21; 13:47 y 15:13-17).

(4) El apóstol Pablo afirmó que los verdaderos hijos de Abraham siempre fueron los que tienen fe, y no sus descendientes incrédulos (Romanos 4 y Gálatas 3:7-9). Las muchas referencias a Israel en Apocalipsis confirman que los propósitos de Dios serán cumplidos en una familia mundial de

creyentes en Cristo de entre toda nación, tribu, lengua y pueblo (ver Apocalipsis 7:1-17 y 14:6-7).

(5) La segunda venida de Cristo se producirá antes de los mil años, puesto que se la presenta en el capítulo 19:11-21 como precediendo los eventos del capítulo 20.

(6) Quienes han rechazado la gracia de Dios perecerán en la segunda venida de Cristo, de forma que la tierra quedará despoblada (los justos ascenderán junto a él en ocasión de su venida). Ver Apocalipsis 19:18-21; 2 Tesalonicenses 1:7-10; 2:8-9 y Jeremías 25:31-33.

(7) La primera resurrección tiene lugar en la segunda venida de Cristo, y en ella están incluidos todos los que han creído verdaderamente en él (ver Juan 5:28-29; 1 Tesalonicenses 4:16-17; 1 Corintios 15:18-23 y 51-54).

En armonía con esas y muchas otras escrituras, Apocalipsis 20 encaja perfectamente en la escena general, describiendo lo que sucederá en la tierra durante los mil años que siguen a la segunda venida de Jesús.

Apocalipsis 21 y 22

¿Debiéramos aceptar como literales las bellas descripciones de esos dos capítulos?

Efectivamente, ya que las promesas de la Biblia se enfocan finalmente en esas descripciones de la tierra nueva. No hay en Apocalipsis indicio alguno de que se trate de una descripción simbólica o figurativa.

La única razón que alguien pudiera dar para dudar de que las buenas nuevas para el futuro sean así de buenas, es el viejo y persistente pecado de la incredulidad que ha venido siendo una maldición por miles de años. Esos dos capítulos han supuesto un tremendo consuelo, y han infundido ánimo a millones de personas desde que Juan los escribió. Como todo lo que hay en la Biblia, el relato de las glorias futuras es absolutamente fiable: "Me dijo: Estas palabras son fieles y verdaderas" (Apocalipsis 22:6).

La presente es nuestra oportunidad para ejercer perfecta fe y confianza en el amor de Dios. Todo lo descrito y más, es el futuro feliz que espera a quienes atesoran en su corazón el plan de salvación efectuado en Cristo, y de quienes todo lo han entregado a él motivados por la total entrega de Cristo a ellos.

Libros disponibles en Amazon:

1. El Evangelio en Daniel, Robert Wieland.
2. Todos los libros de la Serie: El Gran Conflicto en tamaño Grande (A4).
3. Daniel y Revelación Urias Smith en tamaño grande (8,5 * 11).
4. Historia de la Redención en tamaño grande (A4).
5. Los Terroristas Secretos, Bill Hughes.
6. Cristología en los escritos de Ellen G. White, Ralph Larson.
7. 1888 Reexaminado, Robert Wieland.
8. Introducción al Mensaje de 1888, Robert Wieland.
9. El Perfil de la Crisis Venidera (Recopilación de los acontecimientos finales) D. E. Mansell.
10. Preparación para la crisis final Fernando Chaij
11. El Camino Consagrado a la Perfección Cristiana, A. T. Jones.
12. Lecciones sobre la fe, Jones & Waggoner.
13. El Mensaje del Tercer Ángel, Jones.
14. El Evangelio en Gálatas, Waggoner.
15. Tocados por nuestros sentimientos, Jean Zurcher.
16. El Verbo se hizo carne, Ralph Larson.

¡¡¡¡¡MUCHOS MÁS EN !!!!!!
RECUERDE QUE TENEMOS UN CATÁLOGO DE LIBROS
QUE PUEDE SOLICITAR SI SE PONE EN CONTACTO CON NOSOTROS
EN LA DIRECCIÓN DE CORREO ELECTRÓNICO

*Si desea obtener descuentos, sólo podrá ser en un pedido conjunto mínimo de 25 libros o más, ya sean ejemplares sueltos de diferentes libros o al por mayor. Póngase en contacto con nosotros en nuestra dirección de correo electrónico:

lsdistribution07@gmail.com

www.ingramcontent.com/pod-product-compliance
Lightning Source LLC
Chambersburg PA
CBHW070536010526
44118CB00012B/1142